AUREA CATENA HOMERI

La Chaîne Dorée d'Homère

Copyright © 2018

Éditions Unicursal Publishers
www.unicursalpub.com

ISBN 978-2-924859-53-7

Première Édition, Ostara 2018

Tous droits réservés pour tous les pays.

AUREA CATENA HOMERI

La Chaîne Dorée d'Homère

⁓⁑⁓

La Nature dévoilée
ou
La Théorie de la Nature

Dans laquelle on démontre, par une analyse exacte de ses opérations, comment & de quoi toutes choses prennent naissance, comment elles se conservent, se détruisent & se réduisent de nouveau en leur essence primordiale.

M.DCC.LXXII

Aurea Catena Homeri
Annulus Platonis
Superius & Inferius Hermetis

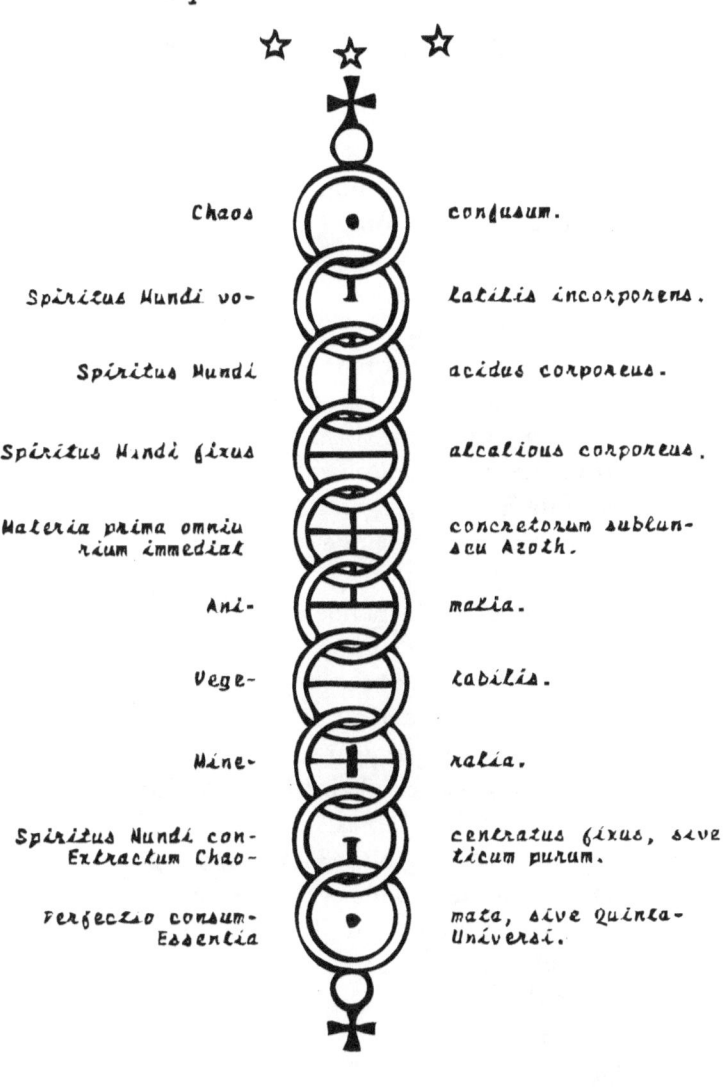

Chaos	confusum.
Spiritus Mundi vo-	latilis incorporens.
Spiritus Mundi	acidus corporeus.
Spiritus Mundi fixus	alcalious corporeus.
Materia prima omniu rium immediat	concretorum sublun- scu Azoth.
Ani-	malia.
Vege-	tabilis.
Mine-	ralia.
Spiritus Mundi con- Extractum Chao-	centratus fixus, sive ticum purum.
Perfectio consum- Essentia	mata, sive Quinta- Universi.

Explication de
ANNULI PLATONIS

ou : La Chaîne dorée d'Homer

☿   La chaîne d'Homère est expliquée comme suit :
Après le chaos se divise (a)
Un esprit volatile doit le forger.

☉   Spiritus mundi est son nom. (b)
Gel, rosée, neige, pluie et tout ce qui vient d'en haut
Sont liés à lui en une fidèle compagnie.
Ici est contenue la graine volatile du monde
Des royaumes supérieurs, quand il tombe dans ceux inférieurs.
De cela il revêt un corps
Lorsqu'il brille visiblement devant nos yeux.

⊕   Nitre est connu dans le monde entier.
Qui est là pour parler de tout son pouvoir ?
C'est lui qui peut forger beaucoup de choses.
Pour lui, le royaume inférieur est subjectif,
Ni même le supérieur ne peut se passer de lui.
Il doit donner naissance à la totalité de la nature.
Il est le père de toutes choses,
Qui peut conquérir les forteresses du monde.
Son pouvoir lui a été donné par le Créateur.
Son royaume est sur les cieux, la terre et la mer.
Adam il est en toutes choses,
De lui Ève doit aussi jaillir.
Ensuite, le but sera atteint,
Lorsque toute la terre sera fertile,
Lorsqu'il sera fixe et ne clignotera plus,
Et que Ève siègera à ses côtés.

Soleil, lune, la mer et la terre
Le dirige vers Ève par un mouvement constant.
Par la chaleur et le froid, par le mouvement constant de la mer,
Avec Adam se lève Ève. (c)

⊖ Qui se nomme Sel commun et Alcali,
Qui nourrit les enfants du monde entier avec son sang.
Car quand l'homme et la femme se rencontrent,
Un fruit parfait sera forgé d'eux.

⊕ Pour le Sel aigre et Alcalin
Donne la graisse à chaque soupe. (d)

⊕ Ceci est prouvé par le domaine volatile des animaux.
Pas volatile, pas fixe, note bien.

⊕ L'Hermaphrodite Végétale montre aussi
De quoi il est forgé.

⊖ Les minerais fixes et les pierres en témoignent
Qu'ils sont propres (ou appartiennent) au Nitre et Sel.
Feu et Air, Eau et Terre,
Désire-en la partie active.
Lorsque la noble semence-du-monde a été faite fixe.

⊖ La vapeur et l'eau ont également été amenées sur terre,
Puis c'est fait, et aussi accompli
Ce que tout le monde porte en plus haute estime.
Fixe doit le volatile devenir,
De l'eau et de vapeur devient maintenant la terre.
Et lorsque cela devient un sang rouge sec,
C'est le trésor du monde et la plus grande possession.

♀ Une parfaite perfection
Qui chasse toute pauvreté et maladie.

PRÉFACE

Le premier pas que doit faire celui qui désire parvenir à la connaissance de la Nature est d'examiner, avec la plus grande attention, comment et de quoi prennent naissance toutes les choses naturelles, telles que les météores, les animaux, les végétaux et les minéraux ; comment elles se conservent, et comment elles se détruisent. Il verra que ces différents effets s'opèrent par une même cause ; que chaque chose contient en soi un principe de vie, qui est aussi celui de sa destruction ; que ce principe est le même dans toutes ; et que c'est cet agent universel, qui, suivant ses différentes manières d'agir, opère toutes les générations et les dissolutions qui entretiennent et renouvellent sans cesse ce vaste univers.

C'est ce que je me propose de démontrer dans cet ouvrage, qui est le fruit de mes observations et de mes expériences. Je l'ai écrit particulièrement en faveur des amateurs de la chimie, qui, faute de connaître la marche de la Nature, travaillent au hasard, suivent aveuglément les procédés qu'ils ont devant les yeux, et s'égarent continuellement dans leurs recherches, au détriment de leur santé et de leur fortune. Ils y trouveront une théorie claire, palpable, et qui a l'avantage d'être aisée à vérifier par la pratique, sans laquelle on ne peut se flatter d'être véritablement instruit.

Je l'ai divisé en deux parties. Dans la première, j'examine comment et de quoi toutes choses ont pris et prennent naissance. Dans la seconde, comment elles se détruisent ; et j'ai soin d'appuyer tous les raisonnements sur des faits connus ou des expériences faciles.

Je préviens qu'on ne trouvera point dans ce traité l'élégance et la pureté du style ; d'autant plus que j'écris dans une langue qui m'est étrangère. Mais dans un ouvrage de la nature de celui-ci, l'on doit considérer les choses, plutôt que la manière dont elles sont exprimées.

Je préviens aussi qu'en traitant philosophiquement de la Nature, je n'ai point prétendu m'écarter des vérités révélées, étant persuadé que ma théorie ne pourrait être que fausse, si je n'étais point d'accord avec elles.

PREMIÈRE PARTIE

De la génération de toutes les choses naturelles.

CHAPITRE I

Ce que c'est que la Nature.

La Nature est la masse de tous les êtres qui composent ce monde visible, et le principe distingué de Dieu, quoiqu'émané de lui qui l'anime.

CHAPITRE II

De l'origine de la Nature, ou de quoi ont pris naissance toutes les choses naturelles.

Dieu a tiré la Nature du néant par la vertu de son Verbe qu'il avait engendré de toute éternité.

Il voulut, et le Verbe engendra une vapeur, un brouillard ou une fumée immense, et y imprima sa vertu, c'est-à-dire, un esprit plein de force et de puissance. Cette vapeur se condensa en une eau que les Philosophes ont nommée *universelle* et *chaotique*, ou simplement le *chaos*, c'est de cette eau que l'univers a été formé : c'est elle qui a été, comme elle l'est encore et le sera toujours, la matière première de toutes les choses naturelles.

La génération du monde par le Verbe n'est, sans doute, pas moins incompréhensible que la génération de ce Verbe divin ; mais il nous suffit de savoir, pour l'intelligence de la Nature, que tout ce qui existe n'était au commencement qu'une vapeur animée de son esprit, et que celle-ci est devenue palpable en forme d'eau.

On n'aura pas de peine à concevoir que le monde ait été formé d'une vapeur qui s'est condensée en eau, si l'on considère non seulement que l'eau se résout en vapeurs, et que celles-ci se réduisent en eau, mais que tous les corps se changent en vapeurs et en eau dans leur dissolution, comme nous le démontrerons dans la seconde partie de cet ouvrage.

Il est facile d'observer que l'eau se résout en vapeurs, nous voyons principalement en temps d'été, lorsque le soleil échauffe les eaux des lacs, des rivières, des fontaines, etc., qu'il s'en élève des vapeurs qui se répandent dans l'air. De même, lorsqu'il est tombé de la pluie, et qu'ensuite le soleil y darde ses rayons nous voyons que les toits mouillés par cette pluie fument et donnent des vapeurs qui se dissipent dans l'air.

Un paysan voit dans son foyer, lorsqu'il fait bouillir de l'eau dans une marmite, que l'eau donne des vapeurs qui s'exhalent en fumée, et s'il veut, il peut, par l'ébullition, réduire et changer toute son eau en vapeurs.

Nous voyons aussi que les vapeurs se changent en eau : lorsque les brouillards se sont épaissis en nuées, ces nuées se résolvent en pluie ou en neige, et retournent à leur origine.

Le paysan n'ignore pas cet effet, et l'éprouve à sa grande incommodité ; lorsqu'il est forcé de travailler dans les grandes chaleurs, tout son corps transpire, et les vapeurs qui en sortent se résolvent en eau, qui ruisselle le long de son dos, et que nous appelons communément *sueur*.

Tous les distillateurs voient aussi que les liqueurs s'élèvent en forme de vapeurs dans le chapiteau de leur alambic, s'y condensent et coulent par le bec, goutte à goutte, ou par petits ruisseaux.

Enfin nous ne voyons rien autre chose entre le ciel et la terre que vapeurs, fumée et eau, qui, poussées par la chaleur centrale de la terre, se sont sublimées et élevées de notre sphère composée de terre et d'eau dans la région de l'air ; et si nous pouvions apercevoir les subtiles émanations ou les vapeurs subtiles des cieux, nous verrions leurs influences, qui descendent de haut en bas, se mêler et s'unir avec les vapeurs terrestres qui se subliment en haut ; mais si nous ne pouvons pas les voir à cause de la faiblesse de notre vue, nous devons les concevoir par notre esprit, ensuite les rendre palpables par la pratique de la chimie, et sentir que tout ce qui arrive dans le microcosme arrive aussi dans le macrocosme, et que *ce qui est en haut est comme ce qui est en bas*.

Nous pouvons donc regarder comme certain que la première matière de ce grand monde est l'eau *chaotique* ou une vapeur réduite en eau, et il y a deux choses à considérer dans cette eau universelle : l'une visible qui est l'eau, et l'autre l'esprit invisible qui lui est inhérent ; en sorte que l'on peut dire que cette eau est double, c'est-à-dire, deux choses en une.

L'eau sans esprit serait sans force, et l'esprit sans l'eau serait sans action, parce qu'il faut nécessairement qu'il ait un corps pour opérer des choses corporelles ; et Dieu a voulu que ce fût l'eau qui fût le moyen par lequel cet esprit pût opérer tout en toutes choses ; parce qu'elle a la propriété de se mêler facilement avec toutes choses ; et que, par son moyen, l'esprit peut pénétrer, amollir, former et détruire tout.

L'eau est donc le sujet ou le patient, le corps, l'habitation et l'instrument ; et l'esprit est l'agent qui opère tout en elle et par elle, le point séminal et central de toutes les choses naturelles.

Que celui qui désire pénétrer dans les secrets de la Nature considère bien ce point, qu'ensuite de ce point central, il aille à la circonférence, comme il sera dit dans les chapitres suivants ; et il trouvera que *toutes choses* sont renfermées *dans toutes choses*, c'est-à-dire, que cet esprit avec la puissance générative est réparti dans tous les sujets du monde entier, et que, comme toutes choses prennent de lui leur existence, elles retournent aussi en lui, et s'y rejoignent après leur dernière dissolution ; c'est-à-dire, que par une vicissitude continuelle la circonférence revient au centre, et le centre à la circonférence.

S'il comprend bien ceci, rien ne pourra plus l'arrêter dans l'analyse de la Nature ; car d'un volatil il fera un fixe, du doux il fera un aigre, d'une odeur mauvaise une agréable, d'un poison une thériaque, et d'une thériaque un poison ; parce qu'il connaîtra ce qui est le but de toutes nos recherches, à savoir que toutes ces choses tirent leur origine de la même racine et qu'elles peuvent être réduites en elle. En effet, elles ne sont pas détruites quant à la matière, mais seulement quant aux accidents, suivant leur degré de volatilité, de fixité ou de digestion. C'est pour cela que tous les Philosophes s'écrient : « Notre matière est en toutes choses, dans tout ce qui nous environne ; partout et à chaque moment on la touche avec les mains, ou on la foule aux pieds : elle vole devant nos yeux, et nous heurte, pour ainsi dire, à chaque instant ». Ils nous avertissent néanmoins de ne pas chercher cet esprit dans tous les sujets indistinctement, mais seulement dans ceux où il réside en plus grande quantité, où il est d'une meilleure qualité, et où on peut le trouver plus facilement ; car, encore qu'il se trouve dans tous les sujets quelconques, il ne laisse pas d'être dans l'un en plus grande quantité, force et pureté que dans l'autre ; mais au reste il est tout en toutes choses.

CHAPITRE III

Comment toutes choses ont pris naissance.

Au commencement l'eau chaotique universelle était cristalline, claire, transparente, sans odeur ni goût particulier ; elle était aussi dans un parfait repos, et tous les éléments y étaient confondus ; mais bientôt, par l'action de l'esprit invisible qui y était renfermé, elle s'est mise en mouvement, a fermenté, s'est troublée, a fait naître de soi-même une terre, s'est putréfiée et est devenue puante.

Lorsqu'elle fut arrivée à son terme de putréfaction, l'esprit moteur, obéissant aux ordres du Créateur, sépara les parties subtiles des grossières avec ordre et par degrés, et chacune se placèrent au rang qui leur convenait : les subtiles au-dessus, et les grossières au-dessous, suivant l'ordre que nous apercevons dans la Nature. Les plus subtiles composèrent ce que nous appelons le *ciel* ou le *feu*, et les subséquentes par degrés l'*air* et l'*eau*, jusqu'aux plus grossières qui composèrent la *terre*. Mais il faut bien remarquer que ces quatre éléments ne diffèrent les uns des autres que par leurs degrés de subtilité ou de fixité, et que c'est toujours l'eau chaotique qui, de trouble qu'elle était dans son origine, est devenue quadruple par la séparation des éléments.

Après cette séparation, Dieu voulut que la sphère de chaque élément fût peuplée de toutes sortes de créatures d'une nature analogue à son degré de subtilité ; que le ciel produisît des corps lumineux ; l'air ses météores ; l'eau ses animaux, ses plantes, ses minéraux ; la terre également ses plantes, ses animaux, ses minéraux ; et que toutes ces créatures eussent la faculté de se multiplier.

Aussitôt l'esprit générateur, exécutant sa volonté, en produisit les semences dans chaque sphère, et leur donna la forme, d'après les modèles tracés dans l'Intelligence suprême ; et c'est le même esprit qui, par la vertu multiplicative presque infinie dont il était doué, devait en opérer la reproduction ; étant devenu, en se spécifiant dans tous les individus, le point séminal et central de chaque *microcosme*, comme il était celui du *macrocosme*.

Dieu voulut aussi que chaque élément produisît son semblable ou poussât continuellement de son centre une semence, et que de ces semences réunies naquît une eau de même nature que l'eau chaotique primordiale pour la génération, conservation, destruction et régénération de toutes les choses créées.

J'appelle cette eau "*eau chaotique régénérée*", *semence universelle*, et même *âme* et *esprit du monde*, parce qu'elle n'est autre chose que l'esprit universel non spécifié rendu visible en forme d'eau.

J'expliquerai dans les chapitres suivants ce que c'est que cette eau, et comment elle s'engendre. Je ferai voir qu'elle est entre les mains de tout le monde ; que nous pouvons même la soumettre à nos expériences ; et ces expériences, en démontrant qu'elle a toutes les qualités que j'ai attribuées à l'eau chaotique primordiale, prouveront en même temps la vérité de ma théorie sur le développement de la création de l'univers.

CHAPITRE IV

De la génération de la semence universelle, et comment elle se fait.

L'esprit moteur, agissant sans cesse dans le sein de chaque élément, y excite un mouvement continuel qui produit la chaleur, et cette chaleur en fait sortir des vapeurs à peu près comme il s'en exhale de tous les corps par la transpiration.

Ces vapeurs ou émanations se nomment ordinairement *influences*, lorsqu'elles viennent d'en haut, et *exhalaisons*, lorsqu'elles viennent d'en bas.

Ce sont ces émanations du ciel, de l'air, de l'eau et de la terre qui, comme autant de semences particulières, engendrent par leur réunion la semence universelle. La semence du ciel se mêle d'abord avec celle de l'air, la semence de la terre avec celle de l'eau ; ensuite, de l'union de ces deux composés, comme de la conjonction du mâle et de la femelle, naît une eau chaotique régénérée pour la naissance, conservation, destruction et régénération de toutes choses, et cela jusqu'à ce qu'il plaise à Dieu de détruire cet univers.

Le ciel et l'air sont le père, l'agent ou la partie active ; l'eau et la terre sont la mère, le patient ou la partie passive : par où l'on voit que, quoique les quatre éléments paraissent très opposés, si l'on compare une extrémité avec l'autre ; et qu'en agissant d'une manière contraire, ils ne puissent jamais rien produire, ils opèrent cependant, lorsqu'ils s'unissent dans l'ordre, et font tout ce que le Créateur leur a commandé de faire, sans exception.

On ne peut aller d'une extrémité à l'autre, sans passer par un milieu. Cet axiome des Philosophes est et sera toujours vrai, et les Artistes doivent bien se l'inculquer ; car il y en a une infinité qui errent, faute d'observer et de considérer assez ce point essentiel.

En effet le ciel ne saurait jamais se réduire en terre que par le moyen de l'eau et de l'air ; et la terre ne peut jamais devenir ciel, sans l'eau et l'air, comme choses moyennes entre le ciel et la terre ; de même le ciel se réduira très difficilement en eau, sans l'air ; et la terre ne deviendra jamais air que par le moyen de l'eau.

Le ciel est subtil, pur, clair et très volatil ; la terre au contraire est grossière, épaisse, ténébreuse et très fixe ; et si quelqu'un entreprenait d'unir et de fixer ensemble le ciel, qui est très volatil, avec la terre, qui est très fixe, il n'y réussirait jamais ; mais le très volatil s'envolerait à la moindre petite chaleur, et retournerait dans son chaos, en abandonnant le fixe.

Qu'un Artiste ait donc continuellement ce point devant les yeux, à savoir que jamais, en quelque chose que ce soit, le très subtil et le très fixe ne se laissent lier et unir ensemble, sans leur moyen convenable ; autrement il perdra sa matière, son temps et ses frais.

Ainsi quiconque voudra réduire le ciel ou feu en terre, doit les unir auparavant avec leur milieu ; alors ils s'uniront dans le moment ; au lieu que, sans cela, il faudrait, pour ainsi dire, toute une éternité pour les unir.

Faites descendre le ciel dans l'air, comme son milieu ; ils s'uniront sans combat, parce qu'ils sont tous deux d'une nature subtile : lorsqu'ils seront unis, donnez-leur de l'eau, comme un milieu entre l'air et la terre, ils s'uniront encore dans le moment ; ensuite donnez-leur de la terre ; de cette manière l'union se fera par les degrés intermédiaires convenables, en descendant d'un degré très subtil à un subtil, d'un subtil à un plus épais, de celui-ci à un très épais, et non pas tout d'un coup d'un très subtil à un très épais. Au contraire réduisez la terre en air par l'eau ou par le moyen de l'eau, l'eau en air par l'air, et celui-ci en ciel par le ciel ; car ils sont tous une même chose, quant à leur matière et à leur origine ; aussi l'un doit être l'aide et le conducteur de l'autre, et l'on doit préparer l'un par l'autre.

Cela ne peut être autrement, et on ne saurait transgresser cette règle de la Nature. Unissez le ciel avec l'air, l'air avec l'eau, l'eau avec la terre ; et au contraire unissez la terre avec l'eau, l'eau avec l'air, l'air avec le ciel ou feu ; de cette manière le ciel deviendra terre, et la terre ciel. Le ciel est très subtil : l'air est subtil aussi, mais pourtant d'un degré plus grossier que le ciel ; de même l'eau est d'un degré plus épaisse et grossière que l'air, et la terre d'un degré plus épaisse et grossière que l'eau ; ainsi il faut procéder par degrés dans l'ordre de la Nature même. Cela doit être observé dans toutes les opérations chimiques ; sans cela on ne réussira à rien ou à très peu de choses. Mais, me dira-t-on : est-ce qu'un élément ne serait que d'un degré plus grossier que celui qui le précède immédiatement ? Ne voyons-nous pas au contraire que l'eau est de plusieurs degrés plus grossière que l'air, et de même la terre de plusieurs degrés plus grossière que l'eau ? Oui, sans doute, le ciel et l'air, ainsi que l'eau et la terre, sont divisés en leurs degrés de subtilités ; aussi n'est-ce pas la terre la plus grossière qui se mêle immédiatement avec l'eau subtile, ni aussi l'eau la plus grossière avec l'air le plus subtil, ou l'air le plus épais avec le ciel subtil ; mais le très subtil du ciel s'unit d'abord avec le plus subtil, et celui-ci avec le subtil. Lorsque ceux-ci sont unis, ils influent dans l'air le plus subtil, et ensuite après leur union, toujours dans un plus épais, après quoi ils influent dans l'eau la plus subtile, celle-ci dans l'eau plus épaisse jusqu'à la très épaisse ; et c'est alors seulement qu'elle commence à se mêler avec la terre subtile, jusqu'à ce qu'elle devienne de plus en plus épaisse et grossière, et qu'enfin le tout se réduise en pierre.

Il ne faut pourtant pas s'imaginer que ces degrés soient placés l'un sur l'autre, comme dans une sphère particulière. La Nature a mêlé ensemble la terre subtile et la grossière, et a forcé le feu d'y entrer aussi avec l'eau et l'air ; elle a aussi mêlé de la même manière l'eau, le ciel et l'air ; si bien que nos yeux n'y peuvent apercevoir qu'une très petite différence. Ce n'est que dans l'analyse qu'on voit comme le subtil se détache du grossier, monte en haut s'en sépare.

Voici une expérience qui prouve que la Nature ne mêle jamais les choses ensemble confusément, mais toujours en se conformant à leurs différents degrés de subtilité.

Prenez une terre quelconque des champs ou des prés, versez-y de l'eau et broyez-les ensemble pour les bien mêler ; laissez-les ensuite reposer pendant quelque temps. Vous verrez que l'eau laissera tomber la terre grossière, et se chargera seulement de la subtile qui est le sel ; le sel, comme terre vierge, s'unissant avec l'eau.

Lorsque cette partie terrestre en est tirée, l'eau ne peut plus agir sur la terre grossière qui reste ; parce qu'elle est trop faible pour cela. C'est pourquoi il faut qu'auparavant vous réduisiez aussi en eau avec elle et par elle la terre vierge dont elle est imprégnée, c'est-à-dire que vous la distilliez en une eau spiritueuse ; par ce moyen, elle acquerra de nouveau la force de séparer dans la terre restante les parties les plus subtiles des plus grossières, de les rendre semblables à elle et de les réduire également en eau, laquelle agira de nouveau sur la terre restante. C'est de cette manière que la Nature opère, tant en résolvant qu'en coagulant, dans toutes les choses de l'Univers, sans jamais franchir les degrés intermédiaires et convenables.

De ceci un Artiste peut comprendre que la Nature dans toutes ses opérations observe toujours la règle, le poids et la mesure, et ne mêle rien ensemble au hasard, encore qu'à nos yeux les choses paraissent différemment. Un Artiste ne doit pas s'arrêter aux surfaces, mais pénétrer dans ce qui est caché, et approfondir la Nature, à l'aide de l'expérience : une manipulation le conduira à une autre, et il acquerra tous les jours de nouvelles lumières.

Pour revenir à l'eau chaotique régénérée ou semence universelle, nous disons donc qu'elle est formée des émanations du ciel, de l'air, de l'eau et de la terre, par la rétrogradation de ces éléments en leur première matière. Les éléments, comme nous l'avons déjà observé, sont absolument homogènes, et ne diffèrent que par les accidents. La terre est un ciel fixe ; le ciel est une terre volatile ; l'air est une eau raréfiée ou atténuée ; l'eau est un air condensé et épaissi ; et comme ils sont provenus du chaos qui n'était qu'eau et esprit, deux choses comprises en une ; ils ne sont aussi tous les quatre qu'eau et esprit jusque dans leurs moindres molécules. De là vient qu'ils peuvent se transmuer l'un dans l'autre, et se réunir sous la même forme qu'ils avaient avant leur séparation.

Nous avons dit que c'était le mouvement excité par l'esprit moteur dans le centre des éléments qui était la cause de leurs émanations ; mais il faut observer que l'action de cet esprit n'est pas immédiate dans tous les éléments.

L'on sait que, plus une chose est subtile, plus elle est pure, vive et mobile ; que plus elle est grossière, plus elle est immobile, paresseuse et endormie. Réciproquement plus une chose est mobile, plus elle est spirituelle, et conséquemment plus s'accroît sa mobilité. Le ciel, comme le plus subtil des éléments, est donc aussi le plus mobile c'est lui qui reçoit l'impulsion immédiate de l'esprit moteur, et qui communique son mouvement à l'air, son plus proche voisin ; celui-ci le communique à l'eau, et l'eau à la terre. De cette manière tout procède dans le plus bel ordre, et comme dans une horloge où le mouvement se communique de proche en proche, depuis la première roue jusqu'à la dernière. Or le mouvement cause la chaleur, et l'intensité de celle-ci est en raison de l'intensité de l'autre : ainsi le ciel qui, par sa subtilité est toujours en mouvement, s'échauffe par ce mouvement perpétuel ; cet échauffement fait que le ciel, parce qu'il est une eau et fait d'eau, donne des vapeurs et exhalaisons, qu'il sue et dégoutte ; cette vapeur ou cette sueur ne pouvant monter plus haut par les bornes que Dieu lui a imposées, est forcée de tendre vers le bas, et descend ainsi dans l'air, par lequel ce qu'elle a de plus grossier est pris et retenu ; le plus subtil remonte en haut par son attraction, et voltige d'un côté et d'autre, jusqu'à ce que, par la circulation, il s'épaississe et devienne grossier au point que l'air le puisse retenir.

C'est là l'influence et la semence astrale que nous recevons du ciel par le moyen de l'air : ce dernier aussi bien que l'eau et la terre donnent également leurs émanations en raison du mouvement qui leur est communiqué ; et c'est ainsi que tous les éléments fournissent la matière de la semence universelle. Mais il est bon d'examiner encore dans un plus grand détail la nature des éléments, de quelle manière se font leurs émanations, et comment elle s'unissent pour former la semence universelle ou l'esprit du monde.

CHAPITRE V

Du ciel, et de ses influences.

Après la séparation du chaos, le ciel est devenu l'être le plus subtil, le plus incompréhensible et le plus élevé, une vapeur aqueuse très subtile, légère, pure, volatile ; ce qui est cause qu'il s'est élevé en haut, et qu'il a pris la place la plus élevée : il est la partie la plus subtile, la plus remplie de vie et de puissance active.

C'est pourquoi le ciel est le premier agent et le père de toutes choses, la semence masculine, l'âme et la liqueur vivifiante de la vie, le nectar, l'ambroisie, un air, une eau subtilisée et une terre volatile.

Le ciel et l'air, comme nous l'avons dit ci-dessus, n'ont pas leurs émanations par le haut, mais par le bas vers la sphère terrestre et aquatique, conformément à la volonté absolue du Créateur. Comme les premiers renvoient leurs émanations en bas, de même l'eau et la terre renvoient les leurs en haut vers l'air et le ciel.

Le ciel, comme le plus mobile, s'échauffe par son mouvement perpétuel, s'allume, commence à bouillir, à donner des vapeurs, à suer et à exhaler d'une manière imperceptible et invisible, tout ce dont il n'a pas besoin pour sa consistance. Comme il est destiné pour émaner ses vapeurs et ses influences par le bas, et non par le haut, cette vapeur descend dans la sphère la plus prochaine, qui est l'air : et comme celle-ci n'est ni trop épaisse, ni trop subtile, elle s'y laisse prendre, s'y mêle, s'unit et se coagule avec la vapeur subtile de l'air, se digère et circule de côté et d'autre par un mouvement perpétuel, jusqu'à ce qu'unies intimement ensemble, elles soient propres à se joindre aux émanations inférieures de la terre et de l'eau, pour procréer et régénérer la semence universelle, ou l'esprit du monde, ou l'eau chaotique. Ainsi, quand une fois le ciel s'est insinué dans l'air, l'air se dispose et se rend propre aussi à être uni avec l'eau qui en est l'élément le plus voisin.

Un amateur ne doit pourtant pas s'imaginer qu'il faille beaucoup de temps au ciel pour s'unir avec l'air, ni à l'air pour s'unir avec l'eau et la terre : dès qu'ils se rencontrent, l'union se fait, parce qu'ils s'y préparent de plus en plus, en chemin faisant, par l'extension et atténuation de leurs parties, par la circulation ou le mouvement ; ensuite ils se mêlent intimement ensemble et s'unissent, dans leur rencontre, comme la fumée avec la fumée, et l'eau avec l'eau. Comme cette quadruple conjonction du ciel, de l'air, de l'eau et de la terre, se fait par une vapeur claire et subtile, un brouillard, ou une fumée en manière de vapeur ; il est aisé de comprendre qu'une vapeur ou fumée s'insinue et se mêle très facilement avec une autre, et une eau avec une autre ; surtout lorsque toutes ces parties y sont naturellement disposées, qu'elles sont d'une même matière et qu'elles ont une même origine.

Quelqu'un pourra demander si le ciel, par ses émanations continuelles, ne perd rien de sa quantité et de sa force ; parce que naturellement il paraît impossible qu'une chose donne des émanations continuelles sans perdre beaucoup de sa substance et de sa force, si elles ne sont point remplacées par d'autres : tout comme un homme, qui suerait fortement et continuellement, ne pourrait manquer de devenir faible et abattu.

Il est aisé de répondre à cette difficulté ; le nœud va en être dénoué par les réflexions et considérations suivantes.

Il n'est pas moins certain que visible à nos yeux que ce grand espace, qui est entre le ciel et la terre, est continuellement plein de vapeurs, de brouillards, de fumées, de nuées et d'exhalaisons ; que ces vapeurs, pour peu qu'elles se condensent, se résolvent en pluie, neige, rosée, frimas et grêles, dans le même instant ; et qu'ensuite les exhalaisons d'en bas et d'en haut recommencent : de manière qu'il n'y a aucune interruption dans la production de telles vapeurs, auxquelles nous donnons le nom général d'*air*.

Tout ce qui évapore ou exhale, a de soi-même une tendance à attirer à soi son semblable.

Lorsque ce qui a été attiré s'est mêlé dans sa substance, et qu'il a passé par tous ses membres ; il est naturellement forcé d'évacuer son superflu, ou l'excrément par les voies qui y sont destinées : de même que l'homme, quand il est dans un endroit où sa respiration n'est pas libre, ou qu'il est épuisé par les sueurs, est obligé, sous peine de perdre la vie, de prendre l'air, de la nourriture, de la boisson, et de les attirer à lui comme lui étant analogues ; et cela par un désir et une force naturelle qui le porte à remplacer ses dissipations, à rafraîchir son corps et à fortifier sa vie.

Mais comme tout ce qu'il prend, soit de l'air, soit de la nourriture et de la boisson, ne parvient pas en totalité à former la substance de sa vie ; il chasse le superflu par les voies qui y sont destinées, le plus subtil par les sueurs, le moins subtil par les urines, par le nez, par la morve et les crachats, et le plus grossier par les selles et les vomissements. Lorsqu'il s'est débarrassé de ces choses, il recommence naturellement l'attraction de l'air frais, de la nourriture, de la boisson, et en fait de nouveau un superflu, ou excrément pour le pousser encore dehors.

Or, comme l'air, la nourriture et la boisson, changent dans l'homme entièrement d'espèce et de nature, et sont totalement transmués et changés par l'archée humain en la propre substance de l'homme ; au point que les excréments ne donnent pas même la moindre indication de la nature précédente de l'air, de la nourriture et de la boisson : mais que tout est d'une figure entièrement différente, et qui est imprégnée de la substance humaine et de ses esprits vitaux, c'est-à-dire d'un sel volatil, comme l'analyse le démontre ; de la même manière le ciel, l'air, l'eau et la terre remplacent leurs diminutions par des parties qui leur sont semblables : le ciel reçoit les vapeurs qui montent de bas en haut, qui en chemin ont été préparées, subtilisées au plus haut point, et qui ont été attirées à travers la région de l'air, jusqu'au firmament, et delà au plus haut pour remplacer les émanations du ciel ; le ciel en prend autant qu'il en a besoin, les change en sa nature, et lorsqu'il s'en est rassasié, il expulse le superflu ou les excréments par une impulsion naturelle dans le firmament et dans l'air, l'air s'en rassasie aussi, s'épaissit par les vapeurs qui viennent sans discontinuation d'en haut et d'en bas, résout le superflu en pluie et en rosée, et les pousse comme un excrément vers la sphère inférieure de l'eau, l'eau décharge également ses superfluités épaisses, et les donne à la terre ;

la terre regorge et se rassasie aussi de ses influences, et chasse dehors les parties superflues de cette eau par la chaleur centrale et naturelle qu'elle contient, les résout de nouveau en vapeurs, exhalaisons, brouillards et fumée, et les pousse ainsi dans l'air. Ce changement d'augmentation et de diminution, d'attraction et d'expulsion a été communiqué à la Nature par un ordre très sage du Créateur, pour les continuer ainsi jusqu'à ce que le monde finisse par sa volonté.

Un amateur voit maintenant et clairement que tout doit reprendre son entretien de ce qu'il rejette ; mais seulement après que l'altération y a précédé. Ce que nous appelons *excréments*, ou *expulsions*, redevient de nouveau notre nourriture, l'homme mange du pain et du fruit, boit du vin, de la bière, etc., dont il fait ses excréments qui sont reportés aux champs ; on y sème les grains, et ainsi il croît de nouveau de la nourriture de ses propres excréments : de même un arbre perd ses feuilles en hiver, elles tombent sur la terre, pourrissent et deviennent un suc qui se glisse dans sa racine, engraisse et nourrit de nouveau l'arbre dont il est sorti.

C'est en observant toutes ces choses qu'on connaîtra le *supérieur* et l'*inférieur* d'Hermès, la *chaîne d'or* d'Homère, l'*anneau* de Platon, et que l'on sera convaincu qu'une chose se transmue en l'autre et redevient, par la vicissitude des choses, la même ou semblable à celle qu'elle a été auparavant.

Il n'est pas difficile de conclure, puisque tout a été une seule et unique matière, de laquelle tout a pris son origine, qu'il faut nécessairement qu'une chose se change par rétrogradation dans la même, dont elle a tiré ses principes ; tout ayant été eau, tout doit aussi retourner en eau, puisque l'eau était son premier principe. Appliquez maintenant cette règle à tout ce qui suivra dans ce traité ; ce ne sera pas un petit avancement pour notre Art. Examinons à présent, suivant l'ordre des matières, ce que c'est que l'air.

CHAPITRE VI

De l'air, et de ses influences.

L'air est le second principe après la séparation du grand chaos ; il est conjointement avec le ciel, le père et le forgeron, le mâle et le premier agent, la semence masculine et le principe actif de toutes choses : le ciel est l'âme et la vie ; l'air est l'esprit et le réceptacle de l'âme et de la vie, et par conséquent l'esprit vital du macrocosme : l'air est une vapeur subtile aquatique, ou une eau changée en vapeur, une vapeur un peu plus épaisse et plus grossière que le ciel, et par cette raison de son épaisseur, il embrasse l'influence subtile du ciel, et la fixe pour la changer en sa propre substance et nature aérienne ; il reçoit aussi les vapeurs inférieures encore plus épaisses, aquatiques et terrestres, comme ses semblables par rapport à leur origine, et en fait la conjonction avec lui-même et avec le ciel ; outre cela, par une motion et circulation continuelle, il les réduit à l'unité ; il s'épaissit finalement par les vapeurs qui surviennent sans discontinuation d'en haut et d'en bas, se résout en rosée, pluie, neige, frimas, et ces météores se précipitent vers nous sur l'eau et sur la terre, pour y être travaillées davantage.

On voit donc que l'air est le premier moyen pour unir le ciel avec l'eau et la terre, que sans lui le ciel ne saurait s'assimiler à l'eau et à la terre ; qu'il est le premier qui reçoit l'influence entière du ciel ; qu'il conjoint, unit et lie cette influence céleste avec les émanations inférieures, aquatiques et terrestres, pour former dans sa sphère le principe de la semence universelle de toutes choses.

Car une vapeur, comme il est dit plus haut, se mêle très volontiers avec une autre vapeur, une eau avec une autre eau, une terre avec une autre terre ; mais une terre n'embrasse pas facilement une vapeur, ni ne se mêle pas avec une vapeur subtile ; et quand même il arriverait qu'elle en retint une partie qui serait la plus fixe, cependant la plus grande partie s'envole ; si au contraire la vapeur devient eau, plus cette eau est épaisse, plus elle se mêle aisément avec la terre, et devient même terre à force de s'épaissir ; de même la terre, en se subtilisant de plus en plus par le moyen de l'eau et de l'air, se change enfin en eau et en air, ainsi la Nature travaille par des moyens ou choses moyennes, et ne va pas immédiatement d'un extrême à l'autre.

La terre et l'eau doivent devenir fumée et vapeur, ainsi que nous le voyons journellement, tout comme le ciel et l'air : alors ils s'unissent comme étant choses semblables, forment par leur mélange une semence qui se résout en rosée et en pluie, etc. ; cette rosée ou pluie tombe sur l'eau et sur la terre, comme étant le centre et le réceptacle de toutes les vertus célestes, et par elles se fait la génération, corruption et régénération de tous les animaux, végétaux et minéraux, comme dit Marie la Prophétesse : *une fumée ou une vapeur embrasse ou fixe l'autre ;* ainsi l'air embrasse et fixe le ciel ; le ciel uni à l'air est fixé encore davantage par l'eau ; la terre reçoit et fixe encore plus l'eau unie avec l'air et le ciel, jusqu'au point d'en faire une pierre et un métal. De cette manière le ciel devient terrestre et une terre corporelle, visible, sensible et palpable ; et au contraire l'eau résout la terre ; l'air résout ou subtilise l'eau et la terre en vapeur et fumée ; l'air, conjointement avec l'eau, est résous et subtilisé par le ciel qui le transmue en sa propre nature ; ainsi l'une se change en l'autre, et devient tantôt fixe, tantôt volatile par un perpétuel changement. Le ciel devient terre, et l'eau devient air, ce qui revient encore à l'*aurea catena Homeri*, à l'*anulus Platonis*, et au *superius et inferius Hermetis*, le supérieur est semblable à l'inférieur, l'inférieur au supérieur.

Finalement on peut appeler l'air, à juste titre, *les reins*, ou *les testicules du macrocosme*, parce que c'est dans son sein que l'extrait de tout l'univers se rassemble, et que toutes les humeurs radicales et substantielles du macrocosme s'y élaborent sans cesse pour former la semence universelle.

CHAPITRE VII

De l'eau, et de ses émanations.

L'eau et la terre se tiennent ensemble, comme le ciel et l'air, et tous les quatre se tiennent encore ensemble. Pareillement l'eau doit avoir de la terre, et la terre de l'eau, comme le ciel doit avoir de l'air, et l'air du ciel et tous ensemble doivent se contenir l'un l'autre ; car l'un ne pourrait subsister ni avoir d'action sans l'autre.

L'eau est le troisième principe après la séparation du chaos, et le premier patient ou partie souffrante, la semence féminine, ou le menstrue du macrocosme qui doit apporter la nourriture à toutes les créatures sublunaires : elle est, conjointement avec la terre, la mère de toutes choses.

L'eau est une vapeur condensée, un ciel coagulé, un air épaissi, une terre fluide ; elle est aussi le second moyen par lequel le ciel uni avec l'air, comme premier moyen, est incorporé et mêlé à la terre où il se terrifie et se fixe.

Aussitôt que le ciel est devenu air, et l'air eau, rosée, pluie ou neige, ils tombent sur la terre et sur l'eau qui sont inférieurs et plus épais, se mêlent avec elles, commencent à s'échauffer par l'esprit primordial qui y est implanté, à fermenter, à se putréfier, et ils agissent les uns sur les autres, jusqu'à ce qu'ils mettent au jour et fassent naître tels ou tels fruits, suivant les matrices où se fait la génération.

De tout ceci un Artiste intelligent doit comprendre qu'elle est la sagesse de la Nature, et voir qu'elle ne se contente pas d'un seul moyen, comme l'air, pour terrifier le ciel, mais qu'elle en emploie deux, l'air et l'eau ; ainsi il doit se régler sur la Nature, et y conformer son Art. Combien y en a-t-il qui suent sang et eau pour faire la conjonction de leur œuvre, sans pouvoir y réussir ? Leurs matières surnagent l'une sur l'autre, comme l'huile et l'eau, ou comme l'eau et la terre, ou bien elles combattent ensemble aussi vivement que les deux feux jusqu'à casser le verre : c'est ici qu'il doit chercher adroitement un moyen pour conjoindre, et il est aisé de le trouver. Je découvrirai dans la suite la voie et la manière de le faire. Si un seul moyen ne suffit pas, qu'il en prenne deux; et si ceux-ci ne suffisent pas encore, qu'il en prenne trois; homogènes toutefois, et non hétérogènes. Ainsi, par exemple, les minéraux conviennent aux minéraux, les végétaux aux végétaux, et de même les animaux aux animaux: les minéraux conviennent aussi aux végétaux, et les végétaux aux animaux; car il y a une très petite différence entre eux, comme étant sortis d'une seule et même matière. Les minéraux sont des végétaux fixes; les végétaux sont des minéraux volatils, comme les végétaux sont des animaux fixes, et les animaux des végétaux volatils. L'un peut se changer en l'autre avec beaucoup de facilité; car les végétaux servent de nourriture aux hommes et aux bêtes, qui par leur archée les rendent de nature animale. Lorsqu'un homme ou une bête meurt, on les enterre, et il en renaît de nouveau des végétaux. Les végétaux se nourrissent de vapeurs minérales qui par leur volatilité percent à travers la terre jusqu'à leur racine, et deviennent toutes végétales. Les végétaux, lorsqu'ils pourrissent et qu'ils sont devenus d'une nature saline et nitreuse, se résolvent par les eaux, et sont portés par les sentes et crevasses de la terre, ou par les rivières jusqu'à la mer, et de là au centre de la terre, d'où ils remontent à la nature minérale.

En faisant attention à toutes ces choses, un amateur comprendra comme l'un se change très naturellement en l'autre. L'un devient fixe, l'autre volatil; et suivant qu'il acquiert plus de degrés de fixité et de volatilité, il acquiert aussi une qualité différente; parce que tous les corps, comme il est dit ci-dessus, ne diffèrent que par les accidents, ainsi que les éléments dont ils sont composés.

Le ciel et l'air sont donc le père et la semence masculine de toutes choses; l'eau est la semence féminine et le menstrue; la terre est la matrice et le vase dans lequel les trois susdits supérieurs opèrent toutes les générations qui leur sont ordonnées par le Créateur.

Nous montrerons amplement dans le chapitre de la terre de quelle manière la terre et l'eau font leurs émanations dans l'air, et exhalent des vapeurs et fumées pour la procréation de la semence universelle de l'esprit du monde, et la régénération du chaos.

CHAPITRE VIII

De la terre, et de ses émanations.

La terre est le quatrième et dernier principe après la séparation du chaos, et la partie la plus basse, comme le ciel est la plus haute ; l'air et l'eau celle du milieu. Le ciel est ce qu'il y a de plus subtil, la terre ce qu'il y a de plus grossier ; le ciel est volatil, et, la terre est fixe : l'eau et l'air sont mitoyens ; ils diffèrent néanmoins, suivant leurs degrés de volatilité et de fixité.

La terre est la seconde partie patiente, et le sperme féminin la matrice de toutes les choses sublunaires ; c'est un ciel fixe coagulé, une eau fixe coagulée, un air condensé, une vapeur convertie en terre, un être fixe coagulé, le centre, le vase de toutes les influences célestes et de la semence universelle, de laquelle dans la terre et par la terre prennent naissance tous les minéraux, végétaux et animaux.

Pour démontrer en peu de paroles de quelle manière la terre et l'eau deviennent vapeur, air, fumée, brouillard et exhalaison pour la procréation de la semence universelle, ou la génération du chaos, et comment elles s'élèvent dans l'air jusqu'au plus haut du ciel, il n'y a qu'à faire attention à ce qui suit.

Avant toutes choses, le lecteur s'appliquera à bien comprendre ma pensée, que, par le ciel, je n'entends pas le ciel empirée, dans lequel Dieu fait son séjour avec ses Élus, lequel est privilégié et exempt de toutes altérations et opérations naturelles ; parce que ce n'est qu'au-dessous de lui que se font les altérations par le commandement exprès de Dieu Tout-Puissant, sans qu'elles puissent aller jusqu'à lui.

Après cette déclaration, le lecteur fera attention, comme je l'ai dit ci-dessus, que le ciel par sa très grande subtilité est la chose la plus mobile de toutes, qui, tant que Dieu laissera subsister le monde dans le même état, ne cessera jamais de se mouvoir ; que ce mouvement se communique à ce qui lui est le plus proche, qui est l'air ; mais en s'affaiblissant ; que l'air par son mouvement agite aussi l'eau et celle-ci la terre ; mais que tous ces mouvements deviennent successivement toujours plus faibles et plus lents.

On voit que l'air est agité par le ciel, parce qu'il y a continuellement un air ou vent agité plus ou moins. Il n'est pas nécessaire de prouver que l'air agite l'eau ; les navigateurs savent que souvent, dans le temps même qu'ils sont empêchés de continuer leur route, et obligés de s'arrêter par les calmes, l'eau est extrêmement agitée par les vagues et les courants. Pour être convaincu que l'eau agite la terre, on n'a qu'à observer qu'elle entraîne continuellement avec elle du sable, des pierres, etc., qui sont une terre brisée qu'elle excave et arrache d'un endroit pour la porter dans un autre. Là elle les répand, ici elle les accumule et en fait des montagnes et des vallées, suivant la disposition des lieux.

Chaque mouvement cause une chaleur, soit perceptible, soit imperceptible. Dans les animaux terrestres la chaleur est très sensible ; mais dans les animaux aquatiques on n'aperçoit point ou très peu de chaleur, et même, pour ainsi dire, plutôt une froideur. Cependant toute vie doit être causée nécessairement par le mouvement et par la chaleur qui en résulte ; car le froid éteint la vie.

Cela étant, on peut conclure hardiment qu'il y a une chaleur sensible et une insensible ; je n'en fais mention, que parce qu'elle est implantée dans tous les éléments, tantôt sensible, tantôt insensible ; et d'une manière ou d'autre, elle procrée toujours, soit que la chaleur du soleil ou celle du feu central s'y joigne, ou non. Chaque chose, quelque petite qu'elle soit, fût-elle même impalpable pour la petitesse et invisible à nos yeux, contient cependant la ciel avec tous les autres éléments, or si elle contient le ciel, elle a nécessairement en soi le mouvement, soit visible, soit invisible, sensible ou insensible, car le ciel est toujours en mouvement à cause de son extrême mobilité, et quoiqu'il paraisse être en repos, il ne laisse pas d'avoir ses émanations, ses actions et ses forces.

Par exemple, une pierre précieuse, une racine, ou une herbe arrachée de sa matrice, ou du lieu de sa naissance, est desséchée, paraît comme morte, parce qu'elle est empêchée dans sa croissance ; le ciel y est pourtant, qui ne se repose point ; mais par l'insensible transpiration, il cause de très grands effets, jusqu'au point que cette pierre prise intérieurement, et même seulement appliquée extérieurement, sans diminution de son volume et de son poids, et sans rien perdre de sa force, cause aux hommes la maladie, ou la guérison, suivant ses qualités et ses vertus naturelles.

L'amateur voit par là de quelle force chaque chose tire son opération, c'est-à-dire du ciel et de son mouvement toujours actif, de sa tiédeur, de son échauffement et de sa grande chaleur : c'est pourquoi il serait inutile de chercher aucune chose sur la terre, grande ou petite, dans laquelle le ciel et tous les autres éléments ne soient point concentrés. La raison dicte aussi que chaque chose doit avoir en soi les qualités et les propriétés de ce dont elle a tiré son origine. Or tout est venu du chaos, comme matière première, et le chaos n'était qu'eau et esprit : chaque chose doit donc avoir les propriétés de l'eau et de l'esprit ; mais l'esprit est le moteur et ce qui échauffe, et cet esprit est répandu par tout l'univers, de sorte que la moindre petite goutte d'eau et le plus petit atome de terre en sont remplis. Il est également dans le liquide et dans le sec ; et comme la goutte d'eau est eau dans toutes ses parties, aussi bien que l'atome de terre est terre, cet esprit réside dans toutes les parties de l'un et de l'autre, encore qu'il soit coagulé dans la terre, et que dans l'eau il soit fluide et dissous.

La raison pour laquelle la terre et l'eau ne sont pas si mobiles que le ciel, vient de leur épaississement ou grossièreté, de leur coagulation ou concentration. Réduisez la terre à la volatilité du ciel, elle sera aussi prompte dans son mouvement que le ciel ; ce qui prouve encore que la différence et la distinction de toutes choses ne consiste que dans leur volatilité et leur fixité, c'est-à-dire, que le fixe et le volatil opèrent les variations et les changements des formes de toutes choses, sans exception. Le seul but et le terme de la Nature est de rendre le ciel fixe, pour le rendre utile et salutaire à toutes les créatures sublunaires. Il est visible que toutes les choses sublunaires sont, en comparaison du ciel, grossières, épaisses et peu mobiles ; c'est pourquoi le ciel, pour leur devenir utile, doit nécessairement devenir terrestre. Comment pourraient-elles, sans cela, s'approprier une vapeur si subtile, qui est d'une volatilité et d'une subtilité extrême, si elle ne leur était communiquée par l'air, l'eau et la terre.

C'est pourquoi Dieu a ordonné que le ciel passât par tous les éléments, et se changeât en eux ; comme aussi de leur côté, les autres éléments se changeassent en ciel par une extrême subtilisation, pour le bien et l'utilité, pour la naissance, consommation, destruction et régénération de tous les êtres sublunaires.

Pour démontrer par quel moyen l'eau, la terre et l'air deviennent vapeur, fumée et brouillard, et de quelle manière ces choses deviennent air et ciel, l'amateur doit bien retenir dans sa mémoire que non seulement le ciel et les autres éléments sont partout mêlés et présents dans toutes choses, tant grandes que petites ; mais qu'aussi le ciel conjointement avec l'air manifeste partout, même dans les pierres et les os, sa force et sa puissance motrice. Qu'il les fasse connaître peu ou beaucoup, n'importe ; c'est assez qu'il s'y montre présent. Une chose subtile, déliée et ouverte, comme les animaux, montrera plutôt sa force et son mouvement qu'un grand arbre immobile qui tient ferme à la terre, ou qu'une pierre qui paraît tout à fait privée de vie.

La terre et l'eau sont toujours jointes ensemble ; car dans l'eau il y a de la terre, parce que l'eau coule sur la terre : dans la terre il y a de l'eau ; car les sources, les fontaines et les rivières en viennent : on trouve aussi de très grands lacs dans la terre. Ceci une fois connu, il est conséquemment évident que le ciel est dans l'air, et l'air dans le ciel ; que le ciel, l'air, l'eau et la terre sont toujours ensemble ; et l'un dans l'autre, aucun n'est privé de l'autre dans toutes ses parties ; et comme il est impossible qu'un homme puisse vivre sans âme et sans esprit, ainsi il est impossible qu'un élément puisse se passer de l'autre.

L'eau et la terre sont donc remplies de ciel et d'air. L'eau doit humecter la terre, afin qu'elle produise du fruit. Cette humectation et cet engrossement par le ciel et l'air qui y sont renfermés, et par l'esprit moteur qui se trouve dans le mélange de tous les deux, conjointement avec la chaleur externe du soleil et de la chaleur centrale interne, causent un mouvement, le mouvement une tiédeur, la tiédeur une chaleur : cette chaleur occasionne dans l'eau des vapeurs et des exhalaisons. Plus la chaleur et la quantité d'eau sont grandes, plus elle évapore, bout et exhale. Cette vapeur, lorsqu'elle est poussée dans l'air, est encore agitée davantage par l'air et la chaleur du soleil qui l'environnent, et par les vents. Plus elle est agitée, plus elle se subtilise, de sorte qu'elle monte de plus en plus : plus elle s'élève et s'approche du ciel, plus elle est voisine de la source du mouvement. Par là cette vapeur se subtilise et se volatilise de plus en plus jusqu'au plus haut degré : or, plus elle devient volatile, plus elle approche de la nature du ciel, jusqu'à ce que par le ciel elle soit changée en nature céleste, comme nous avons dit plus haut : de même, plus le ciel est près de la terre, plus il devient terrestre, jusqu'à ce que par la terre, il soit réduit en terre et en pierres.

Jusqu'ici nous avons expliqué de quelle manière cette vapeur est changée en air et en ciel : à présent nous examinerons ce que c'est que cette vapeur, et ce qu'elle contient.

Tout le monde sait que la terre et l'eau, lorsqu'elles sont échauffées, évaporent, bouillent et exhalent par la chaleur naturelle qu'elles contiennent et qui les fait évaporer nécessairement.

Or cette vapeur est double et même quadruple : elle est double, parce qu'elle est composée d'eau et de terre ; et quadruple, parce qu'elle est composée des quatre éléments, attendu qu'elle tire elle-même son origine de la première matière, de laquelle tous les quatre, à savoir le ciel, l'air, l'eau et la terre sont composés, et dont aucun, comme nous l'avons dit, ne peut être sans l'autre.

La raison pour laquelle je divise cette vapeur en deux, à savoir en eau et en terre, c'est qu'en comparaison du ciel et de l'air, elles sont fixes, et qu'elles sont des vapeurs fixées ; mais lorsqu'elles deviennent subtiles par le mouvement, l'eau et la terre deviennent air et ciel.

Personne ne doutera que cette vapeur n'ait été une eau ; mais plusieurs doutent qu'il y ait de la terre renfermée dans cette vapeur. Ils cesseront d'en douter, s'ils observent qu'un élément, comme je l'ai déjà dit ci-dessus, change l'autre en sa nature. Le ciel résout et subtilise l'air ; l'air, l'eau : l'eau résout et amollit la terre, et au contraire la terre épaissit et condense l'eau ; l'eau condense l'air, et l'air le ciel : ainsi l'un est l'aimant de l'autre, l'attire, le résout, le coagule, le volatilise et le fixe.

Un Artiste doit encore observer que, comme le chaos a été divisé en quatre parties, comme en ses degrés propres, chacune de ces quatre parties est encore divisée en ses degrés : ainsi le ciel le plus proche de l'air, n'est pas si subtil que celui qui touche au ciel empirée ; de même l'air le plus haut qui approche du ciel, n'est pas si épais et si grossier que celui qui approche de la sphère aquatique : l'eau la plus haute n'est pas si épaisse que celle qui est au fond, ni que cette substance visqueuse, aqueuse, qui s'attache aux pierres et aux autres productions qui croissent sous l'eau, comme de la gomme ou de la colle.

La terre est divisée également en ses parties, car non seulement les pierres et le sable sont terre, mais il se trouve aussi des sueurs terrestres, comme sel, poix, résine, cire, qui croissent dedans et dessus la terre, et sont également terre, et seulement distinctes dans leurs degrés, c'est-à-dire suivant leur volatilité et fixité. Toute terre n'est pas autant fixe que les pierres ; mais il y a aussi des terres volatiles, qui pourtant peuvent devenir fixes.

C'est cette terre volatile que l'eau amollit et résout, qu'elle prend en soi et anime par la chaleur ; elle l'entraîne avec soi en forme de vapeur au haut de l'air, et la porte même par un mouvement continuel jusqu'au ciel. Il est aisé de prouver et de conclure sans difficulté dans l'épreuve et la pratique du chaos régénéré, que nous indiquerons ci-après, que le ciel le plus épais se réduit plus facilement en air que le plus subtil, et que l'air le plus subtil se change plus facilement en ciel que le plus épais, le plus grossier et le plus inférieur ; de même l'air le plus grossier et plus bas devient plus facilement eau que le subtil et élevé, et l'eau la plus basse, épaisse et gluante devient plutôt terre, que l'eau supérieure trop claire, trop fluide et trop volatile, et au contraire la terre est d'une dissolubilité facile, principalement dans ses parties vierges, salines, qui se laissent plutôt réduire en eau qu'une pierre ou du sable qui sont déjà desséchés. L'eau subtile se laisse plutôt réduire en air et en vapeur par le feu que celle qui est épaisse et grossière. Il en est de même de l'air et du ciel.

Nous avons assez démontré le premier commencement de la Nature, et comment par le Dieu Tout-Puissant et sa parole, de vapeur qu'elle était, elle est devenue eau ; comment cette eau double a été divisée en suite en quatre parties, et comment ces quatre parties, tirant leur origine d'une vapeur, brouillard, fumée, exhalaison et bouillonnement, ont reçu le commandement de se multiplier et de produire des fruits ; elles doivent aussi de la même manière mettre au jour et produire toutes les créatures, comme elles ont été produites elles-mêmes auparavant.

Comme elles tirent leur origine d'une vapeur primordiale, ces quatre parties doivent aussi continuellement et conjointement produire une pareille vapeur entièrement de la même matière et substance sans aucune défectuosité. Cette vapeur doit aussi devenir eau, et même par régénération une eau chaotique, de laquelle toutes les choses doivent être engendrées de nouveau, conservées, détruites et régénérées sans aucune discontinuation jusqu'à la fin des siècles.

Il était de toute nécessité, par la volonté de Dieu, que les quatre éléments produisissent une telle eau, et même par des raisons naturelles, compétentes, cela ne pouvait être autrement ; car ils étaient enfants de la même mère ; ainsi ils ont la puissance de reproduire la même semence qu'ils en ont reçue : tous les individus qui en résultent sont faits à l'image de ces quatre genres.

Tous ces quatre ensemble étant réunis engendrent le germe, ou la semence universelle, pour la procréation, conservation, destruction et régénération de toutes choses : or comme ces quatre ensemble dans leur union produisent d'un commun accord une semence universelle ; de même aussi chacun d'eux en particulier a reçu la vertu de mettre au jour une production uniforme dans sa sphère ; car le ciel est ce qu'il y a de plus subtil, de plus pur, de plus transparent et de plus clair pardessus tous les autres, aussi a-t-il produit de soi-même de pareils fruits sans le concours des autres, c'est-à-dire ses étoiles pleines de vie et de lumière. L'air a produit ses météores ; l'eau, ses animaux, ses plantes, ses minéraux, et la terre aussi ses plantes, ses animaux et ses minéraux ; les espèces sont faites particulièrement des semences propres de leur sphère, tant les étoiles et les autres luminaires, que les météores, les animaux, les plantes et les minéraux.

Comme chaque sphère en son particulier a produit ses espèces de sa propre semence, ces espèces divisées en individus ont également reçu le commandement de produire leur semence et de multiplier suivant le modèle de la matière première, si bien que non seulement chaque étoile par sa pureté a acquis la puissance de se conserver et de vivre très longtemps ; mais aussi on a vu de siècles en siècles qu'il a apparu de nouvelles étoiles, et que d'autres se sont perdues ; choses dont je recommande la recherche aux astronomes pour les approfondir.

Pour moi, je retourne à l'air.

Il se forme tous les jours dans l'air de nouveaux météores ; à peine l'un passe et s'évanouit, que la même matière donne naissance à un autre qui lui succède ; mais cette reproduction continuelle des êtres est plus facile à observer dans la sphère aquatique et terrestre.

Nous voyons que chaque animal et chaque plante, lorsqu'elle est parvenue à sa perfection, acquiert la puissance de produire son semblable, et cette puissance multiplicative va presque à l'infini : à peine l'un meurt et périt, qu'il en renaît un autre à sa place, ou dix fois autant. On voit la même chose dans les substances, les pierres et les minéraux, qui paraissent privés de vie ; car si on tirait de la terre encore autant de pierres qu'on en tire, et qu'on les employât des milliers d'années à faire des grands et des petits bâtiments, on n'en trouverait jamais la fin, puisque jusqu'à présent on n'en a pas aperçu la moindre diminution, et les hommes trouveront toujours en abondance des montagnes, des pierres et des minéraux.

De ceci le lecteur doit conclure qu'encore que chaque sphère procréé ses individus qui nous paraissent distincts les uns des autres ; cependant les genres célestes, aussi bien que ceux de l'air, de l'eau et de la terre, ne sont différents qu'à raison de leur volatilité et de leur fixité, et que chaque individu se distingue aussi des autres dans sa sphère particulière de la même manière.

Si le ciel produit des créatures lumineuses, diaphanes, ce n'est que par sa pureté, subtilité et clarté. Les éléments inférieurs produisent de même, suivant leur degré de subtilité ou de grossièreté, des créatures subtiles ou grossières, et toutes sont distinctes les unes des autres ; il n'y a pourtant point d'autre différence que par la raison de leur plus ou moins grande fixité et volatilité.

Le ciel n'est pas si volatil dans toutes ses parties, qu'il ne renferme aussi quelque chose de fixe, qui est une terre subtile, suivant la fixité de laquelle il est lui-même plus ou moins fixe. L'air contient aussi sa fixité, suivant sa nature. Il en est de même de l'eau et de la terre, comme le volatil de la terre est, en comparaison de celui du ciel, une fixité ; de même la fixité du ciel comparée à celle de la terre, est une fluidité, ou plutôt une volatilité. Il faut pourtant l'entendre de cette sorte. Partout où il y a de la terre (et il y en a dans tout plus ou moins, aussi bien que des autres éléments), il y a une fixité ; et un être est capable de fixation, suivant qu'elle excède en quantité : au contraire partout où il y a du ciel, il y a de la volatilité, et suivant qu'une chose contient plus de l'un ou de l'autre, il faut la juger volatile ou fixe et l'appliquer en conséquence.

Nous avons assez parlé de la régénération du chaos, ou vapeur universelle : nous, allons maintenant considérer cette vapeur réduite en eau et prouver par le raisonnement et par l'expérience que cette eau n'est pas différente de l'eau chaotique primordiale, qu'elle en a et en aura toujours jusqu'à la consommation des siècles la puissance et la force, afin qu'un Artiste touche au doigt et à l'œil le sujet de ses recherches, et qu'en descendant de degrés en degrés, il en ait une entière certitude.

CHAPITRE IX

Dans lequel on découvre la véritable semence universelle, le chaos régénéré, l'âme du monde ou l'esprit universel.

Nous avons dit ci-dessus que le ciel, l'air, l'eau et la terre tirent leur origine et leur esprit de l'eau chaotique ; qu'ils ont reçu le commandement de produire une semence universelle et de régénérer le chaos primordial pour la multiplication, la naissance, la conservation, la destruction et la régénération de toutes choses.

Ils produisent donc cette semence, comme nous l'avons démontré, par leurs exhalaisons, et poussent tous quatre cette vapeur dans l'air où elle est agitée de côté et d'autre jusqu'à ce que, par de nouvelles vapeurs qui s'y joignent perpétuellement et sans discontinuation d'en haut et d'en bas, elle s'épaissit, et par cet épaississement, se résout en eau. Cette eau est appelée communément *rosée*, *pluie*, *neige*, *frimas*, *gelés*, *grêle*, mais dans le fond c'est la véritable semence et le véritable chaos régénéré, le vrai esprit et l'âme du monde duquel tous les sujets sublunaires tirent leur naissance, leur conservation, leur destruction et leur régénération. En voici la preuve.

Si cette eau est telle qu'elle puisse procréer et produire tout ce qui a tiré son essence de l'ancien chaos primordial, elle doit avoir aussi la puissance et la force de contenir en soi les quatre éléments, le ciel, l'air, l'eau et la terre; et si elle a cette qualité en soi, il faut aussi nécessairement qu'elle contienne et opère tout ce que contiennent et opèrent ces quatre éléments.

Nous disons donc que chaque chose doit retourner et se résoudre en ce dont elle a tiré son origine, et que le même moyen par lequel elle a été faite, est aussi celui par lequel elle rétrograde, se résout et se réduit dans sa première nature: *ex quo aliquid fit, in illud iterum resolvitur, et per quod aliquid fit, per illud ipsum resolvi, atque reduci in suam primam materiam, atque naturam necesse est.* Les éléments ont pris leur origine de l'eau et de l'esprit, ils doivent donc se réduire de nouveau en esprit et en eau, par l'esprit et par l'eau.

Que la rosée et la pluie soient un tel esprit et une telle eau, ou un chaos régénéré, de la même nature que le premier, cela se voit par les effets journaliers, plus connus peut-être des paysans et des jardiniers, que des prétendus Philosophes qui demeurent dans les villes. L'analyse prouve aussi que par eux, les quatre éléments sont produits.

L'expérience journalière prouve encore que non seulement toutes les plantes et les herbes tirent de cette eau leur végétation et leur accroissement, mais aussi que les minéraux et les animaux en sont procréés, conservés, détruits et régénérés.

Les animaux en prennent leur nourriture et accroissement, puisqu'ils respirent continuellement l'air, et qu'ensuite ils se servent des végétaux qui sont produits de cette eau, pour le maintien de leur vie.

Il serait superflu de prouver que les végétaux en tirent leur accroissement ; chaque paysan le voit clairement.

Nous prouverons dans un chapitre particulier que les minéraux tirent également leur naissance de cette eau et de cette semence.

Jusqu'à présent nous avons démontré par la théorie que la rosée et la pluie sont le chaos universel régénéré, la semence universelle et générale du macrocosme, l'esprit et l'âme du monde, de laquelle et par le moyen de laquelle tout ce qui existe est non seulement conservé jusqu'à son terme, mais encore détruit et régénéré, et le sera jusqu'à la fin du monde, comme nous le ferons bientôt voir plus au long dans un chapitre particulier.

A présent nous examinerons par l'analyse cette semence universelle connue, ou ce chaos régénéré pour découvrir ce qui y est renfermé.

Pour cela prenez et amassez de la rosée, ou de la pluie, de la neige, des frimas, ou de la gelée, lesquels vous voudrez (le procédé sera plus court et meilleur, si vous prenez de l'eau de pluie, surtout lorsqu'il tonne) ; mettez-la dans un tonneau propre, et passez-la auparavant par un filtre, afin qu'elle ne retienne point de saleté des toits, ou du tonnerre : vous aurez une eau cristalline, claire et transparente, qui n'a point de goût particulier, et qui ressemble à l'eau de fontaine, bref, une eau très limpide, très pure et très bonne à boire.

Mettez cette eau en un endroit tiède sous un toit où le soleil, la lune, le vent ni la pluie ne puissent donner, couvrez-la d'un linge, ou d'un fond de tonneau, afin qu'aucune impureté n'y puisse tomber ; laissez-la dans cet état pendant un mois sans la remuer ; vous y verrez pendant ce temps-là une grande altération dans sa nature : elle commencera bientôt à être mise en mouvement par l'esprit qui y est implanté ; elle tiédira et s'échauffera insensiblement, se putréfiera, deviendra puante et nébuleuse.

On y verra l'esprit ou l'archée opérer une séparation du subtil d'avec le grossier, du clair d'avec l'épais ; car il s'y élèvera une terre qui s'augmentera de plus en plus, deviendra pesante, et tombera au fond. Cette terre que l'archée sépare est de couleur brune, spongieuse, aussi douce au tact qu'une laine fine, gluante, visqueuse et oléagineuse. C'est le véritable *guhr* universel.

Le curieux verra sensiblement deux choses, à savoir l'eau et la terre dans lesquelles le ciel et l'air sont cachés ; car nous ne pouvons pas voir le ciel à cause de la faiblesse de notre vue ; nous voyons bien l'air, lorsqu'il vole dans sa sphère en forme de vapeur, fumée, ou brouillard ; mais ici l'air est réduit en eau, et est contenu dans l'eau de même que le ciel. L'amateur y trouvera donc deux éléments visibles, l'eau et la terre.

Auparavant il n'y avait qu'une eau volatile, à présent la terre s'est rendue visible, par la bénignité de la putréfaction, ou de la tiède digestion quant au ciel et à l'air, il faut que nous les cherchions par une autre voie.

Après que l'eau de pluie s'est ainsi troublée, remuez bien le tout ensemble ; versez-la dans un matras de cuivre que vous mettrez sur un fourneau ; faites-y du feu par dessous, afin que l'eau commence à s'évaporer ; et vous verrez sortir du matras une vapeur, exhalaison, fumée ou brouillard ; voilà l'air qui renferme en soi le ciel. Si vous voulez prendre l'air et le réduire en eau, conjointement avec le ciel, vous n'avez qu'à adapter au matras un chapiteau à bec, avec son vase de rencontre, comme font les distillateurs d'eau-de-vie ; cette vapeur s'élèvera dans le chapiteau, et se condensera en forme d'une eau claire et cristalline dans le récipient ; distillez la quatrième partie de l'eau que vous avez mise dans le matras, vous aurez le ciel et l'air joints ensemble, et séparés de l'eau et de la terre, sous la forme d'une belle eau. Vous y distinguerez le ciel par son éclat lumineux ; car cette eau, surtout si elle a été rectifiée, sera beaucoup plus éclatante qu'elle n'était auparavant, ou que n'est une eau de fontaine, quelque limpide qu'elle soit : ce qui démontre clairement qu'elle contient une vertu supérieure, ou qu'elle renferme en soi une qualité céleste.

Après que vous aurez distillé l'air et le ciel, vous les mettrez à part, adapterez un autre récipient, et continuerez à distiller jusqu'à une consistance épaisse comme du miel fondu; mais point jusqu'à siccité; car vous brûleriez la terre vierge encore tendre, et qui n'a pas acquis la suprême fixité; vous mettrez à part cette seconde eau distillée qui est le troisième élément.

Pour ce qui est resté dans le matras, c'est-à-dire la terre encore beaucoup humide, vous la retirerez proprement et la mettrez dans un plat de verre, que vous exposerez au soleil pour la dessécher tout à fait, jusqu'à ce que vous puissiez la réduire en poudre avec les doigts : ainsi vous aurez les quatre éléments séparés devant vos yeux. Assurons-nous maintenant que ce sont les véritables éléments; car sans cela ce que nous en avons dit serait faux; à savoir que c'est d'eux que toutes les choses sublunaires prennent naissance. Il ne faut pas que personne aille s'imaginer de pouvoir produire avec cette eau, des étoiles, des météores; parce que cette eau est elle-même une production météorique; ainsi je n'en parlerai point : nous examinerons seulement si cette eau quadruple peut procréer ce qui nous est nécessaire, à savoir les animaux, les végétaux et les minéraux, lesquels servent à nos usages et dont nous tirons notre subsistance.

Prenez donc de cette terre, et si vous voulez en faire des minéraux, humectez-la un peu avec son eau dans un matras, et exposez-la à la chaleur du soleil dans un endroit où ses rayons ne puissent darder : lorsqu'elle sera sèche, humectez-la de nouveau avec son eau, mais point avec le ciel et l'air, ou avec celle qui renferme le ciel et l'air : répétez ces humectations et dessications plusieurs fois, et si vous voulez, vous réduirez par là toute la terre en terre minérale; vous trouverez que par les humectations et dessications la terre sera devenue pesante et sablonneuse; notez qu'il suffira que le matras soit toujours bouché avec un bouchon de papier seulement, et même pas trop serré, afin que l'air y puisse mieux pénétrer.

Lorsque vous verrez que la terre sera réduite en sable, vous ne douterez plus que le sable ne soit un minéral; car sûrement il n'est ni dans la classe des végétaux, ni dans celle des animaux; par conséquent il ne saurait être qu'un minéral.

Lorsque vous aurez quantité de ce sable, prenez-en un peu ; faites-en un essai, comme on le fait, avec une terre minérale, et vous y verrez un vestige d'or et d'argent.

Si de la terre susdite vous voulez tirer un végétal, prenez de cette terre desséchée et pulvérisée par la chaleur du soleil deux parties de son eau et une partie de ciel et d'air : mêlez ces eaux ensemble et humectez-en la terre, comme font les jardiniers, de manière qu'elle ne soit ni trop sèche, ni trop humide ; exposez-la à l'air, non au soleil ; et vous y verrez croître toutes sortes de petites herbes. Si vous y mettez de la graine d'une plante, le fruit de cette semence ne manquera pas d'y croître ; par là vous aurez une procréation végétale.

Si vous voulez en tirer de l'animal, vous prendrez de la susdite terre desséchée au soleil et pulvérisée, et vous la détremperez avec une partie d'eau et deux ou trois parties de ciel et d'air mêlés ensemble, y ajoutant de ce mélange, jusqu'à ce que la terre soit de consistance d'un miel clair fondu ; mettez-la dans un endroit tiède à une petite chaleur du soleil, de manière qu'il n'y darde pas trop ses rayons ; vous y verrez dans peu de jours un remuement et un fourmillement de toutes sortes de petites animaux de différentes espèces : si l'eau et l'humidité diminuaient trop, vous l'humecterez de nouveau avec le même mélange d'eau ; afin que tout reste dans la même consistance mielleuse. Vous verrez que les premiers animaux disparaîtront en partie ; qu'il en naîtra d'autres ; que quelques-uns serviront en partie de nourriture à quelques autres qui en tireront leur subsistance et leur accroissement.

J'enseignerais volontiers ici une manipulation, par laquelle on pourrait produire toutes sortes d'animaux de l'espèce qu'on voudrait ; mais, afin qu'on ne me taxe point de m'ingérer dans les fonctions du Créateur, j'aime mieux en garder le silence. On devrait pourtant raisonner avec plus de solidité et penser que Dieu a créé tout de rien et sans matière : au lieu que nous, en voulant l'imiter faiblement, nous ne saurions nous passer de la matière déjà faite et créée. Dieu ne nous a pas défendu de nous recréer dans ses ouvrages et ses créatures ; mais il le commande plutôt à ses Élus, et le leur a révélé en secret comme une science cabalistique par laquelle ils peuvent parvenir de plus en plus à la connaissance de Dieu.

La plupart des hommes ne s'occupent que de vaines contestations ; c'est là justement la source de toute erreur, et ce qui les empêche de parvenir à la connaissance de Dieu ; ils disputent tous de Dieu, et à la fin de leur dispute, ils ne sont pas plus avancés qu'auparavant.

Pour moi, je dis que celui qui veut acquérir cette connaissance, doit commencer par la terre, et au moyen de celle-ci s'élever jusqu'au ciel comme d'un degré à un autre ; autrement il sera dans le cas de se trouver du nombre de ceux sur qui tomba le reproche fait par Jésus-Christ : *Vous n'entendez pas ce qui est terrestre, et devant vos yeux ; comment prétendez-vous comprendre ce qui est céleste ?* Puisque l'eau de pluie et la terre qu'elle renferme deviennent fertiles et peuvent produire toutes sortes de choses, comme nous venons de le faire voir, nous pouvons donc regarder comme certain que cette eau est la semence universelle de laquelle peut être procréé tout ce qui a été produit de la première. Un paysan et un jardinier n'auront pas de peine à croire ce que nous disons de la fécondité de cette eau ; ils voient journellement dans leurs champs que tout ce qui est humecté croît très bien ; mais il y a peu de gens qui connaissent la cause de cette fécondité.

Chacun sait véritablement, et ne manquera pas de dire que c'est l'esprit, aidé de l'eau qui fait croître : oui, assurément, c'est l'esprit ; mais n'étant qu'un esprit volatil, il ne fera pas grand effet dans les choses sublunaires ; il faut nécessairement, pour qu'il puisse leur être utile, qu'il ait et qu'il prenne en lui-même un corps sensible, palpable et visible ; car ce qui doit faire fructifier les choses corporelles et terrestres, doit pareillement être ou devenir corporel et terrestre avec elles.

C'est pourquoi, comme la semence végétale, animale et minérale est palpable et visible, il faut aussi que cet esprit soit semblable ou le devienne.

Bien des gens touchent souvent de leurs mains cet esprit corporifié, et l'on peut le recueillir en quantité ; mais malgré cela, il y en a très peu qui connaissent cette semence corporelle, quant à son origine ; la raison en est qu'elle porte un autre nom que celui qu'elle devrait avoir ; car selon sa vraie origine et sa racine, on devrait l'appeler *la semence du macrocosme, l'esprit universel, le chaos régénéré, visible, corporel et palpable.* C'est là le titre qui lui convient, puisqu'elle est la semence concentrée, coagulée, condensée, corporelle et l'esprit du monde dans un corps diaphane et visible comme un cristal; une eau qui est une eau sèche qui ne mouille point les mains; une terre qui est une terre aqueuse et pleine de feu, qui contient aussi du froid comme la glace; un ciel coagulé, un air coagulé, une chose plus excellente et plus précieuse que tous les trésors du monde.

Pour présenter cet esprit visible et corporel sous vos yeux, et le mettre dans vos mains, afin que vous le puissiez considérer suffisamment, prenez de l'eau putréfiée du tonneau ci-dessus plein un vase de verre, ou un chaudron; faites-la évaporer sur le feu jusqu'au tiers; laissez-la refroidir jusqu'à la petite tiédeur; filtrez-la bien de toutes les fèces dans un vase ou plat d'étain, de verre ou de bois; plongez ce vase dans une eau fraîche; vous verrez dans une nuit cet esprit du monde s'y montrer en deux différentes formes, ou y prendre deux corps différents, l'un cristallin, diamantin et transparent, qui s'attachera aux côtés et aux bords du vase; et si on met dans le vase des petits morceaux de bois, il s'y attachera aussi, et l'autre restera au fond en une forme tirant un peu sur le brun.

Prenez séparément celui qui s'est attaché aux côtés et aux bords du vase; conservez-le bien proprement; retirez aussi celui qui est au fond en versant l'eau par inclination; séchez-le bien au soleil ou doucement sur un fourneau tiède; conservez-le aussi séparément; adressez-vous avec ces deux au boiteux Vulcain; il vous dira qui ils sont et comment ils s'appellent.

Jetez le premier qui s'est attaché aux côtés du vase sur des charbons ardents; son inflammation subite vous apprendra que c'est le *Nitre*. Jetez aussi le second sur les mêmes charbons; au bruit qu'il fera vous reconnaîtrez le *Sel*, un sel ordinaire alcalin et décrépitant.

De ces deux, à savoir le Nitre et le Sel, toutes les choses sublunaires et visibles naissent et se conservent, se détruisent et se régénèrent. Dans l'air ils sont volatils et sont des météores volatils; dans la terre ils sont corporels et sont aussi, suivant leurs degrés de fixité, des choses fixes, plus fixes et très fixes; enfin on ne trouvera aucun, sujet sublunaire, dans la résolution duquel ces deux choses ne se trouvent; tout ce qui existe en prend son existence, comme nous le dirons et prouverons ci-après plus amplement.

Le Nitre est acide et le Sel est alcali.

Celui-là est l'Âme et l'Esprit, celui-ci est le Corps,
Le Père, – la Mère,
La Semence masculine, – la Semence féminine,
Le Soufre primordial, – le Sel primordial et le Mercure,
Le Ciel et l'Air, – l'Eau et la Terre,
L'Acier, – l'Aimant,
Le Marteau, – l'Enclume,
L'Actif, – le Passif,
Et tous les deux ensemble constituent la Semence Universelle.

Au commencement, cette semence était volatile dans toutes ses parties; ce que vous pourrez connaître en faisant distiller de l'eau de pluie, dès que vous l'aurez ramassée, et avant sa putréfaction; vous verrez qu'elle passera toute et sera très volatile. Ce n'est qu'après sa putréfaction qu'elle acquiert une base de fixité par la précipitation de la terre, qui est renfermée en elle.

La volatilité de cette eau donne la naissance aux animaux; lorsqu'elle devient un peu plus fixe, elle produit des végétaux; et lorsqu'elle est tout à fait fixe, elle fait les minéraux.

Si de cette eau vous voulez faire des minéraux, vous en prendrez les parties les plus fixes et les plus grossières; c'est-à-dire, l'eau avec la terre, comme je l'ai dit ci-devant. Si vous voulez avoir des végétaux, vous y ajouterez un peu de ciel et d'air. Si vous voulez en faire des animaux, vous y ajouterez du volatil en plus grande quantité, c'est-à-dire plus de l'esprit vivifiant du ciel et de l'air; car les végétaux tiennent le milieu entre les minéraux et les animaux, et on peut en faire aussi facilement une pierre qu'un animal, comme nous le démontrerons plus amplement dans la suite.

La cause qui nous a fait parvenir à rendre la semence universelle, visible et palpable, nous a fourni la principale clef qui ouvre et qui délie tout lien et toutes les serrures naturelles, à savoir la putréfaction. Ce qui cause la putréfaction, est cet esprit implanté qui n'est jamais en repos et qui agit continuellement, pourvu qu'il ait son instrument propre, par le moyen duquel il opère tout, c'est-à-dire l'eau ; alors il travaille sans discontinuation visiblement et invisiblement, sensiblement et insensiblement ; il faut d'un volatil un fixe, et au contraire d'un fixe un volatil et il continue alternativement ce travail sans aucun relâche ; il brise les pierres qu'il a coagulées lui-même, et les réduit en sable et en poussière ; il cause la vermoulure des arbres, pourrit les animaux, fait un arbre de la pierre réduite en poussière, ou d'un animal pourri ; de l'arbre vermoulu un animal, une pierre ou un minéral ; et cela sans cesse. Un paysan connaît tous ces effets, quoiqu'il en ignore la cause ; car il a le chagrin de voir tous les jours devant sa porte que les vers rongent son bois, et que de ses anciennes murailles ruinées il renaît des arbres et des plantes ; il voit aussi que les mouches produites par un bœuf pourri, remplissent sa chambre et sa maison.

Nous avons démontré, en descendant par degrés du premier principe, comment de la vapeur primordiale a été formé le chaos ; que celui-ci a été divisé en quatre parties, en ciel, air, eau et terre, et que ceux-ci ont reçu le commandement de régénérer sans cesse la vapeur primordiale, et de celle-ci l'eau chaotique.

Nous avons montré la semence volatile invisible et impalpable ; de son invisibilité nous l'avons rendue visible ; de son impalpabilité, nous l'avons rendue palpable, afin qu'un chacun puisse la voir de ses propres yeux, et qu'en poussant ses recherches plus loin, il en puisse admirer la force.

Il est essentiel de remarquer que le nitre et le sel tirés du chaos régénéré ou de l'eau de pluie, ne diffèrent pas sensiblement du nitre et du sel communs ; ils fulminent ou décrépitent également dans le feu ; ils produisent aussi les mêmes effets dans toutes les opérations ; et l'on peut unir indifféremment le nitre tiré de l'eau de pluie avec son sel ou avec le sel commun, et le nitre commun avec le sel tiré de l'eau de pluie, à moins que l'un n'eût été plus purifié que l'autre ; mais s'ils sont d'une égale pureté, l'un vaut autant que l'autre, et un Artiste ne doit pas s'y laisser tromper. Si quelqu'un disait : ceci est du nitre vulgaire, mais l'autre est le nitre des Philosophes, ce serait une pure supercherie, puisque le nitre commun me fait le même effet que je désire, comme cela ne manquera pas d'arriver, il me sert autant que le nitre des Philosophes.

Mais enfin quel doute en peut-on former ? Les Artistes peu expérimentés veulent avoir toutes les choses doubles ; l'une doit être appelée *sujet vulgaire*, qui est ordinairement méprisée ; l'autre doit être appelée le *sujet des Philosophes*.

C'est celui-ci qu'ils préfèrent, et après avoir tant épluché, ils ne savent pas eux-mêmes lequel est un sujet vulgaire ou un sujet des Philosophes ; alors ils décident que l'esprit humain est trop borné pour le discerner ; qu'il faut que Dieu fasse toujours un miracle et qu'il révèle ce sujet en songe ou par un adepte ; quoique, la plupart du temps, il ne faille s'en prendre qu'à l'incapacité professionnelle de celui qui travaille, parce qu'il n'examine point la nature du sujet qu'il a entre les mains et sur lequel il travaille, ni quel en peut être l'effet ; il ne considère pas les circonstances, et ne cherche pas par une mûre réflexion à tirer un plus grand avantage d'une chose qu'il aura trouvée par hasard ; il ne dira pas : une telle chose en a produit une telle, comment cela s'est-il fait ? Si j'y ajoutais une telle chose, ou que j'en ôtasse telle autre, qu'est-ce qu'il en résulterait ? Il laisse tout passer devant ses yeux sans y faire attention, quoiqu'il sache très bien le proverbe qui dit : *inventis facile est addere*.

Qu'un maçon ignorant bâtisse une maison suivant sa capacité ; lorsqu'elle sera achevée, il observera avec le temps les fautes qu'il aura faites à quelques endroits ; de là il conclura d'abord : si j'avais fait ces endroits d'une telle manière, ils seraient plus commodes ; ici je devais mettre au mur une barre de fer pour le rendre plus fort ; là je devais mettre une poutre, ou une grosse et bonne pierre ; en cet endroit je devais bâtir un appartement carré, haut ou bas, etc. S'il ne voulait plus garder cette maison et qu'il la vendît pour s'en bâtir une autre, n'aurait-il pas déjà bien de l'avantage pour la mieux construire que la précédente ? Un disciple qui travaille en chimie, ne doit-il pas faire de même et examiner avec soin, lorsqu'il a fait une faute, en quoi elle consiste, ce qu'il a mis de trop, ou de trop peu, quel effet produit une chose et quel retardement ou avancement donne telle autre ? Mais pour cela il doit approfondir la nature et la propriété de chaque chose, afin de ne pas mêler ensemble des contraires.

Pour comprendre que le nitre universel tiré de l'eau de pluie n'est pas meilleur que le nitre vulgaire, le lecteur doit considérer que celui-ci tire son origine du premier, et conclure de là que le sang de cet enfant est de la même nature que celui de son père ; et si l'enfant a toutes les qualités du père et la même vertu dans toutes les opérations, n'est-il pas dans toute sa substance le père lui-même ? On doit en dire autant du sel universel par rapport au sel commun dont il est la mère. D'ailleurs, comme je l'ai déjà observé : *Ex quo aliquid fit, in illud rursus resolvitur.* Et puisque toutes choses sans exception tirent leur naissance du nitre et du sel universels, les animaux aussi bien que les végétaux et les minéraux ; il faut nécessairement qu'ils y rétrogradent et qu'ils se résolvent et se réduisent en eux ; conséquemment le nitre et le sel provenus de quelque corps que ce soit, ne diffèrent pas du nitre et du sel universels. On ne peut pas douter que toutes choses ne tiennent leur essence de ce nitre et de ce sel, et qu'elles n'en soient procréées ; car il n'y a rien dans la Nature où ils ne se trouvent. C'est ce que nous démontrerons dans les chapitres suivants.

CHAPITRE X

Preuve indubitable que le nitre et le sel sont contenus dans l'air et dans toutes les choses du monde.

Comme nous ne pouvons pas monter jusqu'au ciel, et que nous sommes obligés de reconnaître ses sujets dans ce qui lui est inférieur, nous dirons en peu de mots : le ciel est plein de lumière ; la lumière est un effet ou un produit du feu, et le salpêtre étant tout feu, nous en concluons que le ciel est un nitre de la plus grande volatilité, et qu'en descendant il devient toujours de plus en plus corporel et fixe. Que ceci suffise touchant le nitre céleste.

Parlons à présent de l'air. Les éclairs, le tonnerre et la grêle prouvent visiblement qu'il y a un nitre et un sel dans l'air ; car le nitre fulmine, éclaire, tonne, congèle, lorsqu'il est joint au sel, et nous ne trouvons sur la terre aucun autre sujet capable de produire ces effets.

Le nitre est procréé du ciel ; d'abord il est volatil ; mais dans l'air il est réduit en un corps volatil spiritueux ; dans l'eau et dans la terre, il devient un corps visible et palpable.

Nous prouverons par des raisons physiques, et ensuite par l'expérience comment il arrive que le nitre s'enflamme ainsi dans l'air, et pourquoi il grêle, éclaire et tonne.

Le nitre ne fulmine pas, à moins qu'on ne lui joigne un agent contraire, et qu'il ne soit animé par la chaleur ; plus ils sont volatils et subtils, plus ils agissent avec force l'un contre l'autre.

Nous disons donc que la lumière, la vie et le feu du ciel s'enveloppent dans l'air, s'y concentrent, et qu'il en provient un nitre subtil et volatil qui a besoin d'un agent contraire pour son action.

C'est pourquoi il s'élève à sa rencontre, et monte de la sphère terrestre et aquatique en forme de vapeur, de brouillard et de fumée, un corps également subtil et terrestre, une terre volatile, ou un sel alcalin volatil. Lorsqu'ils se joignent par les vents, et qu'ils sont agités et échauffés par les rayons du soleil, ils agissent et s'échauffent de plus en plus l'un l'autre, jusqu'à ce qu'ils s'enflamment, qu'ils fulminent, qu'ils grêlent, tonnent et causent dans l'air des éclats affreux, comme on l'expérimente assez dans les grandes chaleurs de l'été.

Au contraire lorsque le soleil n'est pas trop chaud, le nitre subtil et l'alcali volatil s'unissent et se conjoignent ensemble sans éclat, comme on peut s'en apercevoir visiblement en hiver et dans les temps froids et humides, parce que le froid et l'humidité empêchent qu'ils ne puissent s'échauffer et s'enflammer, comme le démontre l'expérience suivante.

Prenez du salpêtre; faites-le fondre dans un creuset à feu ouvert; ajoutez-y un sel volatil alcalin animal, comme, par exemple, du sel ammoniac, ou du sel volatil d'urine, ou tel autre sel volatil que vous voudrez, ou même une terre volatile, comme des charbons, du soufre, des huiles grasses végétales ou animales; il s'enflammera, fulminera et éclatera comme de la poudre à canon.

Plus la terre ou le sel seront volatils, pourvu qu'ils soient sels, plus l'éclat sera violent; et ils n'opèrent ainsi que lorsqu'ils sont échauffés par une chaleur sèche; mais s'ils sont humides, ils se conjoignent très facilement ensemble sans éclat, parce qu'ils ont un tiers-moyen qui empêchent la fulmination, et qui ne permet pas qu'il y ait aucune motion, ni inflammation. Si, par exemple, on dissout dans l'eau du sel volatil d'urine, ou du sel ammoniac avec du nitre, tous les deux se résoudront sans la moindre suspicion d'aucune altération et attraction; mais si vous faites évaporer l'eau jusqu'à siccité, et jusqu'à la coagulation des sels, et que vous fassiez un feu assez fort pour qu'ils commencent à suer et à se résoudre ensemble, ils s'enflammeront sur-le-champ, et fulmineront.

C'est ce qui se voit clairement avec l'or fulminant. Beaucoup de chimistes ont cherché la cause de cet effet, et très peu l'ont trouvée. Ils l'ont attribué presque tous au soufre qui est dans l'or; mais sans raison. On ne doit l'attribuer qu'au nitre et au sel volatil dont se charge l'or en se dissolvant dans l'eau régale. Il est vrai que l'huile de tartre, ou d'autres sels alcalisés dont on se sert pour le précipiter, l'édulcorent beaucoup; mais malgré cela, ils ne peuvent le dépouiller des sels qui lui donnent sa qualité fulminante : ce qui se voit clairement par l'augmentation de son poids. Examinons la chose de plus près.

L'eau régale est faite d'eau-forte et de sel ammoniac; l'eau-forte est faite de nitre et de vitriol. Lors donc que l'or est dissous dans l'eau régale, qui est un nitre volatil, avec le sel ammoniac, qui est une terre alcaline volatile; celle-ci étant précipitée avec l'huile de tartre, qui est une terre alcaline fixe, l'eau-forte se rassasie en partie de sel de tartre qui est son contraire, et se fixe. Comme elle est une terre plus ouverte que l'or, elle le laisse tomber; mais l'or est rempli et fort chargé de l'esprit nitreux de l'eau-forte et du sel ammoniac volatil, et il les entraîne au fond et les retient avec lui, parce qu'il est une terre sèche, et que toute terre sèche attire avidement à soi et engloutit ces sels ; et comme ces deux sels, le nitre, le sel ammoniac sont très subtils et très volatils, ils se mettent très aisément en action, s'enflamment par le moindre mouvement, ou par la plus petite chaleur ; et lorsqu'ils la sentent, ils éclatent par en bas, comme la poudre à canon éclate par en haut. Ce n'est donc pas le soufre de l'or qui est la cause de sa fulmination ; mais bien le sel ammoniac et le nitre volatil, comme deux agents qui réagissent puissamment l'un sur l'autre.

La raison pour laquelle cet or éclate par en bas, vient de l'or même qui est une terre fixe, qui tend en bas, comme au contraire les charbons qui sont dans la poudre à canon sont une terre volatile, et par conséquent poussent en haut.

Nous voyons encore une autre différence entre l'or fulminant et la poudre à canon ; c'est que l'or fulminant éclate avec trois fois plus de force que la poudre à canon : la raison en est que cette dernière est composée d'un salpêtre corporel, grossier et cru, et que dans l'or fulminant il y a un nitre très spirituel, très volatil et très subtilisé : or, plus ces agents contraires sont subtils, volatils, spiritueux, plus ils éclatent avec violence. C'est que si, au lieu de se servir d'un alcali fixe, comme l'huile de tartre, pour précipiter l'or, on prend un volatil, comme le sel d'urine, ou celui de corne de cerf, il éclatera encore avec plus de force. Le curieux verra par là que la fulmination provient des sels volatils et non de l'or ; il verra aussi que dans le liquide cet or ne fera aucun éclat, encore qu'on le laisse plusieurs années dans l'eau régale, mais aussitôt qu'il est sec, et qu'il sent la moindre chaleur, il commence à éclater : de même aussi la poudre à canon, lorsqu'elle est humide ou mouillée, ne s'enflammera point ; au lieu que sèche elle montre d'abord son effet : au contraire lorsque cet or fulminant est séché, et qu'ensuite on le fait bouillir dans l'eau, ou avec un alcali fixe, comme de l'huile de tartre, ou de la potasse, ou avec d'autres alcalis, huiles ou esprit de sel, il perd son action fulminante sur-le-champ, parce que l'huile fixe du sel ou du tartre résout les agents volatils contraires qui se sont attachés à l'or ; en fait par la résolution une chose tierce, et par sa fixité lie la réaction, de manière qu'ils ne peuvent plus éclater.

De là nous concluons que cette fulmination en général vient d'un volatil nitreux, d'un alcali subtil et volatil, ou de telle autre terre volatile, comme du soufre des charbons ; que plus ils sont volatils, plus ils éclatent avec force, et que plus ils sont fixes, moins ils éclatent.

Si on verse dans un nitre fondu une huile, ou de la poussière de charbon, de l'arsenic, de l'orpiment ou du soufre, on connaîtra d'abord comment ils se repoussent l'un l'autre, en causant une violente réaction, suivant que ce réagent est plus ou moins fixe.

Au contraire qu'on mette dans ledit salpêtre fondu un sel commun fixe, ou du sel de tartre fixe, ou tel autre alcali fixe, ou bien une terre fixe, comme de la terre sigillée, de la craie, de la chaux qui ne contienne rien de volatil ; on verra qu'il n'y aura aucune réaction, et que sans nulle distinction du froid ou du chaud, ils se conjoindront très paisiblement et se fixeront l'un l'autre sans fulminer.

Par ce que nous avons dit ci-dessus, nous nous flattons d'avoir prouvé suffisamment, tant par la théorie que par la pratique, que dans l'air il y a un salpêtre et un sel volatil, et que la foudre est un signe assuré de la présence de tous les deux. Nous pourrons encore dans la suite, comme nous avons fait ci-dessus, le faire voir d'une manière sensible par l'eau de pluie au moyen de la putréfaction.

De l'air nous descendrons à la terre et à l'eau ; nous en examinerons également les suites, et si le nitre et le sel, comme générateurs et corrupteurs, conservateurs et destructeurs et de nouveau régénérateurs de toutes choses, s'y trouvent pareillement.

CHAPITRE XI

Que le nitre et le sel se trouvent dans toutes les eaux et dans toutes les terres.

Nous avons prouvé ci-dessus que le nitre et le sel peuvent être tirés de la pluie, de la neige, des frimas, etc. On les trouvera de même dans toute terre et dans toute eau. Si vous prenez de la terre telle que vous voudrez de la superficie, soit dans les champs, soit dans les prairies, marais, rivières, montagnes, ou vallons, de la terre grasse ou de la boue ; que vous la fassiez dissoudre avec de l'eau ordinaire distillée ; que vous la filtriez ensuite ; que vous fassiez évaporer l'eau jusqu'au tiers ; que vous la fassiez cristalliser à la cave, et que vous y procédiez en tout, comme nous l'avons indiqué avec de l'eau de pluie ; vous y trouverez un nitre et un sel en plus ou moins grande quantité, suivant que la terre en a été plus ou moins imprégnée. Cela n'a pas besoin de preuve particulière ; on peut s'en informer à ceux qui font le salpêtre ; ils en donneront de suffisantes instructions, comme en ayant une parfaite connaissance.

Il en est de même de toutes les eaux des fontaines. Combien ne trouve-t-on pas de fontaines qui contiennent beaucoup de sel et de nitre ? Quant aux rivières, cela est encore certain ; puisqu'elles coulent à travers la terre, y résolvent le nitre et le sel, et les entraînent avec elles par tous les pays jusqu'à la mer.

La raison pour laquelle la mer contient plus de sel que de nitre, c'est qu'elle est continuellement échauffée et réverbérée par les rayons du soleil, agitée de côté et d'autre par les vents et toujours en mouvement ; ce qui fait que le salpêtre y est réverbéré ; et par ce mouvement et cette réverbération continuelle, il perd sa fulmination, et se change en alcali. En effet, que l'on fasse bouillir plusieurs fois dans l'eau du salpêtre avec sa terre non lessivée jusqu'à siccité, et un peu fortement ; qu'on y verse de la nouvelle eau pour le faire recuire comme auparavant ; on expérimentera qu'il se fixe de plus en plus jusqu'à ce qu'il devienne tout à fait fixe et alcalin, et qu'il ne fulmine plus; ce qui prouve que le sel n'est autre chose qu'un salpêtre fixé ou réverbéré. Cette fixation se fait beaucoup plus vite avec de la chaux vive ou avec d'autre terre par la voie sèche qui conserve la plus grande partie du salpêtre; au lieu qu'avec la poussière de charbon il détonne, s'envole, et qu'il s'en perd une grande partie par la réaction du sujet contraire. On peut encore le fixer plus promptement lorsqu'il est fondu, en y ajoutant la même quantité de sel commun, ou d'un autre alcali fixe. Si ensuite vous le faites fondre, et que vous y versiez du soufre, ou de la poussière de charbon, il ne fulminera plus; mais il attirera en soi une partie du soufre et du charbon, et les fixera avec lui.

CHAPITRE XII

Que les animaux contiennent aussi le nitre et le sel; qu'ils en sont faits, et se résolvent finalement en eux.

Tout ce qui doit rendre fertile doit être nitreux et salin; sans cela, il n'engraisserait pas les terres. Tous les chimistes judicieux savent que tous les animaux sont d'une nature nitreuse et saline; car dans leur analyse on trouve du sel volatil et du sel fixe en quantité, et des parties huileuses inflammables. L'inflammation de l'huile qui brûle fait connaître qu'elle est un nitre liquoreux; car il n'y a que le nitre qui soit inflammable. On en a encore une preuve plus complète dans le phosphore qu'on fait du règne animal.

Ceux qui cuisent le salpêtre, nous montrent que le règne animal est très nitreux; car pour en chercher, ils creusent la terre autour des maisons des paysans et même dans leurs chambres, qui sont sans cesse arrosées de l'urine de leurs enfants, etc. Cette urine se glisse dans la terre, et forme un excellent salpêtre.

Si quelqu'un est après cela incrédule, qu'il aille à un cimetière où l'on enterre beaucoup de monde; qu'il prenne de la terre d'une fosse qui soit bien pourrie; qu'il la lessive, et qu'il examine ensuite si le règne animal n'est pas nitreux; il ne manquera pas de trouver que ce règne s'est réduit en nitre.

Or ce en quoi une chose se réduit doit nécessairement être la même dont elle a tiré son origine.

Les fientes des vaches et des moutons ne sont-elles pas aussi fort nitreuses? Ceux qui font le salpêtre ne les emploient-ils pas par préférence à toute autre chose? Si le salpêtre n'était pas une nourriture spermatique excellente pour les hommes, Dieu n'aurait pas commandé aux Juifs de manger de la chair de brebis et de s'appliquer à la vie pastorale.

Les paysans portent dans leurs champs les fientes des moutons et des vaches comme le meilleur fumier pour engraisser leurs terres; et encore qu'ils ne connaissent point que c'est le salpêtre qui procure cette fertilité, ils expérimentent pourtant que ce fumier est le meilleur; ils y portent leurs urines; ils en arrosent leurs prairies; et les herbes en croissent à merveille; ils y conduisent aussi leurs excréments et ordures qui produisent du blé et autres aliments pour notre nourriture. Si nous faisons bien attention à notre origine, nous conviendrons que nous sommes non seulement nés parmi les excréments et ordures, mais que nous en tirons aussi notre conservation et notre accroissement, et qu'enfin nous seront résous en eux, suivant la parole de Jésus-Christ, c'est-à-dire en poussière et en cendres; de sorte que nos cadavres et nos corps pourris serviront à engraisser et à rendre fertiles les champs, prés et vignes des hommes qui viendront après nous; et de cette manière nous leur servirons de nourriture et de boisson. Combien de bestiaux morts, d'ennemis tués ou morts de maladie, ont pourri dans les champs et vignes, s'y sont résous en suc et en sel, et ont été employés à la nourriture de l'homme? Ce que nous avons dit prouve assez, sans qu'il soit nécessaire d'employer un plus long discours, que les animaux tiennent non seulement leur naissance et leurs parties constitutives du salpêtre et du sel; mais aussi qu'ils doivent être résous en lui par l'archée universel de la Nature, comme nous le confirmerons dans ce traité.

CHAPITRE XIII

*Que les végétaux contiennent le nitre et le sel,
qu'ils en sont faits et qu'ils doivent aussi s'y résoudre.*

Chaque paysan et chaque jardinier sait que les végétaux croissent dans la terre par le secours de la rosée et de l'eau de pluie : la preuve s'en verra dans la suite. Nous avons prouvé plus haut que le salpêtre et le sel sont la pure et véritable essence de la rosée et de la pluie ; comme aussi que toute eau et toute terre renferment en soi le salpêtre et le sel, comme leur substance essentielle revêtue de la forme terrestre et aquatique.

Il est maintenant hors de doute que le sperme universel, c'est-à-dire la rosée, la pluie et la neige avec le salpêtre et le sel dissous et cachés en eux donnent l'accroissement à toutes choses. Or ces deux se trouvent, comme nous l'avons dit, dans toutes les eaux et dans toutes les terres ; par conséquent, il faut nécessairement que les végétaux en tirent leur accroissement ; car ils ne croissent pas de la terre toute seule, ni des eaux seules vides et sans forme, ou destituées de semence ; mais du sperme universel, qui est le salpêtre et le sel.

Faites fondre ensemble dans un creuset deux parties de sel et une partie de salpêtre, et faites-les dissoudre ensemble dans dix fois autant d'eau de pluie ; mettez et laissez enfler dans cette dissolution une semence végétale, mais pas trop serrée, que vous fermerez ensuite. D'un autre côté prenez aussi de la même semence qui n'a pas été humectée dans la même eau ; fermez-la à part dans la même terre, et comparez ensemble la promptitude de l'accroissement et la beauté du fruit ; vous verrez la différence qui se trouvera entre ces deux plantes.

L'esprit ardent, l'acide, les parties huileuses et les sels alcalins des végétaux font connaître leurs qualités très nitreuses, dans l'un pourtant plus que dans l'autre. L'on voit que les végétaux, lorsqu'on les brûle, donnent une flamme fort claire. Or l'inflammabilité, la chaleur et la flamme ne sauraient venir que du salpêtre.

L'esprit ardent n'est-il pas un nitre très subtil et même céleste ? Car lorsqu'on l'enflamme, son feu est extrêmement subtil et a l'éclat des étoiles.

Quant à l'huile, elle n'a pas besoin de preuve ; on la tire de différentes espèces, tant des animaux que des végétaux ; et leur alcali prouve qu'elles contiennent du nitre.

Les paysans connaissent fort bien tout ceci ; puisqu'ils amassent dans les forêts une quantité d'herbes et de feuilles ; qu'ils les mettent en grands tas, les laissent pourrir ensemble et les portent ensuite aux champs pour les fumer. Nous avons montré plus haut, en parlant des animaux, ce que le fumier renferme.

Les jardiniers le connaissent très bien, et ils sont très charmés, lorsqu'ils trouvent de la pourriture d'un arbre, pour l'employer en guise de fumier aux plus belles espèces de fleurs et aux plantes pour les engraisser ; ils en font même trop de cas pour l'employer aux plantes ordinaires du jardin ; car ils savent très bien que la Nature a préparé cette pourriture très subtilement, et l'a réduite en poussière et en terre, de laquelle, lorsqu'on la lessive, on peut tirer un nitre et un sel très pur.

Par cette pourriture des arbres, on peut voir non seulement que les végétaux prennent leur accroissement du nitre et du sel, mais aussi qu'ils y rétrogradent et s'y réduisent comme en leurs principes ; et qu'ensuite, suivant la disposition que la Nature trouve, il en naît d'autres végétaux.

Je crois avoir assez expliqué ce règne et avoir rendu au salpêtre et au sel tous les honneurs qui leur sont dus ; puisqu'ils sont le principe de toutes choses, et leur première matière médiate et universelle, quoique pas encore spécifiée et individuée, et que tous deux joints ensemble, s'insinuent dans tous les êtres et procréent, suivant la volonté de la Nature, une chose après l'autre.

CHAPITRE XIV

Que les minéraux contiennent le nitre et le sel ;
qu'ils en sont faits et qu'ils s'y résolvent.

Plus le ciel s'approche de la terre, plus il devient terrestre, corporel et fixe, moins il brûle et brille, et moins il s'enflamme ; ainsi le nitre, qui est descendu du ciel, est invisible, caché et tout volatil dans l'eau ; mais il s'y manifeste par la putréfaction. Plus il devient terrestre et fixe, plus il devient alcalin, et il perd de plus en plus sa fulmination par cette fixation, comme nous le verrons en traitant des minéraux : car en se spécifiant dans chacun des règnes, il acquiert une nature et une qualité différente, et de l'animal au minéral il s'éloigne toujours de plus en plus de la Nature universelle. Dans tous ces règnes, il montre cependant plus ou moins le feu qui le domine ; et cela suivant le degré de fixité ou de volatilité qu'il a dans le règne animal, ainsi que dans le végétal, par leur oléaginité grossière ou subtile, par leur poix, résine, etc.

Tous les minéraux sont d'un genre pierreux ; ils descendent de plus en plus vers la fixité ; leur soufre inflammable est privé de son inflammabilité par leur continuelle fixation, et acquiert un autre degré, c'est-à-dire celui de l'incombustibilité.

Or que le soufre et les autres matières inflammables soient nitreuses, nous l'avons prouvé ci-devant, en faisant voir que l'inflammation ne peut provenir que du salpêtre et de ce qui y appartient. On voit aussi qu'on peut trouver le sel dans les minéraux, lorsqu'on les lessive, après qu'on les a un peu fait rougir au feu.

La raison pour laquelle le sel ne s'y trouve pas en si grande quantité sous la forme du sel, c'est qu'il renferme par proportion plus de terre en soi, et que plus il résout de terre, plus il devient terrestre, et s'éloigne de sa forme saline.

Cet axiome sera toujours vrai, et la pratique en convaincra tous les jours chaque chimiste, *qu'une chose se résout en ce dont elle a été faite, et se résout aussi par lui.*

Lorsque nous voulons résoudre des minéraux qui sont liés très fortement, nous voyons qu'il faut y employer du sel, ou des menstrues salins et nitreux, dans lesquels on ne peut pas les ouvrir.

Chaque chimiste sait que tous les menstrues sont nitreux et salins ; de là le lecteur peut conclure que, puisque les minéraux se fondent et se dissolvent dans le sel et dans les menstrues salins, ils doivent nécessairement avoir une homogénéité avec le sel ; autrement ils ne pourraient pas en être domptés. Si les minéraux se fondent en liqueur dans les menstrues salins, c'est déjà une réduction dans leur première matière ; car ils sont faits d'eau salée, et s'y résolvent aussi de nouveau. Si l'on réduit au tiers par la distillation l'eau qui reste, chaque chimiste en sait faire un sel ou un vitriol ; et ce vitriol peut, par les distillations et cohobations, se réduire en eau salée ou en esprit salin dont ils ont été procréés auparavant par d'autres changements.

Les minéraux proviennent d'un sel et d'un nitre aigris, fermentés, échauffés et pourris qui résolvent en eux une terre et en acquièrent une qualité vitriolique et sulfureuse ; ils se fixent ensuite de plus en plus dans leur degré ; et comme ils ont tiré leur existence d'un nitre et d'un sel aigri et spiritueux, ils rétrogradent aussi par ce même nitre aigri dans leur premier principe, comme nous l'éclaircirons davantage dans la généalogie des minéraux. Cependant il ne sera pas hors de propos d'anticiper sur cette partie de notre ouvrage et de nous étendre un peu plus dans ce chapitre, sur la naissance des minéraux, afin que le lecteur soit convaincu dès à présent par l'origine des trois règnes que toutes les choses tirent leur existence du nitre et du sel ou de leur semence nitreuse et saline.

Tout Philosophe sait que les animaux sont procréés d'une semence aqueuse et saline ; qu'ils sont entretenus par des végétaux aqueux et salins et par l'air nitreux. Lorsqu'ils viennent à mourir, ils pourrissent et se réduisent en une matière et substance aqueuse et nitreuse. Nous avons prouvé qu'elle est réellement nitreuse et saline, et dans la suite nous le prouverons encore plus au long. Nous avons prouvé que les végétaux tirent leur naissance de la rosée, de la pluie, etc., qui sont nitreuses et salines, et de la terre et des eaux qui le sont également ; qu'ils se résolvent, et se réduisent par le feu en une eau toute remplie de nitre et de sel qui est leur première matière.

Il en est de même des minéraux ; ils naissent tous de l'eau nitreuse et saline qui coule partout par les fentes et crevasses de la terre jusqu'à son centre ; d'où cette eau saline, fortement échauffée et fermentée par la chaleur centrale et repoussée en forme de vapeur et d'un pur esprit jusqu'à la circonférence de la terre, s'attache aux rochers ; et parce qu'elle porte avec elle un sel spiritueux et par conséquent un esprit de sel et de nitre, elle devient rongeante et corrosive ; car si elle n'était pas corrosive, comment pourrait-elle entamer et dissoudre les rochers ? Cette eau dissout donc les rochers, et la terre recoagule l'eau en sel, non pas tel qu'il était auparavant, mais en un sel vitriolique, autant qu'elle en a pu saisir en une fois, et qu'elle en a pu résoudre ; ainsi elle le brise subtilement en une terre gluante et grasse qu'on appelle ordinairement guhr. Cette terre est ensuite dissoute de plus en plus par les vapeurs corrosives qui s'élèvent jusqu'à ce qu'elle se change en soufre ; plus elle acquiert de corrosif et plus elle devient sulfureuse. Ce soufre perd par la longueur du temps et par la chaleur centrale son inflammabilité et se change en arsenic ; l'arsenic se change en une marcassite, et celle-ci seulement est la première matière des métaux la plus prochaine et non pas le vitriol. On voit que le soufre est purement un corrosif : premièrement par son odeur qui infecte les poumons ; secondement par son huile dont on tire quantité, soit par la cloche, soit de la minière, en la distillant en la manière ordinaire.

On voit que l'huile et l'esprit de vitriol sont un soufre dissous, lorsqu'on en imbibe une terre, comme par exemple de la craie ou toute autre terre fixe, et qu'on les fait évaporer fortement à un feu ouvert, ils brûlent et s'enflamment comme le soufre : or j'ai prouvé ci-dessus que le soufre était auparavant un nitre et qu'il était son origine.

J'ai aussi démontré plus haut que les minéraux se résolvent de nouveau en un salpêtre fermenté et aigri, ou en vitriol, et celui-ci en sa première matière ; ce point sera encore éclairci davantage ci-après dans son chapitre propre.

De tout ceci le lecteur peut voir si je comprends bien cette origine ou non ; qu'il avance, ou qu'il rétrograde dans l'analyse des minéraux ; il verra, par l'expérience, des choses qu'il n'aurait pas crues auparavant ; mais s'il imaginait que je veux introduire une nouvelle doctrine et renverser les sentiments de nos ancêtres qui ont écrit depuis des milliers d'années que le soufre, le mercure et le sel sont la première matière des métaux ; je me contenterai de lui répondre que ce n'est pas là mon intention. Tout le monde sait qu'ils ont posé pour fondement que le mercure, le soufre et le sel sont la première matière des métaux ; mais les véritables Philosophes savent encore mieux s'il faut entendre ces mots au pied de la lettre. Celui qui ne veut pas me suivre, ni croire que je cherche purement à me conformer aux règles de la Nature, peut en suivre d'autres et en tirer de meilleurs principes. Il y en aura pourtant quelques-uns qui seront charmés que j'aie mis ce traité au jour.

Il est visible que le soufre et le mercure tirent leur naissance du nitre et du sel. Plus la terre se charge de nitre ou de corrosif qui est un acide, plus elle devient sulfureuse ; et à mesure qu'elle s'alcalinise ou devient saline, ou qu'elle se trouve dans un endroit alcalin et salin qui tue le corrosif ou le soufre, il en provient un mercure ou des sujets mercuriels.

Ce que nous avons dit jusqu'à présent sur la première matière et l'origine des minéraux, doit suffire pour faire voir qu'ils sont composés de nitre et de sel, et qu'ils peuvent de nouveau se réduire en eux. Si ce chapitre me le permettait, j'aurais ici une belle occasion d'en montrer la preuve aussi bien par la pratique que par la théorie. Mais je la réserve pour la suite de cet ouvrage.

Il est dont aussi clair que le jour, que le salpêtre et le sel sont la semence de tout le grand monde volatil et fixe, suivant qu'ils sont appliqués.

Ces deux sont le père et la mère, l'agent et le patient, l'acier et l'aimant de toutes et chacune des choses ; et les éléments visibles, c'est-à-dire l'air, l'eau, et la terre sont leur maison ou leur habitation, et les matières desquelles et par lesquelles ils opèrent et procréent tout.

Le lecteur pourra donc facilement comprendre ce que c'est que la génération, la corruption et la régénération de toutes choses ; car il doit être certain que le nitre et le sel procréent, entretiennent, détruisent et régénèrent tout, soit d'une manière fixe, soit d'une manière volatile, suivant que la Nature en fait l'application elle-même.

D'un nitre et d'un sel volatil il naît plutôt un animal qu'un minéral ; d'un nitre et d'un sel demi-fixe et demi-volatil il naît un végétal, et d'un nitre et d'un sel fixe il naît un minéral.

Par cette raison, il est facile de descendre de la généralité que nous avons indiquée à la spécialité ; car lorsqu'une fois on connaît l'origine, on connaît aussi la progression et le but, c'est-à-dire le commencement, le milieu et la fin.

C'est de là que nous tirons la conclusion, et que nous établissons que l'origine primordiale de toutes choses est la vapeur universelle aqueuse, qui par son épaississement se change et se régénère en l'eau universelle chaotique, c'est-à-dire en rosée, pluie, etc. C'est là notre première matière régénérée ; car toute eau devient par la chaleur et par le feu vapeur, brouillard, fumée ; toute vapeur et fumée redevient eau par son épaississement : dans cette eau et dans toutes les autres sont contenus un nitre et un sel. Plus l'eau est subtile, volatile et spiritueuse, plus le nitre et le sel qu'elle contient sont volatils et forment des fruits subtils : plus les eaux sont épaisses, plus le nitre et le sel qu'elles contiennent sont corporels et fixes, et plus ils forment des fruits également fixes.

De ces deux, à savoir le nitre et le sel, comme étant la matière première et plus prochaine de tous les sujets sublunaires, soit volatils, soit fixes, toutes les créatures sublunaires tirent leur naissance, leur conservation, destruction et leur régénération, les animaux, les végétaux et les minéraux.

Mais les animaux tirent aussi de l'air, par leur respiration, le nitre et le sel volatils, et en plus grande quantité que les végétaux et les minéraux, et ils s'en servent comme d'un aliment particulier et céleste pour leur nourriture et leur conservation.

Les végétaux prennent leur nourriture et accroissement plutôt de la rosée et de la pluie, etc., qui sont un air condensé.

Mais les minéraux tirent leur naissance d'une vapeur épaisse, aigre et d'un air souterrain, qui se sont sublimés de l'eau centrale par la chaleur de l'abîme dans les entrailles des montagnes, où ils se changent en eau; et dans toutes ces choses, c'est-à-dire dans l'eau et dans l'air, il y a du salpêtre et du sel qui y sont cachés, comme un sperme universel.

Comme toutes ces choses mentionnées ci-dessus tirent leur naissance et leur conservation du nitre et du sel conjoints ensemble, suivant la différence de leur volatilité et de leur fixité, elles se détruisent et se régénèrent aussi par eux, suivant la même différence de leur volatilité et fixité, jusqu'à ce que le Créateur réduise tout par le feu en cendre et en poussière.

Le lecteur pourra à présent se former la plus belle théorie de la Nature, lorsqu'il considérera comment d'une première vapeur extrêmement subtile elle descend et s'approche de plus en plus par degrés convenables jusqu'à la fixité; car elle fait du très volatil un volatil, de celui-ci un demi-fixe, du demi-fixe un fixe, du fixe un très-fixe; et comme elle est descendue d'un degré à l'autre, elle remonte aussi par les mêmes degrés, et fait du très fixe un fixe, de celui-ci un volatil, de ce dernier un très volatil, de la même manière que nous avons démontré ci-dessus, que du ciel elle fait l'air, l'eau et la terre, et de la terre l'eau, l'air et le ciel, d'un degré à l'autre et d'un moyen à l'autre, et jamais d'un extrême à l'autre extrême.

Du ciel le plus volatil elle fait un air volatil; de celui-ci une eau demi-fixe, et de celle-ci une terre fixe, et ensuite très fixe, ou bien elle fait du nitre très volatil et céleste un nitre volatil aérien, de celui-ci un nitre demi-fixe et corporel, ou un nitre aqueux, palpable, de celui-ci un sel terrestre ou alcalin, et de celui-ci, toujours en descendant, une terre, une pierre et un minéral.

Telle est la marche de la Nature. Nous croyons en avoir déjà dit suffisamment pour mettre les disciples de l'Art en état de l'observer et de la suivre, quoique nous n'ayons fait jusqu'ici qu'une description générale des choses naturelles; mais nous l'expliquerons encore plus spécialement et nous entrerons dans l'analyse des choses, par le moyen de laquelle nous pouvons pénétrer jusqu'au centre de la Nature et la considérer toute nue.

Nous commencerons avec raison par la principale porte de la Nature, qui est l'entrée de toute génération, destruction et régénération ; par la clef, sans laquelle il serait difficile de pénétrer dans le sanctuaire de la Nature. Cette principale porte ou cette clef est nommée par les chimistes *la putréfaction*.

CHAPITRE XV

De la principale porte ou clef de la Nature, comme auteur de toute génération et destruction des choses naturelles, appelée putréfaction.

Le ciel, à cause de sa subtile pureté, n'est pas si sujet au changement que les éléments inférieurs : mais lorsqu'il descend dans l'air, et de là dans l'eau et dans la terre, il pourrit aussi avec eux, pour produire dans les éléments inférieurs son semblable ; lesquels éléments, par une loi particulière du Créateur, ne peuvent rien produire, ni détruire sans la putréfaction.

Par cette raison on ne peut sans la putréfaction, ou sans aucune antécédente macération, digestion, fermentation et cuisson, soit prompte ou lente, espérer aucune véritable analyse, ni dans les universels, ni dans les espèces et individus ; car la rosée, la pluie, la neige, la grêle et la gelée pourrissent toutes sans distinction, et sont une séparation du subtil d'avec le grossier. On connaît que cela arrive, lorsqu'elles donnent une odeur, quoique très faible, de pourriture.

Les animaux pourrissent très facilement, aussi bien que les choses susdites ; et à cause de la quantité des parties volatiles qu'ils contiennent et de leur nitre volatil, ils exhalent une puanteur insupportable.

Les végétaux pourrissent également avec facilité à cause de leur trop grande humidité; mais pourtant pas si vite que les animaux, et ne sentent pas si mauvais qu'eux.

Les minéraux pourrissent et fermentent: cependant ils n'exhalent pas, au moins pour la plupart, une odeur si mauvaise que les autres dont nous avons parlé, à l'exception cependant du fer qui, lorsqu'il tombe en macération, et qu'il se rencontre avec son homogène, sent plus mauvais qu'un cloaque: nous en parlerons dans son endroit.

Par la putréfaction les minéraux deviennent végétaux, et les végétaux deviennent animaux.

Ainsi la Nature, formant comme un cercle, met le plus haut au plus bas, et le plus bas au plus haut; elle change aussi les trois règnes en une Nature universelle et indifférente, comme nous l'avons déjà dit: elle pousse en l'air, du centre de la sphère terrestre et aquatique, les vapeurs qui sont du règne minéral, et les vapeurs de la superficie de la terre qui sont du règne végétal; de même les vapeurs et exhalaisons des cadavres animaux, comme aussi celles des trois règnes vivants et florissants, et les y chaotise et réduit à l'universalité; alors elles ne sont plus ni animales, ni végétales, ni minérales, mais ubiquotiques, c'est-à-dire qu'elles doivent être, et sont en effet dans toutes choses.

Il faut donc considérer la putréfaction comme le forgeron merveilleux qui fait de la terre une eau, d'une eau un air, de l'air un feu ou ciel, et qui du ciel fait de nouveau de l'air, de celui-ci de l'eau, et de l'eau de la terre: elle fait ces changements sans discontinuation et à toutes les minutes, et elle les fera jusqu'à ce que le ciel et la terre se fondent ensemble en une masse vitrifiée.

CHAPITRE XVI

Ce que c'est proprement que la putréfaction.

Après que Dieu eut créé la vapeur universelle, il lui implanta, de sa propre volonté, une essence active que nous nommons *esprit*. Cet esprit est dès le commencement un être mobile qui ne se repose jamais ; mais qui est toujours en mouvement, opérant et agissant continuellement et sans relâche. Qu'il soit fixe ou volatil, il est toujours en action, et il opère avec altération et successivement dans toutes les créatures : lorsqu'il cesse d'exister dans l'une, ou qu'il en sort, dans le même instant il recommence à travailler dans une autre, et ainsi il ne se repose jamais un seul moment.

Cet esprit est l'agent, l'auteur et l'origine de tout changement, et il commence chaque changement par la putréfaction. Lorsqu'il l'a fomentée pendant quelque temps, il sépare le pur de l'impur, ensuite il conjoint, coagule et fixe jusqu'au terme absolu de chaque individu : après qu'il a poussé un corps coagulé jusqu'à son dernier terme, il recommence à le putréfier, à le résoudre, à le séparer, jusqu'à ce qu'il en ait achevé quelqu'autre chose. Cet esprit est le générateur, le conservateur, le destructeur et le régénérateur de toutes les choses du monde.

Cet esprit, dans son origine primordiale, est entièrement caché dans la vapeur ou dans l'eau, et si spiritueux que par la moindre chaleur il s'en détache, et s'envole dans l'air ; mais lorsqu'il descend dans nos éléments corporels plus grossiers, il est retenu en partie et obligé de gré ou de force à devenir un corps visible et palpable, ou plutôt à prendre lui-même un tel corps ; alors il paraît à nos yeux en une forme très blanche, cristalline et transparente (le nitre), froide comme la glace et cependant d'une nature si ignée que lorsqu'il s'échauffe, s'il était rassemblé dans le centre de la terre en grande quantité, et que son contraire vînt à sa rencontre, il deviendrait si furieux qu'il ferait sauter en l'air non seulement les roches, les pierres, les maisons et les habitants, mais même le globe de la terre tout entier ; il nous donne aussi très souvent et à notre dommage des preuves de sa force par les tremblements de terre, et sans son frère ou sa femme froide (qui est le sel) à laquelle il s'attache avec une passion amoureuse très forte et qui est la seule qui puisse le dompter et adoucir, il y a longtemps qu'il aurait détruit le monde entier ; mais son frère ou sa femme, lorsqu'ils s'embrassent tous deux dans son palais igné infernal, ne le lui permet pas, et le tient serré jusqu'à ce qu'il éteigne sa fureur ; alors il ne peut plus causer de dommage, et oublie même sa férocité au point que, ses contraires se joignant avec lui, non seulement il ne leur cause aucun dommage, mais qu'il les attire à lui, s'associe avec eux, et fait, pour ainsi dire, avec eux une alliance perpétuelle.

Cet esprit est répandu dans toutes les créatures et distribué en elles, comme nous l'avons marqué plus amplement ci-dessus ; sans lui, aucune ne pourrait vivre ni exister. C'est lui qui est le principe de la naissance, de la destruction et de la régénération de toutes les choses.

La putréfaction est donc la première clef et la première porte, par le moyen de laquelle cet esprit double nous ouvre le palais de la Nature, et le renferme ensuite par les degrés suivants.

Cet esprit n'est jamais en repos, comme nous avons dit, et par son mouvement il occasionne une tiédeur, ou échauffement ; cette chaleur ouvre les pores de chaque chose ; de sorte que cet esprit implanté peut aller et pénétrer partout, soit pour procréer, soit pour corrompre. Lorsqu'il a pénétré par les membres, il commence à résoudre ou à coaguler, et agit ainsi jusqu'à ce que le corps soit entièrement pénétré et échauffé ; alors les parties subtiles, humides et volatiles commencent à s'évaporer plus ou moins (suivant que la chaleur a été plus ou moins forte) et à donner une odeur par laquelle on peut s'apercevoir que l'esprit agit, qu'il travaille, qu'il ouvre le corps, le pourrit et l'amollit par la digestion ou putréfaction, et il continue d'agir de même graduellement jusqu'à ce qu'il parvienne au terme destiné.

Cet esprit a été au commencement vapeur et eau ; et comme il était lui-même dans son principe eau et vapeur, il produit aussi toutes choses de vapeur et d'eau, et s'en sert pour toutes ses opérations, ses mélanges et ses solutions, parce que toutes les choses qu'il fait, se mêlent aisément avec l'eau.

Il n'est pas douteux que les animaux ne soient faits d'eau, puisqu'ils sont composés visiblement de parties presque toutes molles et aqueuses; nous voyons aussi qu'après l'évaporation et l'extinction de la lampe de la vie, l'esprit les réduit de nouveau en écume, glaire et eau par le moyen de l'eau.

Les végétaux sont composés de même, et contiennent pourtant des parties un peu moins aqueuses, succulentes et humides que les animaux. Ils se réduisent et se résolvent aussi en eau, avec l'eau et par le moyen de l'eau.

La Nature ou cet esprit compose de même les minéraux de l'eau, les résout aussi en eau et par l'eau, comme nous l'expliquerons amplement par la suite.

Il ne faut pourtant pas s'imaginer que cette eau de laquelle l'esprit procrée tous les animaux, végétaux et minéraux, soit une eau sans puissance comme une eau de fontaine; c'est une eau qui renferme *quatre choses*, à savoir les quatre éléments qui y sont dans un parfait accord; *trois choses*, à savoir l'esprit, l'âme et le corps, le mercure, le soufre et le sel, le volatil, l'acide et l'alcali, et *deux choses* qui sont le mâle et la femelle, l'agent et le patient, le nitre et le sel dont toutes choses naissent, et par lesquelles elles sont détruites et régénérées; c'est une eau dans laquelle l'esprit est l'agent qui opère tout; et quoique cet esprit soit différent suivant la fixité ou sa volatilité, et qu'on le puisse appeler double, triple, quadruple et quintuple; il n'est pourtant qu'un seul et unique esprit différent suivant ses différentes opérations.

Lorsqu'il est volatil et une vapeur, on l'appelle *ciel, air, le volatil, l'agent, le mâle, l'âme*, etc. S'il est demi-fixe et corporel, on l'appelle *eau, acide, esprit, soufre, nitre*; s'il est fixe, on l'appelle *terre, le fixe, le patient, l'alcali, la femelle, l'aimant, le corps, le sel*, comme nous avons dit ci-dessus. C'est en quoi consiste l'idée de toutes choses: car, suivant la forme ou la figure dans laquelle une chose se montre, aussitôt nous lui donnons un nom propre pour la distinguer des autres choses; et si tout s'appelait du même nom, on prendrait indifféremment l'un pour l'autre, comme dans la confusion de la tour de Babel.

Il n'y avait au commencement qu'une eau simple, laquelle s'est divisée avec le temps et dans sa division chaque partie a eu son nom particulier, encore qu'elle soit sortie d'une seule racine et d'un même principe, et réciproquement tous les individus de l'univers peuvent aussi par réduction et résolution être changés en eau.

Nous avons par là suffisamment éclairci ce que c'est que la putréfaction, c'est-à-dire un esprit implanté moteur qui attiédit, chauffe et enflamme ; qui est simple en forme double et double en forme simple ; comme aussi un acide qui se bat contre l'alcali, lesquels deux sont un dans leur essence, comme aussi trois, volatil, acide et alcali, mercure, soufre et sel, esprit, âme et corps : c'est ce que nous allons expliquer dans le chapitre suivant.

CHAPITRE XVII

Ce que la putréfaction opère, et ce qu'elle produit.

En général, par la putréfaction un volatil devient acide, et l'acide un alcali, et au contraire l'alcali devient acide, et l'acide un volatil, suivant que les choses qu'on veut changer sont disposées naturellement, ou par Art.

Pour représenter l'opération réelle de la putréfaction, nous prendrons pour modèle l'eau de pluie, qui est l'eau universelle régénérée chaotique.

Prenez donc de l'eau de pluie tant que vous voudrez ; mettez-la dans un vase propre ; plus il y en aura, mieux on y verra l'opération de l'esprit universel ; laissez reposer ce vase bien couvert quatorze jours ou un mois entier ; elle fermentera, comme nous l'avons déjà dit en son lieu, se putréfiera, deviendra trouble, impure et puante, et vous verrez s'y former une terre écumeuse et surnageante ; ce qui prouve visiblement qu'il y a une altération qui est plus ou moins grande, suivant que la chose est disposée par nature ou par Art.

La cause de cette corruption de l'eau, de son impureté, nébulosité et pourriture, c'est l'esprit qui y est implanté, et qui, par son mouvement perpétuel, produit dans l'eau une chaleur imperceptible. Plus il travaille et s'échauffe, plus il altère et sépare ; car on y trouvera de jour en jour et toujours en augmentant plus d'impureté ou de terre, comme aussi plus d'odeur mauvaise ou de pourriture.

Nous examinerons à présent ce corps aqueux, putréfié et ses parties.

Nous avons dit ci-dessus dans son chapitre et dans plusieurs autres endroits que l'eau avant sa putréfaction était un pur volatil qui par la distillation passe entièrement ; mais qu'après la putréfaction elle se divise en trois parties essentielles, à savoir en une eau volatile, en un acide ou nitre, et en un sel alcali, qui après leur séparation laissent encore après eux une terre que les chimistes appellent *fèces*.

On peut voir évidemment et conclure que cette eau renferme en elle un esprit ou un être actif ; car d'où pourrait provenir la séparation et l'altération, s'il n'y avait dans cette eau quelque chose d'actif qui pût l'occasionner ? Or cette chose qui agit et produit cet effet, est ce que nous appelons du nom très commun, un *esprit*.

On s'aperçoit par la pourriture et par l'odeur qu'un tel esprit est dans l'eau, et qu'il échauffe cette eau, quoique imperceptiblement et insensiblement. On n'entend jamais dire, et on ne voit pas que le froid occasionne une pourriture ou une mauvaise odeur ; et quand même en hiver toute la terre serait pavée et couverte de corps morts, on n'en ressentirait aucune mauvaise odeur : mais si la chaleur vient, ils pourriront si fort et sentiront si mauvais en un seul jour, que personne n'y pourra résister.

Nous conclurons donc que la putréfaction ne vient que de l'esprit échauffé par la chaleur ; et la mauvaise odeur provient, ainsi que la bonne, du volatil qui s'exhale par la chaleur ; il monte et s'envole d'une manière invisible et pourtant sensible à l'odorat ; comme on peut le voir clairement dans l'urine putréfiée et dans sa puanteur, lorsqu'on en fait la distillation :

c'est alors seulement que monte son sel volatil qui a l'odeur la plus pénétrante et la plus forte ; mais son esprit fixe et son huile, ainsi que son alcali et le *caput mortuum* brûlé en charbon n'ont presque aucune odeur.

On le voit aussi aux vins, principalement aux plus vieux qui, plus ils séjournent dans des caves fraîches, plus ils acquièrent de bonté et d'odeur agréable ; lorsqu'on les distille, l'esprit ardent volatil du vin monte le premier, et a une odeur plus forte que les parties qui suivent après.

La même chose se voit aussi aux minéraux ; à peine a-t-on mis les minières dans le feu, que le volatil prend au nez ; le soufre, l'acide et l'esprit arsenical causent des étourdissements ; mais les parties restantes n'ont presque plus aucune odeur, excepté ce qui pourrait être fixé du volatil par le feu.

L'acide ou le nitre a très peu ou presque point d'odeur, non plus que le sel ou l'alcali, lorsqu'on les sépare de l'eau de pluie putréfiée ; à moins qu'ils ne soient de nouveau excités par leurs contraires.

L'odeur est donc occasionnée par la chaleur, et celle-ci provient du mouvement excité par l'esprit moteur, comme nous l'avons déjà dit ; et si quelqu'un doutait que le mouvement fût la cause de la chaleur, il n'a qu'à toucher du fer qu'un forgeron vient, de battre à froid pendant un certain temps, il sentira qu'il est extrêmement chaud ; qu'il observe encore les rémouleurs, lorsqu'ils passent un fer sur leur pierre à aiguiser sans la mouiller, et qu'ils tournent la roue avec vitesse ; il verra que ce fer devient si rouge qu'on peut y allumer du soufre ou du bois. Enfin qu'il prenne seulement deux pierres froides ou deux morceaux de bois ; qu'il les frotte l'une contre l'autre, et il verra s'ils ne s'échaufferont pas par ce mouvement.

Nous avons dit ci-dessus quelque chose de la manière dont un volatil devient acide et celui-ci un alcali ; et au contraire comment un alcali devient acide et celui-ci un volatil, ou comme le ciel devient air, l'air eau et l'eau terre ; à présent nous examinerons comment se fait cette mutation.

CHAPITRE XVIII

*De quelle manière un volatil devient acide, et un acide alcali,
et au contraire comment un alcali devient acide, et celui-ci volatil.*

Ce chapitre contient un point essentiel auquel tous les Artistes, s'ils veulent avancer dans l'Art, doivent faire la plus grande attention : car faute de connaître ce seul point, il y en a des milliers qui s'égarent dans leurs solutions et coagulations, dans leurs volatilisations et fixations.

En un mot, l'univers avec tous ses universels, ses espèces et ses individus, est arrangé d'une telle façon que l'un ne peut se passer de l'autre, ni exister sans lui : l'un doit être le conducteur de l'autre ; l'un doit être le moyen et le lien de l'autre ; sans cela il n'arrive aucune conjonction ni aucune séparation : car, comme nous l'avons déjà dit, les éléments ont un besoin mutuel les uns des autres.

De même les animaux ne sauraient se soutenir sans les végétaux, ni les végétaux sans les minéraux : au contraire, les minéraux ne sauraient devenir utiles sans les végétaux et sans les animaux.

Mais, comme je l'ai déjà suffisamment prouvé, un extrême ne saurait s'unir avec un autre extrême sans un moyen. Le ciel ne saurait devenir terrestre que par le moyen de l'air et de l'eau ; et réciproquement la terre ne saurait devenir céleste sans ce même moyen.

Pareillement les animaux ne sauraient devenir minéraux que par le moyen des végétaux ; et le végétal est le moyen entre les animaux et les minéraux.

Tous les universels, aussi bien que les espèces déterminées, doivent avoir leur moyen pour leur conjonction ; et chaque individu de chaque règne doit avoir aussi son moyen pour unir ses parties, afin de se soutenir et de se conserver.

Ce moyen est vulgairement appelé *acide*, lequel dans tous les sujets du monde est spécifiquement, individuellement et indivisiblement, un moyen entre le volatil et l'alcali, entre le supérieur et l'inférieur, sans lequel ils ne sauraient jamais s'unir : car le volatil, comme le supérieur, est extrêmement volatil ; et l'alcali, comme l'inférieur, est extrêmement fixe. Le volatil ne s'unit jamais avec le fixe immédiatement, ni le volatil avec l'alcali que par l'acide : l'acide est le médiateur, le copulateur et le conciliateur de toutes choses, parce qu'il n'est ni trop volatil, ni trop fixe, mais qu'il tient le milieu entre eux : par cette raison il est hermaphrodite et il est le véritable Janus chimique. D'un œil il regarde le volatil, et de l'autre il regarde l'alcali. Si on lui donne le volatil, il s'unit avec lui inséparablement, si on lui donne l'alcali, il s'y unit également ; et si on les joint tous les trois ensemble, leur union devient si forte que tous les trois subsistent au feu, ou s'envolent ensemble.

On doit pourtant l'entendre du volatil, de l'acide et de l'alcali homogènes ; quoique les hétérogènes mêmes se lient si intimement ensemble, qu'ils deviennent aussi inséparables.

En voici un exemple.

Prenez de l'esprit-de-vin, de l'huile de vitriol et du sel fixe d'urine, qui tous les trois sont d'un règne différent ; versez l'esprit-de-vin sur le sel d'urine ; ajoutez-y ensuite, goutte à goutte, l'huile de vitriol ; vous y verrez au commencement une grande opposition, et vous entendrez un bruit et un sifflement ; mais à la fin ils se tranquilliseront et se conjoindront si intimement que, lorsque vous en distillerez les sérosités aqueuses, vous n'y observerez plus aucun vestige de l'esprit-de-vin qui s'est fixé sur l'alcali avec l'huile de vitriol.

Mais, pour procéder dans l'ordre et ne nous pas écarter, nous expliquerons de quelle manière le volatil devient acide, et celui-ci alcali, c'est-à-dire comment l'un devient l'aimant de l'autre : car l'un attire l'autre à soi, et le change en sa propre substance sans aucune interruption, suivant que la force et la quantité de l'un excède celle de l'autre.

Sachez donc qu'aussitôt que l'eau de pluie amassée, comme nous l'avons dit ci-dessus, commence à pourrir, ou aussitôt que l'esprit qui y est implanté, commence à opérer et à l'échauffer, cette eau dans le même instant commence à se changer et à devenir corporelle de plus en plus : car dans son premier état elle était un peu volatil ; et comme le volatil cherche toujours à devenir fixe par les degrés intermédiaires, il cherche aussi, lorsqu'il est devenu fixe, à redevenir volatil par les mêmes degrés. Cet esprit devient toujours par son mouvement continuel plus chaud et plus igné. Cette chaleur le rend si sensible et si piquant, qu'il présente au goût une aigreur que nous nommons en terme commun *acide;* et comme l'acide occasionne une précipitation, et manifeste par là une séparation de la terre qui s'était résoute dans l'eau; plus l'acide est aigre et igné, plus il sépare de terre: mais afin que cette terre ne devienne pas trop forte, et que l'acide ne puisse s'y tuer et s'alcaliser tout à fait, cet acide prend sa nourriture du volatil, et, comme aimant, il l'attire, le change en sa nature, et en fait un acide. Plus cet acide attire à soi de volatil, plus il s'échauffe, plus il fermente et plus il résout de terre, sur laquelle il est aussitôt forcé de réagir de nouveau; et plus il en résout, plus il devient alcali sec et fixe.

Quand la terre est suffisamment imprégnée d'acide, et que l'acide a dissous autant de terre qu'il a pu, et a tiré magnétiquement autant de volatil qu'il en a eu besoin pour son action, cet acide n'est plus si fort pour agir et pour précipiter; mais il reste dans un état mitoyen, également rassasié du volatil et des parties alcalines de la terre, et son action demeure comme suspendue, jusqu'à ce que le volatil ou l'alcali prenne le dessus; alors il s'y associe aussitôt, et l'aide à produire en tout son semblable.

Par exemple, la terre ou l'alcali venant à dominer sur le volatil, rend l'acide entièrement alcalin; l'acide vaincu par la terre attire à soi le volatil et le fait entièrement acide; et comme la terre acquiert de plus en plus la supériorité, elle le rend aussi alcalin et terrestre jusqu'au plus haut degré de nature pierreuse: si au contraire le volatil est trop fort et qu'il ait trop peu de terre, il change l'acide en sa nature et le rend volatil; l'acide change l'alcali en acide, et cet acide devient par la quantité et supériorité du volatil un pur volatil.

On peut voir par là clairement, et on peut le prouver par l'expérience, que la terre, pendant le temps que l'acide y agit et y travaille, attire à soi un acide et le change en alcali; que réciproquement l'acide prend en soi la terre et s'y tue, s'alcalise et se fixe par où sa force s'émousse, et se dulcifie au point qu'il ne peut plus corroder ni résoudre.

Mais comme tout acide ne prend pas en soi en une seule fois autant de terre qu'en la résolvant il puisse tout d'un coup la changer toute en alcali, il en prend pourtant assez pour s'y corporifier et pour parvenir à une forme visible et palpable. On peut faire cette expérience de chaque acide ; on n'a qu'à y résoudre en partie une terre quelconque ; qu'on verse ce qui est dissous ; qu'on le fasse évaporer au tiers, et qu'on le mette ensuite à la cave, l'acide se cristallisera : ce qui n'arriverait pas s'il contenait trop de terre en soi ; qu'on prenne au contraire la terre restante, que l'acide n'a pas tout à fait résoute ; qu'on la fasse sécher et rougir au feu ; qu'on la mette dissoudre ensuite dans de l'eau ; qu'on la fasse cuire et évaporer jusqu'au tiers et qu'on l'expose à l'air ; il ne se cristallisera rien ou très peu de ce qui peut y être resté de l'acide ; mais il se précipitera au fond, sans cristallisation, en forme de sel que nous appelons *alcali*.

Nous allons maintenant confirmer et démontrer par la pratique ce que nous venons de prouver par la théorie, à savoir que le volatil devient un acide et l'acide un alcali, lorsque celui-ci a la supériorité ; et réciproquement, que l'alcali devient un acide et l'acide un volatil ; lorsque c'est le volatil qui domine : il n'est question pour cela que de faire agir ensemble un volatil, un acide et une tête morte qui ne contienne rien.

Prenez six parties d'esprit-de-vin rectifié à l'épreuve de la poudre ; quatre parties de vinaigre de vin distillé simplement ; deux parties d'eau-forte ou d'esprit-de-vitriol ; mêlez ensemble le vinaigre et l'eau-forte ; versez-les ensuite dans un matras sur trois parties de craie de Cologne ou autre terre qui ne contienne point de sel et qui soit dépouillée de tout ; versez aussi l'esprit-devin dans le matras ; menez-le au bain-marie, après y avoir adapté son chapiteau à bec et son récipient, afin que ce qui montera puisse passer dans le récipient ; laissez-le digérer et résoudre un jour et une nuit, ou deux jours et deux nuits dans une chaleur du premier, ou du second degré ; ensuite laissez-le refroidir ; versez et séparez bien doucement ce qui est clair, de la terre qui n'est pas encore entièrement résoute, et que la terre reste au fond aussi sèche qu'il sera possible ; desséchez encore davantage cette terre et réverbérez-la sous la moufle ; ensuite lessivez-la avec de l'eau de pluie distillée, filtrée ; et vous trouverez un peu de sel alcali qui, de l'acide de d'esprit-de-vitriol et de celui du vinaigre, s'est fixé en sel alcali ; distillez l'eau claire au bain-marie jusqu'à l'oléosité : de cette manière le volatil passera, quoique fort affaibli ; car l'acide en a fixé une partie en soi : mettez l'huile en un lieu frais pour la faire cristalliser ; vous en aurez un nitre, ou un sel nitreux, un autre acide et une autre sorte de salpêtre et de vitriol : nous examinerons à présent ces parties, c'est-à-dire le volatil, l'acide et la terre ou l'alcali.

L'esprit-de-vin, qui était auparavant très fort et allumait la poudre, et qui à présent est faible comme un pur phlegme, prouve clairement que l'acide a attiré et fixé le volatil de l'esprit-de-vin.

On voit aussi très clairement que l'acide a absorbé et résous en soi une terre ou un alcali ; puisqu'il s'est précipité de nouveau avec eux en un corps : car auparavant il était un esprit, une chose résoute, tenant de la nature de l'eau-forte qui de soi n'avait point de corps ou de consistance sèche ; mais à présent qu'il a pris en soi de la craie, il représente en partie la forme du cristal, de nitre ou de vitriol. L'eau-forte ou l'acide, en se rassasiant de terre et de volatil, s'y est dulcifiée et a pris une forme moyenne entre le fixe et le volatil prêt à devenir l'un ou l'autre, suivant qu'il s'y joindra, un homogène fixe ou un homogène volatil. Il a perdu son corrosif : car il est sans force et doux sur la langue comme un nitre ou sel commun.

Par la craie réverbérée et par l'alcali qu'on en a tiré par la lexiviation, on voit encore que la terre a attiré l'acide magnétiquement et l'a alcalisé ; ainsi dans cette expérience le volatil est devenu un acide et l'acide un alcali.

Maintenant ne prenez qu'une partie de craie avec quatre, six ou huit parties d'eau-forte et douze parties d'esprit-de-vin, de manière que l'acide et le volatil puissent résoudre totalement la terre : procédez comme ci-dessus ; vous aurez un résultat tout différent : la terre se changera en acide, et si vous y cohobez plusieurs fois le volatil, il transmuera l'acide en sa nature, et ainsi tout sera devenu volatil.

Il y aura peut-être des lecteurs à qui ces expériences seront suspectes, parce que les trois principes sont pris dans deux règnes différents, le végétal et le minéral : mais qu'on les prenne dans un seul règne et même dans une seule chose, on obtiendra toujours les mêmes effets. Je n'ai choisi ces expériences pour en tirer mes preuves (car j'aurais pu les tirer de l'eau de pluie) qu'afin d'enseigner aux amateurs des procédés plus courts et plus faciles par lesquels ils pussent s'assurer de la vérité de ma théorie. Ils en trouveront également la preuve dans les minéraux, dans les végétaux et dans les animaux, quoique avec un peu plus de difficulté dans les minéraux ; mais cependant il en viendront à bout, s'il s'appliquent à bien entendre ce traité ; je les ai mis sur la voie, qu'ils fassent eux-mêmes des expériences ; ils en apprendront plus en voyant les choses par leurs yeux, que par tout ce que je pourrais leur dire.

Qu'ils considèrent ensuite que, comme la Nature opère dans les cas particuliers, elle opère de même dans le général ; car elle change les universels en espèces et en individus, suivant l'excès ou le défaut de tel ou tel principe ; et c'est en cela que consistent les différentes qualités de toutes les créatures.

On demandera sans doute pourquoi dans les expériences ci-dessus j'ai ajouté le vinaigre. Ne suffisait-il pas de joindre ensemble l'esprit-de-vin comme volatil, l'eau-forte comme acide, et la craie comme une terre fixe ou sujet alcalin ? Je l'ai fait pour une raison bien essentielle, dont la connaissance épargnerait aux Artistes bien des peines, des frais et du temps. On écrit une quantité de livres mais la plupart sont pleins de spéculations creuses et amphibologiques ; il ne s'en publie aucun ou très peu qui indiquent les raisons pour lesquelles on joint telle ou telle chose dans tel ou tel procédé, ce qui fixe, ce qui volatilise, ce qui coagule, ce qui résout, ni pourquoi cela arrive ; de là vient que lorsqu'un pauvre apprenti tombe sur les procédés énigmatiques décrits dans ces livres, il les suit aveuglément jusqu'à ce qu'il soit convaincu, par le mauvais succès de ses opérations, des grandes fautes qu'il a faites, sans qu'il en soit pour cela plus instruit, parce qu'il ne saurait en approfondir les raisons. Au lieu que si les savants s'attachaient, principalement dans leurs ouvrages, à donner la vraie raison de chaque procédé et de chaque effet, fût-ce dans des objets de la plus petite conséquence, ceux qui s'appliquent à l'étude de la chimie, seraient eux-mêmes étonnés des progrès qu'ils y feraient : une raison et une opération bien conçue leur en feraient découvrir plusieurs autres et ils porteraient bientôt l'Art à son plus haut point de perfection.

Ainsi, pour ne pas m'écarter de mon sujet, la plupart des Artistes font usage de l'esprit-de-vin dans toutes leurs opérations ; et cependant sur cent, à peine y en a-t-il un qui sache ce qu'il est, ni comment il faut l'employer ; tous lui attribuent, avec raison, plusieurs excellentes propriétés : celle d'extraire le soufre, celle d'adoucir les corrosifs et de clarifier les sels, celle de corriger et de perfectionner tout l'œuvre, comme étant l'essence la plus noble ; mais malgré cela, combien y en a-t-il qui, en considérant à la fin leur travail, le voient si estropié et si imparfait qu'ils voudraient ne l'avoir jamais commencé quoiqu'ils se soient servis du meilleur esprit-de-vin. Quelle est donc la cause de leur peu de succès ? C'est qu'*on ne peut passer d'un extrême à un autre sans un moyen*. L'esprit-de-vin est extrêmement volatil ; l'eau-forte, les sels et la terre sont d'une nature et d'un genre plus fixes, de même que les huiles et les esprits qu'on en tire, tels que le sel, le nitre, l'alun, le vitriol et autres sels et minéraux qui sont tous contraires à l'esprit-de-vin ; car ils sont à son égard un extrême ; et par cette raison il ne peut, sans répugnance, se conjoindre ni s'accorder avec eux. En effet, lorsqu'on les verse l'un dans l'autre, on entend aussitôt (surtout si l'eau-forte est bonne) un bruit et un sifflement qui annoncent qu'ils combattent l'un contre l'autre ; mais si vous leur donnez pour médiateur le vinaigre, qui est l'acide, moyen propre et convenable à l'esprit-de-vin, ils se conjoignent très facilement et sans la moindre répugnance ; le vinaigre prend en soi l'esprit-de-vin, et le coagule ensuite très amiablement avec l'eau-forte ; si bien qu'ils en perdent toute leur acidité, et acquièrent plutôt de la douceur en échange.

Observez bien qu'il n'y a aucun sujet dans la nature des choses qui n'ait ses principes cachés ou manifestes, que ce soit un sujet universel ou un individu ; et si quelqu'un manquait de quelque principe, on peut avoir recours à un homogène semblable, ou à des sujets universels, lesquels s'associent et s'accordent avec tous les individus et s'y transmuent ;

comme aussi eu égard à l'origine, tous les individus sont universels, et s'y confondent dans leur dernière résolution.

Si donc chaque chose a ses principes, ou qu'au défaut de quelqu'un d'eux il puisse être remplacé par des choses homogènes, il s'ensuit qu'elle a un volatil, un acide et un alcali ; parmi ces trois l'acide est le *medium* ou le moyen de la conjonction en toutes choses.

Il est également certain qu'une chose s'unit très facilement avec son semblable ; les sels alcalins dans les animaux, végétaux et minéraux, se mêlent ensemble très facilement ; il est en de même des acides et des volatils ; car l'esprit-devin, ou l'esprit ardent des végétaux, et l'esprit volatil des animaux se conjoignent ensemble très facilement, de même que leur esprit moyen, c'est-à-dire l'acide végétal ou vinaigre, et que leurs alcalis ; réciproquement le vinaigre ou l'acide végétal, en qualité homogène, se conjoint sans nulle opposition avec les acides minéraux, comme sont l'eau-forte, l'esprit de nitre, de sel, de vitriol, d'alun, de soufre, etc., et il en est de même de leurs sels fixes.

Mais au contraire, aucun extrême ne s'accorde avec un autre extrême : par exemple, l'esprit-de-vin rectifié, ou l'esprit animal volatil ne se conjoignent absolument avec leur sel ou avec leur alcali, que par leur esprit moyen ; ils ne se conjoignent pas non plus, ou très difficilement, non sans danger, et très lentement avec les acides et les alcalis minéraux ; mais si vous y joignez leur *medium*, dans l'instant ils s'unissent inséparablement et se tiennent si fort ensemble, qu'il serait impossible de les séparer sans perte, ni par le feu ni par l'eau. Si vous versez du vinaigre dans l'esprit-de-vin rectifié, vous le verrez aussitôt s'unir sans aucune répugnance ; ajoutez-y ensuite un alcali, il s'y résoudra très doucement et s'y conjoindra si bien que si les deux ou les trois sont dans un poids proportionné, et que vous vouliez distiller au bain-marie l'esprit-de-vin ou le vinaigre, vous séparerez en leur place, encore qu'ils eussent été déphlegmés au suprême degré, un pur phlegme insipide ; l'être, l'essence ou le sel volatil de l'esprit s'étant fixé sur l'alcali par le moyen du vinaigre et par son acidité. Après l'abstraction de toute aquosité, vous trouverez un sel fixe fusible comme de la cire et sans fumée, l'esprit-de-vin et le vinaigre ayant été tellement fixés par leurs sels alcalins, qu'au creuset ouvert, ils fondront comme de la cire, sans fumer.

Je découvrirai ici, à cette occasion, une faute très essentielle que font les chimistes vulgaires, lorsqu'ils veulent acuer l'esprit-de-vin très rectifié. Ils le font, suivant la coutume, avec du sel de tartre ou du tartre calciné. Je demande à présent à un praticien s'il croit en cela suivre les règles de la nature. Certes, il ne les suit nullement; et j'en ai déjà dit la raison plus haut: l'alcali ou le sel de tartre est un corps fixe, et l'esprit-de-vin est très volatil; ce sont les deux extrêmes; ils ne peuvent donc s'unir sans un moyen: aussi ne se conjoignent-ils jamais, ou si lentement, qu'on y perdrait beaucoup de temps et de frais. Lorsque l'esprit-de-vin est ajouté à l'alcali, et qu'on le pousse au feu, il s'envole aussitôt en même quantité et laisse son phlegme avec l'alcali, ce qui le rend plus concentré, plus fort, plus igné, et voilà ce que les chimistes vulgaires appellent mal à propos un esprit-de-vin *alcalisé* ou *acué;* ils en usent de même avec le vinaigre, comme je le dirai dans la suite.

J'avoue cependant que l'esprit-de-vin, par une très grande quantité de cohobations réitérées, peut se fixer enfin sur l'alcali, ou rendre l'alcali volatil: mais quel travail d'Hercule ne faut-il pas pour cela! Ne vaut-il pas mieux, puisque je vois que ces deux ne s'accommodent point, ou très difficilement ensemble, que je cherche leur *medium* propre qui leur a été ôté, et qui leur manque? Après avoir trouvé ce moyen, la conjonction s'en fera tranquillement, même dans un clin d'œil d'une manière inséparable.

Chimistes, cherchez donc une chose moyenne, et mettez-la comme un *medium* entre l'alcali et le volatil, qui sont les deux extrêmes: laissez-en rassasier l'alcali ou le volatil jusqu'à ce qu'il soit ivre et qu'il chancelle de côté et d'autre: lorsque l'alcali sera ainsi plein d'acide, laissez-le boire autant de volatil pour le rendre encore plus ivre; plus il boira de volatil, mieux ce sera: poussez-les ensuite fortement au feu; l'alcali s'envolera en haut avec toutes les parties: ajoutez-y encore de son volatil, une ou deux fois son poids, et distillez-le promptement avec fort feu; vous verrez que l'acide et l'alcali se seront changés en volatil; et voilà ce qu'on doit appeler *un volatil alcalisé et radical*.

Mais j'entrerai dans un plus grand détail, et déclarerai sincèrement tout le procédé, pour rendre service à ceux qui sont dans l'erreur.

Qu'ils comprennent bien, avant tout, que tous les sujets sublunaires, chacun dans son espèce, tant dans le règne animal que dans le végétal et minéral, renferment en eux un volatil, ou une eau subtile et volatile, soit peu ou beaucoup, et de même un acide ou vinaigre qui passe par l'alambic après le phlegme volatil, c'est-à-dire un esprit aigre, acéteux, qui tient de la nature de son règne propre ; ensuite un alcali aussi propre à chacun, qu'on tire des résidus après la réverbération du feu par la lexiviation.

Si donc un chimiste veut faire un volatil radical ou un acide radical, qu'il prenne les propres principes de chaque individu, et au défaut de l'un ou de l'autre, qu'il en prenne d'homogènes : qu'il mette une partie d'alcali pur dans une retorte ; qu'il verse dessus trois parties de son acide ; qu'il distille au petit feu de cendres ou au bain-marie : l'acide passera très faible comme un phlegme, quand même il aurait été aussi fort que l'eau-forte ; car l'alcali a retenu avec soi, et fixé en soi ce qu'il avait d'acidité : après cela qu'on y ajoute de nouveau trois parties d'acide propre : qu'on répète la même opération ; il passera encore très faible, et l'alcali commencera à être plein et rassasié ; versez-y encore pour la troisième fois trois parties du même acide ; plus vous en mettrez et mieux ce sera : distillez-le au bain-marie par degrés, jusqu'à consistance huileuse ; l'alcali y restera dissous et sera pour lors ivre et chancelant. On réitère ces infusions d'acide jusqu'à ce que l'acide passe dégagé de tout phlegme et aussi fort qu'il y a été mis, ce qui arrivera à la quatrième, à la troisième et quelquefois à la seconde opération. Lorsque l'acide est joint avec l'alcali, et qu'il est avec lui en forme d'huile, les deux principes y sont joints ensemble. Par là un chimiste voit comment un principe prend l'autre très doucement et le retient très fortement, tandis qu'il chasse au dehors son hétérogène, c'est-à-dire son humidité superflue, ou son phlegme.

Vous avez donc par cette opération un acide radical.

Si maintenant vous voulez en faire un volatil radical, ajoutez-y encore six parties de vinaigre nouveau, et faites-le passer par la retorte avec quelques cohobations, ce vinaigre deviendra aussi un acide radical.

Alors mêlez-y sept parties de volatil ; ils s'uniront très amicalement, sans bruit ni aucune discorde : faites-les passer ensemble ; et après que tout sera passé, ajoutez-y de nouveau du volatil frais et très rectifié ; faites-le passer encore et répétez une troisième fois : par ce moyen le volatil sera rendu radical, suivant la propre règle de la Nature, et on pourra l'appeler avec justice une *quintessence*, ou un magistère de la Nature, puisque tous les principes y sont réunis en un, où le supérieur est conjoint avec l'inférieur, et par ce moyen on a, suivant Hermès, une force unie. Il y en a qui prennent de cet alcali imprégné avec le vinaigre distillé, une partie, à laquelle ils ajoutent quatre parties de cailloux calcinés, les mêlent bien ensemble, et les distillent dans une retorte de verre, donnant au commencement pendant deux heures un très petit feu ; ensuite ils l'augmentent jusqu'à ce que la flamme entoure la retorte, et continuent ce feu jusqu'à ce que le sel de tartre soit passé avec l'esprit-de-vinaigre, en forme de brouillard ou d'esprit.

Un chimiste voit ici la vérité de l'axiome qui dit que *la Nature se réjouit dans la Nature ;* que *la Nature embrasse la Nature*, et que *la Nature surmonte la Nature*. Si un Artiste prenait l'inverse de ce procédé de manière que le fixe ou l'alcali eût la supériorité sur l'acide et le volatil, il en ferait un sel fixe ou un cristal fixe qui se fondrait dans le feu, comme du beurre, et serait une quintessence coagulée et fixée, tout comme cette première est une quintessence liquide volatile : de cette manière il pourra rétrograder et avancer, comme il voudra, pour changer l'un en l'autre. L'amateur en trouvera le procédé dans la seconde partie de ce traité, où nous enseignerons comment l'on peut séparer et rejoindre les principes de tous les individus, et comment l'un doit être changé en l'autre.

Venons à présent à la façon ordinaire avec laquelle on a coutume d'acuer le vinaigre. On prend une livre et un quart de sel de tartre et une livre de vinaigre qu'on distille dessus, et il est fait. Qu'on examine à présent ce vinaigre : l'on sait que le vinaigre, distillé tout simplement, n'a pas beaucoup de force ; mais ici il la perd tout à fait, parce que le sel de tartre retient et fixe en soi le peu qui lui en resterait : ainsi il ne passe qu'un pur phlegme au lieu d'un véritable vinaigre acué et radical qu'on cherchait ; et encore qu'on recohobât et distillât ce vinaigre dix fois sur le sel de tartre, il perdrait toujours sa force de plus en plus, et diminuerait en quantité ; ce qui fait un travail inutile. Le sel de tartre retient avec soi l'acide du vinaigre, et en devient un sel fusible qui se fond à la chaleur de la lumière d'une chandelle : ils osent cependant appeler cela un *vinaigre radical ;* mais ils expérimentent bien eux-mêmes quelles extractions ils font avec lui. Il en arrive la même chose, lorsqu'ils distillent le vinaigre sur le sel ammoniac, sans qu'il ait rien perdu de son odeur. Le mauvais succès de leurs opérations vient de ce qu'ils ne sauraient trouver par leurs réflexions un moyen qui puisse les aider ; mais ils aiment mieux s'en prendre à l'Art qu'ils décrient comme faux et trompeur.

La plupart distillent le vinaigre dans un matras par l'alambic : de cette façon il n'y a que l'esprit, le plus subtil volatil du vinaigre, qui passe avec son phlegme. Plusieurs s'en servent pour toutes leurs opérations ; mais il est si faible qu'il fait sur la langue l'impression d'un pur phlegme, avec cette différence seulement qu'il a encore un peu le goût de vinaigre qui fait connaître que c'est quelque chose qui en a été tiré. S'ils le poussent plus fort et par la retorte, ils en tirent un vinaigre plus fort ; mais qui a la mauvaise odeur de l'huile, ou qui sent l'empyreume : alors ils le jettent, ou ils sont obligés d'ôter cette odeur par quantité de rectifications. S'ils y réussissent, ils lui ôtent en même temps sa force ; et alors il ne vaut plus rien du tout.

Je veux bien leur prêter la main et leur enseigner quelques manipulations qui, avec la réflexion, pourront les conduire à d'autres encore meilleures et moins longues ; car à l'égard des manipulations les plus nobles, par lesquelles on peut distiller ensemble en une seule fois un véritable vinaigre acué, aigre et clair, d'une odeur agréable en son genre et sans empyreume, elles ne sont pas pour le vulgaire. Ceci s'appelle *Don de Dieu,* la Pandore par laquelle tout l'Art s'est manifesté. On peut pourtant en donner une idée par des exemples dont un esprit pénétrant pourra s'aider bientôt.

Si donc vous voulez distiller un vinaigre très fort, clair, sans empyreume, il faut prendre un sujet qui retienne et attire son huile fétide, et qui ne laisse passer que l'acide avec le phlegme : de cette manière le vinaigre passera clair et sera rectifié en une seule fois, sans empyreume, et l'on pourra en avoir plusieurs pintes, au lieu que, sans cela, à peine en pourra-t-on tirer une quatrième partie. Il y a plusieurs sujets qui retiennent cette huile, tels que la chaux vive, le *caput mortuum* de l'eau-forte, le colcotar du vitriol, le minium, les cendres du bois : prenez donc un de ces sujets, lequel vous voudrez, l'un est pourtant meilleur que l'autre, comme vous le verrez par l'expérience ; prenez-en une livre, et du plus fort vinaigre une ou deux pintes : mettez l'addition pulvérisée dans une grande retorte proportionnée ; versez dessus le vinaigre, et distillez au sable ou aux cendres, par degrés, tout ce qui veut passer, et à la fin forcez le feu pour faire monter les esprits aigres qui fortifient beaucoup le vinaigre : de cette manière vous aurez en une seule fois du vinaigre clair qu'il faut ensuite acuer par différents sels. Si cependant il était passé quelque peu d'huile, il faudrait le recohober et le distiller encore une fois ; alors il sera en état de pouvoir être acué. On peut le faire de plusieurs manières, comme avec le sel commun, avec le marc de vin, avec le sel ammoniac, avec le sel de tartre et la potasse, avec l'esprit-de-nitre, de sel, de vitriol ou du soufre.

Toutes ne sont pas également bonnes ; cependant vous pouvez choisir celle que vous voudrez pour acuer ce vinaigre, et il fera un effet excellent qu'il n'est pas permis de mettre au jour.

Si vous voulez l'acuer avec du marc de vin qui est rempli d'huile, il faut y ajouter, comme nous l'avons dit ci-dessus, un sujet qui retienne l'huile ; alors il n'y aura que le sel volatil qui passera avec le vinaigre, en quoi consiste tout le secret de l'acuation du vinaigre.

Si vous voulez prendre le sel de tartre, la potasse ou le sel ammoniac, il faut également y joindre un sujet, par le moyen duquel le vinaigre puisse être imprégné de leur esprit : ce sujet sera la terre glaise, ou le bolus, ou l'hématite, le crayon rouge, le minium, le tripoli, etc. Vous pouvez aussi faire des susdits sels une composition, et mêler ensemble ce sel avec le sel de tartre ou le sel ammoniac, ou tous les trois ensemble, et distiller dessus le vinaigre jusqu'à siccité.

Je donnerai ici la recette d'un autre vinaigre acué, qui doit être meilleur que le vinaigre radical dont on se sert communément depuis tant d'années. Prenez trois parties de sel de tartre, deux parties d'esprit-de-sel et huit ou dix parties de vinaigre distillé ; mêlez ensemble le vinaigre et l'esprit-de-sel ; mettez le sel de tartre dans une retorte ; versez dessus le mélange de vinaigre et de l'esprit-de-sel, et distillez au sable jusqu'à siccité ; retirez le sel de tartre de la retorte ; ajoutez-y deux parties d'alun calciné ; remettez-le dans la retorte ; reversez ce que vous avez distillé, et faites-le distiller de nouveau par le quatrième degré ; vous aurez un vinaigre radical qui en une seule fois fera autant d'effet qu'en ferait en cent celui dont on se sert communément ; retirez le *caput mortuum* de la retorte ; et s'il s'y trouve encore du sel de tartre, recohobez et distillez encore une fois ou deux, ou jusqu'à ce que tout le sel de tartre ait passé ; alors il est parfait.

Je fais joindre ensemble et avec raison les acides et les alcalis. Si vous savez en quoi consiste leur différence, vous n'avez pas besoin que je vous en dise davantage. Les acides sont des sujets qui ont plus de subtilité que les alcalis ; car les acides n'ont pas résous en eux autant de terre que les alcalis : c'est ce qui fait toute leur différence ; car d'ailleurs ils sont égaux, et viennent d'une même mère et d'une même origine ; le plus ou le moins de volatilité ou de fixité fait toute leur différence.

Par là je veux faire connaître que, pour résoudre des choses fixes, il faut un esprit terrestre, fixe et alcalisé ; au lieu que, pour résoudre des choses volatiles, et qui ne sont pas liées si fortement, il faut un esprit volatil, comme l'esprit-de-vin. Faites bien attention à l'homogénéité, car *le semblable se réjouit dans son semblable*. Les animaux et les métaux demandent un esprit homogène, comme nous le démontrerons plus bas.

Le vinaigre est un sujet végétal et faible ; par cette raison il faut le fortifier, afin qu'il puisse attaquer avec une force double qui lui vient de ce qu'on lui ajoute, ce qui est trop fort pour lui dans sa nature.

Le point essentiel qui justifie l'emploi du vinaigre, c'est parce qu'il amollit et adoucit tous les corrosifs qui sont dangereux pour la santé des hommes : sans cela on pourrait bien s'en passer ; car l'eau-forte, l'esprit de nitre, de sel, de vitriol et de soufre, dissolvent tous les sujets quelconques sans le vinaigre ; mais le vinaigre tempère leurs corrosifs, et les rend agréables à toute la Nature.

On voit aussi que les minéraux ont à la vérité leur volatil ; mais qu'il est contraire à celui des autres règnes : c'est pourquoi on leur prête un volatil du règne végétal, comme étant celui qui a plus d'affinité avec le leur, ou bien le volatil d'un sujet universel ; car un chimiste n'est pas obligé de se servir absolument d'un volatil végétal ; il le peut tirer aussi bien de la neige et de la pluie, et il fera le même effet ; mais comme il se fait de l'esprit-de-vin en grande quantité, on s'en sert pour cela afin d'éviter bien des embarras.

Nous disons encore que chaque règne porte en lui son propre dissolvant, et qu'il a de même ses principes ; et au cas qu'il en manquât quelqu'un, on en peut tirer en quantité des universels qui s'accordent et s'associent avec toutes les natures, comme, par exemple, de l'eau chaotique régénérée, ou de la pluie, de la rosée, de la neige, etc., dont, en cas de besoin, on peut tirer un volatil en quantité. Si l'on manquait d'acide ou d'alcali, le nitre est l'acide universel, et le sel l'alcali universel ; lorsqu'on en tire les esprits par la distillation, ils fournissent un esprit acide et un alcali, qui, suivant l'application qu'on en fait, se rend homogène à toute la Nature.

Ceux qui conçoivent, comme nous l'avons assez expliqué plus haut, que les animaux, les végétaux et les minéraux n'ont dans leur centre aucune différence, qu'ils sont essentiellement une même chose et qu'ils sont seulement distincts à raison de leur fermentation, d'où il résulte le plus ou le moins de volatilité et de fixité, ne sont point embarrassés : si l'un ne les accommode pas, ils prennent celui qui lui est le plus proche, qui lui est semblable et homogène.

Par là il est prouvé que le volatil devient acide, et l'acide alcali, que l'alcali devient acide par l'acide, et l'acide volatil par le volatil ; l'un est l'aimant de l'autre ; l'un doit être transmué par l'autre, puisque, si je prends beaucoup de volatil et peu d'acide, le volatil surmonte l'acide, et l'acide devient volatil ; si je prends beaucoup d'acide et peu d'alcali, l'acide domine l'alcali, et l'alcali devient acide ; et au contraire si je prends beaucoup d'alcali et peu d'acide, l'alcali est supérieur à l'acide, et l'acide devient un alcali ; de même si je prends beaucoup d'acide et peu de volatil, l'acide l'emporte sur le volatil, et le volatil devient acide ; le plus fort assujettit d'abord le plus faible, comme nous l'avons montré en général en parlant de la putréfaction et de ce qu'elle opère ; car c'est elle qui rend le fixe volatil, et le volatil fixe ; qui fait d'un volatil un acide, et de celui-ci un alcali, et au contraire, d'un alcali un acide, et de celui-ci de nouveau un volatil, c'est-à-dire, qu'elle le réduit à sa première matière, et le ramène à son origine.

Comme la putréfaction nous a manifesté jusqu'ici le volatil et le fixe, l'acide et l'alcali ; nous examinerons à présent ce que c'est que le volatil, l'acide et l'alcali, tant en général qu'en particulier.

CHAPITRE XIX

Ce que c'est que le volatil, l'acide et l'alcali,
tant en général qu'en particulier.

Dans le chapitre précédent nous avons dit comment le volatil devient un acide, et celui-ci un alcali, principalement et généralement du chaos régénéré, ou de l'eau de pluie, etc. Nous expliquerons à présent ce que c'est que ces matières. Tout le monde sait ce que signifie le terme de *volatil*, c'est-à-dire une substance fugitive ; nous l'appelons ainsi parce que c'est la substance ou l'eau la plus subtile et la plus volatile dans toutes les choses, aussi bien dans les universels que dans les particuliers ; car, dans l'analyse par le feu, c'est celle qu'on obtient la première et avant les autres principes, soit qu'elle vienne en forme liquide ou coagulée.

L'acide est ainsi nommé, parce qu'il monte après le volatil, et qu'il porte ordinairement, au nez et sur la langue, une odeur et un goût aigre ;

nous avons prouvé que, dans les universels, c'est le nitre, soit qu'il soit coagulé ou en forme d'esprit ; cet acide s'appelle aussi une chose mitoyenne, un hermaphrodite, une nature moyenne entre le volatil et l'alcali, entre le volatil et le fixe, et cela parce que cette partie ou ce principe se montre toujours dans les sujets universels après le volatil et avant l'alcali, et se trouve ainsi au milieu d'eux. Il a aussi la propriété de la Nature moyenne ; car il s'associe très aisément au volatil, et s'attache de même à l'alcali auquel on le joint ; sans cette nature moyenne, aucun volatil ne devient fixe, et par elle le volatil et le fixe sont contraints de s'ajuster, de s'arranger et de s'accommoder ensemble comme par un tiers arbitre et médiateur. Qui néglige ces observations, deviendra sage à ses dépens.

Nous donnons à l'alcali et au fixe ce nom, parce qu'il est plus constant dans le feu que les précédents, et qu'il est le troisième et dernier principe dans toutes choses. Qu'il paraisse à nos yeux dans une forme coagulée ou spiritueuse, liquide ou sèche, s'il fait connaître un effet alcalin, il s'appelle toujours *alcali* ou *sel alcalin*.

Encore que par la distillation on le fasse monter en forme d'esprit, on peut toujours, avec un fixe semblable à lui, le refixer dans le moment. Nous allons montrer à présent ce que sont le volatil, l'acide et l'alcali, parce qu'ils sont les parties principales qui exécutent et font toutes les opérations dans les universels et dans les individus.

Dans les universels, qui sont la rosée, la pluie, la neige, la grêle, les frimas, etc., le volatil est dans son analyse et distillation, après y avoir fait précéder la putréfaction, une eau très subtile, claire et transparente, sans goût et volatile, laquelle, en continuant la distillation, est suivie de plus en plus et immédiatement d'une eau plus grossière et plus pesante ; après cette eau, suit l'acide avec son goût aigre ; après lui vient une huile épaisse et fétide qui appartient aussi à l'acide ; car l'acide est une huile étendue, et l'huile est un acide condensé : l'huile peut aussi, lorsqu'on la mêle et distille avec de la craie ou du colcotar, se résoudre en acide ; après cela il ne vient plus rien ; mais il reste au fond une substance noire et brûlée en charbon, que les chimistes appellent vulgairement *caput mortuum* ; lorsqu'on le réduit en cendres, par la calcination, il se sépare en deux, c'est-à-dire en cendres et en sel qu'on appelle *sel alcali;* mais les cendres appartiennent aussi à l'alcali ; car des cendres et de l'alcali on fait un sujet qui résiste au feu, c'est-à-dire un verre ; les cendres sont la partie la plus fixe de chaque sujet, et ensuite le sel.

En distillant les animaux après leur putréfaction, la première chose qui monte ordinairement, c'est un esprit et un sel volatil très fort, très volatil, fétide et très pénétrant, accompagné de phlegme ; et souvent, lorsqu'on pousse fort le feu, l'esprit entraîne avec soi une huile volatile : ce sont ces choses qu'on appelle ordinairement *volatil* dans les animaux. En continuant la distillation, suit un phlegme plus grossier, et ensuite un esprit ou acide animal très aigre et très puant ; après cela vient son huile fétide que nous appelons *acide*. Après tout il reste au fond le charbon ou les parties alcalines, desquelles on tire au réverbère le sel alcali et les cendres.

Les végétaux donnent dans la distillation, après leur fermentation, un esprit volatil brûlant, avec son phlegme, et souvent une huile subtile, qui est le volatil des végétaux ; ensuite vient un phlegme plus grossier ; après cela un véritable vinaigre et une huile épaisse, fétide, qui est l'acide ; au fond il reste une matière brûlée ou charbon, qui, par le réverbère, se sépare en cendre et en sel : c'est l'alcali végétal.

Les minéraux, lorsqu'on les distille d'abord qu'ils sont tirés des minières, donnent quelque peu d'eau douce et phlegmatique, et un esprit aigre : c'est le volatil minéral ; ensuite vient une vapeur aigre que les chimistes appellent communément *l'huile,* comme ils appellent la première eau *esprit :* cette vapeur est l'acide, qui est le deuxième principe ; quoique cette huile, ainsi que l'esprit, soient deux acides, les chimistes ne laissent pas de les distinguer par des termes différents, suivant la diversité de leurs qualités. A la fin, les résidus qui demeurent au fond, sont une terre d'une couleur différente suivant la nature du minéral ; cette terre se sépare par le réverbère en deux parties, en terre et en sel, ce qui fait la partie alcaline des minéraux.

Jusqu'ici nous avons examiné en général de quoi et comment le vaste univers a pris son origine, quels ont été ses principes au commencement, et en quelles parties ils se sont ensuite séparés ; combien il y en a, et comment ils se sont diversifiés dans les différents règnes ; ce qu'ils opèrent ; quel est leur but et leur fin.

Nous descendrons maintenant aux espèces et aux individus, comme du plus grand au plus petit, et nous examinerons également leur naissance et leur origine, leurs moyens et leurs fins, c'est-à-dire que nous considérerons en détail les principes des animaux, végétaux et minéraux, et nous destinerons à chaque règne un chapitre à part pour en faire l'examen.

CHAPITRE XX

Comment naissent les animaux, de quels principes ils sont composés, et en quoi ils se résolvent.

Arbre de génération des animaux.

1. – *Sperme mucilagineux masculin et féminin, ou guhr animal.*
2. – *Formation liquoreuse et cristalline de l'enfant.*
3. – *Formation membraneuse de l'enfant.*
4. – *Formation musculaire et tendineuse de l'enfant.*
5. – *Formation cartilagineuse de l'enfant.*
6. – *Formation osseuse de l'enfant.*
7. – *Endurcissement d'un jeune enfant, d'un adolescent, d'un homme, d'un vieillard.*

Dans ce chapitre nous ne ferons mention que des animaux parfaits.

Tous les animaux parfaits sont procréés par un mouvement, au moyen duquel la semence est irritée ou provoquée et poussée au dehors en forme d'une matière visqueuse, comme de la glaire, qui coule dans sa matrice convenable, où la semence féminine se présente aussi pour produire son semblable : cette semence n'est qu'une eau épaisse, et peut-être à juste titre appelée le *guhr animal*. Il est aisé de comprendre par là que le règne animal tire sa naissance d'une eau ou d'une substance glaireuse et aqueuse. Il est nourri dans la matrice d'une substance aqueuse et succulente, provenant du sang ; et aussitôt qu'il est né, il se nourrit de nourritures humides, animales et végétales, lesquelles il change, par son propre archée, en chair, en sang, en peau et en os ; il en prend son accroissement et l'entretien de sa vie jusqu'au terme fixé par la Nature ; pour lors il meurt, pourrit sur la terre, se change en suc, en glaire et en écume, et devient une substance gluante et aqueuse ; cette humidité se glisse dans la terre vers les végétaux, et devient leur nourriture en s'assimilant à eux, tout comme auparavant les végétaux servaient de nourriture aux animaux : ainsi il en croît d'autres végétaux qui servent de nouveau de nourriture aux animaux ; car comme l'animal, par sa dissolution et pourriture, a été entièrement changé en un végétal ; de même ce qui en a pris son accroissement, se change de nouveau en animal, comme nous l'avons assez démontré ailleurs.

Aussitôt que les semences masculine et féminine sont coulées ensemble dans la matrice, elles forment sur leur surface extérieure une peau délicate qui renferme en dedans une humidité cristalline et très claire, autant et même plus claire que le cristal : dans cette humidité il se coagule une petite boulette, une perle comme un petit œil de poisson ; celle-ci se nourrit de plus en plus de cette humidité cristalline, et elle devient enfin un tronc ou corps formé et membraneux ; ensuite il acquiert de la chair, des veines et des nerfs ; après cela il commence à se durcir en cartilages et en os mous ; enfin après qu'il est né, ces cartilages deviennent des os durs ; d'enfant il devient adolescent ; d'adolescent un jeune homme ; de jeune homme un homme fait ; d'homme fait un vieillard qui enfin meurt : voilà en peu de mots ce que c'est que la naissance, destruction, transmutation et régénération des animaux en une autre chose ; c'est-à-dire, l'animal pourri renaît en un végétal, et celui-ci se change en animal, comme nous l'avons dit ci-dessus.

L'analyse par le feu nous fait connaître que leur être substantiel consiste en beaucoup de parties volatiles, en moins d'acides et très peu d'alcali ou de parties fixes.

Que la chose soit ainsi, nous ne le voyons pas seulement par l'analyse ; mais nous voyons aussi que tous les animaux sont volatils, alertes, prompts, agiles et plus mobiles que les végétaux et les minéraux. Il faut donc nécessairement qu'un animal ait en soi un esprit plus prompt, plus volatil et plus mobile qu'eux ; sans cela il ne pourrait pas se mouvoir dans tous ses membres ; or, cet esprit est le volatil dont les animaux sont pourvus abondamment en comparaison des végétaux et des minéraux, comme le prouve leur agilité et leur propre mouvement. Si les animaux avaient une aussi grande quantité d'acide que les végétaux et les minéraux, ils demeureraient immobiles comme eux ; car l'acide est styptique, comprimant, astringent, coagulant ; comme on le voit dans les personnes paralysées et dans les animaux renfermés dans des écailles, tels que les escargots, les tortues et toutes les espèces d'écrevisses qui ne peuvent se mouvoir ni marcher de tout côté aussi vite que d'autres animaux. C'est ainsi que tous les animaux ont, l'un plus, l'autre moins d'esprit volatil ; que l'un est plus agile que l'autre ; comme on l'observe aussi dans les oiseaux et dans les quadrupèdes.

La même différence se voit dans les animaux testacés et non testacés, entre les grands animaux non testacés, etc.

Plus l'esprit qu'un animal a en soi est volatil, plus sa vie est faible et courte ; comme on le voit dans les petits oiseaux que le souffle d'un petit vent est capable de faire mourir. Plus l'esprit est constant, plus la vie est durable ; comme on le voit dans les corbeaux, les cerfs, les hommes et les éléphants. Il y a encore une autre cause de la brièveté de la vie, c'est une trop grande aquosité et humidité. Là où il y a peu d'humidité, et au contraire beaucoup d'esprit et de substance, là il y a une vie durable ; parce que l'esprit est la vie et le baume, ce qu'on ne peut pas attribuer à l'eau ; c'est pourquoi l'exercice est très salutaire ; il faut mouvoir, échauffer tous les membres qui transpirent continuellement et qui poussent au dehors l'aquosité superflue, d'une manière visible et invisible, sensible ou insensible.

Tous les végétaux qui sont d'une nature sèche et non humide, sont une nourriture saine et propre pour conserver une longue vie, ainsi que les animaux qui sont dans un mouvement continuel, comme le gibier, surtout celui qui a des plumes et une chair sèche.

Aussitôt que la vie, qui n'est autre chose qu'une lumière céleste et astrale qui enflamme l'esprit de vie, et qui le pousse à agir, est éteinte, l'animal tombe, meurt et commence immédiatement après à pourrir, avec cette différence cependant que, s'il est gras, mou et aqueux, il pourrit plus tôt que celui qui est sec et dur; c'est ce qui se voit chez les poissons et chez tout ce qui est de leur genre; parce qu'ils ont peu d'esprits vitaux et beaucoup d'humidité, ils pourrissent très promptement et retournent à leur première matière.

Que le lecteur y fasse bien attention: c'est l'esprit qui opère et qui agit, et non l'eau. Plus l'esprit est fort et en quantité dans un animal et moins il a d'eau, plus il est alerte et vivace; si l'animal a beaucoup d'eau, l'esprit animal devient moins actif, paresseux et endormi. Il faut cependant que l'esprit ait de l'eau, par le moyen de laquelle il doit tout opérer: car sans eau il ne peut rien faire; mais il faut qu'elle soit dans une quantité proportionnée; qu'il n'y en ait ni trop ni trop peu; c'est ce qu'il faut observer non seulement dans le règne animal, mais aussi dans le règne végétal et dans le minéral; parce que le commencement et l'origine de toutes choses n'était qu'esprit et eau, et que l'esprit a commencé à opérer dans l'eau et à accomplir, par le commandement de son Créateur, tout ce qui est visible et invisible dans le ciel et sur la terre.

De cette manière un esprit individué forme dans l'animal, par le moyen de l'eau, le sang, la chair, la peau, les os et tous les membres du corps, les rend durs et mous, suivant la propriété que le Créateur lui a donnée. On voit aussi dans la destruction des corps que ce même esprit qui les a fait par l'eau, les réduit par le même moyen en fumier, en une matière aqueuse, enfin en une eau et en un esprit comme il était au commencement.

Par ce que je viens de dire le lecteur voit quel est le principe qui engendre et détruit le règne animal, ce que celui-ci devient à la fin, de quoi il est formé et ce qu'il est.

Le point essentiel de ce chapitre, qu'un Artiste doit considérer avec la plus grande attention et avoir continuellement sous ses yeux, c'est la volatilité et la promptitude de la putréfaction dans le règne animal ; puisqu'on voit que lorsqu'un animal est mort, il commence, surtout dans les grandes chaleurs, à pourrir en peu d'heures, et qu'il exhale une si mauvaise odeur qu'on ne saurait se tenir auprès sans préjudicier à sa santé : la cause de cette putréfaction est l'esprit et le sel volatil qui s'y trouvent en quantité.

Un chimiste qui réfléchirait sérieusement sur ce que nous venons de dire, y trouverait un avantage considérable pour accélérer ses opérations ; il n'y a point de chimiste qui ne prétende savoir analyser toutes choses : cependant combien n'y en a-t-il pas qui s'égarent et qui se cassent la tête pour pousser leurs sujets à la putréfaction et à la solution ? Que de milliers de menstrues et de dissolvants n'inventent-ils point sans en tirer aucun succès ! Livrés à leurs erreurs, ils dépensent leur argent sans fruit, perdent leur temps et la matière qu'ils emploient, commencent à maudire l'Art et ses procédés, comme s'ils n'étaient propres qu'à faire illusion.

Pour ne pas tomber dans ce cas, il faut bien étudier le règne animal, et travailler non seulement de tête, mais aussi se rendre habile dans les différentes manipulations.

Nous avons dit qu'il était impossible de faire aucune analyse naturelle autrement que par la putréfaction. Cherchez donc, et approfondissez le fondement et la cause de toute putréfaction : ce règne-ci vous offre un vaste champ pour travailler. Si les animaux quadrupèdes et ceux qui vivent sur la terre pourrissent promptement, ceux qui vivent dans l'eau pourrissent encore plus vite ; si ceux qui vivent sur la terre puent beaucoup, ceux qui vivent dans l'eau donnent, lorsqu'ils pourrissent, une puanteur si insupportable qu'on ne saurait y tenir, comme on le voit par les poissons et les écrevisses pourris.

Bien des Artistes travaillent à leurs putréfactions et solutions plusieurs mois, quelquefois des années entières ; et lorsque ce temps est passé, il n'en paraît pas le moindre vestige, surtout lorsqu'il s'agit des minéraux ; c'est pourquoi, si votre œuvre ne veut pas pourrir, recourez au règne animal ; vous y verrez que les animaux y pourrissent en peu de temps ; et comme ils pourrissent promptement, ils communiquent aussi la pourriture aux choses auxquelles on les applique. Considérez bien ce point ; c'est en cela que consiste la pierre angulaire et fondamentale de tout l'Art chimique, la clef qui a la puissance d'ouvrir les plus fortes serrures de la Nature, et qui fait voler tous les métaux et les pierres par dessus les plus hautes montagnes des sages.

Qu'on réfléchisse bien sur ce fondement, et on verra qu'on peut abréger le temps ; que ce qu'on a fait dans une année, on peut le faire dans un mois ; que l'ouvrage d'un mois peut être achevé en une semaine, et celui d'une semaine en peu de jours et en peu d'heures. Faites encore bien attention que ce règne, sans le végétal, fait très peu ou point d'effet dans le règne minéral, que même il opère d'une manière contraire, et que le règne animal, sans le végétal, rend le règne minéral si fade qu'on n'en tire aucune satisfaction ni douceur chimique ; au lieu qu'en y joignant le végétal, il opère très agréablement dans le règne minéral.

Que cela suffise pour le présent : tournons-nous maintenant vers le règne végétal.

CHAPITRE XXI

Comment naissent les végétaux ; de quels principes ils sont composés, et en quoi ils se résolvent.

Arbre de génération des végétaux.

1. – La semence sèche qui se résout ensuite dans la terre en un mucilage aqueux, ou le guhr végétal.

2. – Formation de la racine.
3. – Formation de la tige et des feuilles rameuses.
4. – Formation des fleurs.
5. – Formation de la semence molle dans les nœuds, lorsque les fleurs se nouent pour former la semence.
6. – Formation et endurcissement de la semence, et sa parfaite coagulation.

Ce règne n'est pas moins rempli de merveilles que le premier; il peut être appelé à juste titre *le règne sucré et doux*, quoiqu'il ait des individus aussi amers que ceux du règne animal; car il a la propriété d'adoucir, en peu d'heures, les choses les plus amères et de rendre les poisons les plus pernicieux et les plus corrosifs aussi innocents et aussi doux que le sucre et le miel. Il ne saurait cependant le faire sans le règne animal, parce que l'un lie et oblige l'autre.

Le règne animal doit prendre sa nourriture et l'entretien de sa vie du végétal; et au contraire le règne végétal est engraissé et nourri par les excréments de l'autre et par ses corps morts: ainsi l'un entretient l'autre. Qu'un Artiste y fasse la même attention qu'à ce qui a précédé.

D'un autre côté ce règne est un vrai hermaphrodite, et un vrai *Janus*, qui n'est ni animal ni minéral, mais participant de tous les deux: d'un œil il regarde l'animal, de l'autre le minéral; et il peut devenir aussi facilement animal que minéral, suivant que la Nature ou l'Art entreprennent le procédé de sa transmutation. Il s'associe intimement avec le premier et avec le dernier, c'est-à-dire avec le règne animal et avec le minéral; il y a même une pente naturelle: car ne voit-on pas que les plantes et les arbres se changent en vers, et qu'ainsi ils acquièrent de la vie? Ne voit-on pas aussi que plusieurs arbres se pétrifient, principalement ceux qui croissent et qui sont plantés dans l'eau, surtout dans la mer, qui est beaucoup salée? Tous les végétaux naissent de leur propre semence ou de celle qu'ils reçoivent de l'influence des arbres, et improprement par la conjonction des greffes qui sont déjà une semence sortie de l'arbre.

Nous parlerons ici de la première matière des végétaux, c'est-à-dire de leur semence propre, pour nous faire mieux entendre de ceux qui ne sont pas encore bien avancés dans l'étude de la Nature.

Aussitôt que la semence est mise dans la terre qui est humide, nitreuse et salée, comme nous l'avons prouvé ci-dessus, elle s'y humecte par l'eau, ou par la terre, ou par la pluie, etc.

Etant ainsi humectée et résoute par les sels, elle s'enfle, crève et se fond en eau laiteuse et glaireuse, comme on le voit par les semences qu'on fait tremper dans une eau semblable de salpêtre et de sel, où elles se gonflent, crèvent et deviennent de la glaire. Cette glaire est donc la première matière immédiate de chaque végétal, et on peut l'appeler *guhr végétal*. Ce suc végétal ou ce guhr s'échauffe par la chaleur centrale, et par celle du soleil, il commence à exhaler jusque pardessus la terre. Le plus subtil s'évapore dans l'air et dans le chaos; le reste, qui n'est pas si volatil, et dont les parties sont naturellement plus tenaces et liées ensemble, se coagule par le froid de l'air en une racine et une tige, avec des feuilles subtiles, tendres et molles. La partie plus fixe devient racine; celle qui n'est pas si fixe devient tige, et celle qui est encore plus volatile devient feuilles; mais le tout est dans son commencement mou, tendre, plein d'humidité, et par conséquent faible. La racine est l'estomac du végétal, qui attire sa nourriture de la terre et de la pluie survenante, au moyen de l'air qui fournit aussi la nourriture à la plante, jusqu'à ce qu'elle devienne forte ou un arbre.

Suivant tous les examens analytiques, cette nourriture n'est autre chose que la terre et l'eau qui y est cachée. La terre reçoit en elle les vapeurs souterraines qui, de son centre, comme du règne universel, s'élèvent jusqu'à la circonférence, et de là sur la superficie de la terre; et l'eau contient en elle les deux spermes universels, c'est-à-dire le sel et le nitre. Il y a pourtant plus de sel que de salpêtre; parce qu'il est l'aimant qui doit attirer l'humidité nutritive d'en-bas et d'en-haut. Ces sels sont sans cesse engendrés de la pluie, de la rosée, de la neige, etc., comme nous l'avons dit ci-dessus, ainsi que des vapeurs souterraines qui sortent du centre, et pareillement de l'air qui nous environne, et qui est rempli d'atomes. Ils proviennent aussi en partie du fumier avec lequel les hommes aident la Nature, en le portant dans les champs, dans les vignes, dans les prairies, dans les jardins, etc., ou encore en partie des excréments de toutes sortes de bestiaux qu'on y fait paître.

Suivant que la terre en reçoit plus ou moins, elle rapporte à proportion, et ses fruits en sont plus ou moins gros. Passons sous silence toutes les autres nourritures, et parlons uniquement de la nourriture universelle, c'est-à-dire de la rosée, de la pluie, etc., et du nitre et du sel qui en proviennent ; parce que toutes les autres nourritures et excréments en tirent primordialement leur origine, et que dans leur dernière résolution elles se réduisent en salpêtre et en sel, comme nous l'avons prouvé suffisamment. Le sel ou la partie fixe est la mère ou l'aimant qui tire son origine également du salpêtre, lequel, comme nous l'avons dit ci-dessus, devient fixe par la réverbération causée par la chaleur centrale et par celle du soleil. Ce sel attire la nourriture et l'augmente par la rosée et par la pluie, etc., procrée un salpêtre qu'il attire de l'eau de pluie pourrie, et le retient avec soi ; et afin que la chaleur du soleil et de la terre ne puissent plus l'en détacher, il fixe le salpêtre subtil. Ces deux sels, résous dans l'eau, sont attirés par la racine des végétaux qui les réduit par la digestion en vapeur pure et en esprit, et cette vapeur monte par les pores étroits de la racine dans la tige et dans les feuilles, où elle s'étend plus ou moins, suivant la qualité du végétal. Cependant ces sels ne s'insinuent pas tels qu'ils sont de leur propre nature dans les végétaux pour leur servir de nourriture ; mais ils résolvent la terre, la rendent pareillement subtile, et la réduisent toute en une eau salée ; et dans cet état elle peut être subtilisée encore davantage par la racine, et devenir une nourriture. La Nature opère de même dans les animaux. Elle leur a donné la faculté de broyer les aliments avec leurs dents, et de les préparer avec la langue pour les faire tomber dans l'estomac, où il se trouve une liqueur amère et salée qui continue de subtiliser cet aliment préparé, et de le réduire en une masse liquoreuse disposée à passer ensuite dans le canal thoracique, où le meilleur suc est extrait et sublimé en vapeurs par la chaleur naturelle, et poussé par les pores dans le foie et les autres viscères. Ces vapeurs s'attachent aux vaisseaux du foie, s'y distillent et s'y résolvent derechef en eau qui, par la chaleur, se résout en vapeur, se sublime et circule dans les autres viscères plus hauts et plus élevés, sans discontinuation, jusqu'à ce qu'elle soit parvenue à sa perfection. En effet, qui pourrait s'imaginer et comprendre que la Nature pût élever autrement dans les animaux, et porter dans leur foie la nutrition aqueuse, succulente et pesante ? Elle se porterait plutôt en bas, et s'évacuerait par la voie des excréments.

Mais si la nutrition se change en vapeur qui perce par tous les pores du corps, comme la sueur à travers la peau, cette vapeur peut bien dans certains endroits humides et convenables se condenser en eau par son épaississement, jusqu'à ce que par la circulation elle devienne sang, chair, cartilage et os.

Une preuve qu'il est vrai que la Nature nourrit toutes les créatures seulement par les vapeurs, c'est que nous voyons dans le macrocosme comment il change avec force dans le centre le plus profond de la terre l'eau en vapeurs par la chaleur centrale, et les pousse jusqu'au plus haut du ciel où il les épaissit, pour les changer derechef en eau, qui ensuite, par sa propre pesanteur, retombe sur la terre.

Cela se voit aussi dans les animaux, qui font des enfants du macrocosme ; car l'enfant est formé sur le modèle du père et de la mère. La Nature y pousse du plus profond de l'estomac les humidités en forme de vapeurs, jusqu'aux dernières extrémités de la peau entre les doigts des pieds et des mains ; et par leur épaississement elles se résolvent et se condensent en eau ; ce que nous appelons sueur. Nous voyons qu'il y a également dans les mines et dans les montagnes, quantité de vapeurs qui s'attachent dans les viscères de la terre, et qu'il s'élève des vapeurs des terres minérales. Si cela arrive ainsi dans ces deux règnes, la Nature agira-t-elle différemment dans le végétal ? Cette manière dont la Nature entretient toutes les créatures et leur donne l'accroissement, en envoyant la nourriture dans tous leurs membres en forme de vapeurs est conforme à leur origine ; car elles ont toutes pris leur existence de la vapeur universelle ou du chaos qui, par son épaississement, est devenu eau ; par conséquent les végétaux doivent aussi se régler suivant la même loi générale :

comme ils ont tiré leur origine des vapeurs, et qu'ils en sont nourris et entretenus, il faut aussi que dans leur résolution ils redeviennent eau, et que celle-ci soit changée par la chaleur en vapeur, laquelle s'insinue ensuite dans quelque autre sujet, et devient de nouveau corporelle, suivant le genre du sujet.

Il ne faut pas s'imaginer que les végétaux attirent leur nourriture aqueuse toute crue, quoique en forme de vapeur, et qu'ils en soient nourris : si cela était ainsi, et qu'ils dussent prendre en eux cette eau réduite en vapeur, avec toute sa substance, la plupart des végétaux deviendraient tout à fait aqueux, mous et de peu de durée ; parce que l'eau surabondante éveille l'esprit et l'excite à agir. Une plante ne serait pas sitôt crue, qu'elle pourrirait : d'ailleurs si les végétaux attiraient en eux l'eau avec toutes ses parties, ils retireraient de la terre toute la nutrition en même temps ; de manière que la Nature n'aurait pas un temps suffisant pour fabriquer assez de nourriture nouvelle. Voici donc comment Nature opère. Les racines des végétaux n'attirent à elles que les esprits les plus subtils et les plus volatils ; l'eau la plus claire et la plus pure qui perce vite par les pores, dans la tige et dans les feuilles, s'y épaissit et s'y coagule par l'action de l'air : par ce moyen les parties du végétal sont détaillées, grossies et augmentées ; mais, comme dans toutes choses il y a une différence, que l'une ne ressemble pas à l'autre et n'opère pas également, il en est de même ici ; car un végétal a des pores plus larges ou plus étroits que l'autre : les saules et les ormes attirent en eux des humidités plus fortes et en plus grande quantité que les autres arbres, et c'est pourquoi ils n'ont pas une durée si longue. Ils sont sujets à toutes sortes de défauts et à la pourriture occasionnée par le trop d'humidité qu'ils ont attirée, surtout lorsqu'ils sont plantés le long des eaux, des rivières et des fossés ou dans d'autres endroits humides et marécageux. La vigne, au contraire, le genièvre, le sapin, le chêne ont des pores si étroits qu'ils sucent très peu d'eau grossière et de phlegme ; mais seulement la plus subtile et une quantité d'esprits très subtils. C'est par cette raison qu'ils sont durables, sains et peu sujets à des défauts, comme on le voit aux sapins, au genièvre et à d'autres qui sont verts et qui portent leur fruit aussi bien en hiver qu'en été.

Les végétaux qui abondent en suc, perdent d'abord cette vertu et tombent en pourriture. Plus une chose est sèche et spiritueuse, plus elle est vivace et durable.

On pourrait pourtant m'objecter que si le sapin, etc., n'attirait pas l'humidité en quantité, il ne serait pas possible qu'il devînt si grand, attendu que dans la rosée, la pluie et la terre, il n'y a pas assez d'esprit pour qu'il pût devenir si fort.

Mais on doit observer que ces plantes croissent ordinairement sur les montagnes hautes et pierreuses, ou en d'autres endroits secs; que quand il tombe de la pluie, elle se précipite, en quantité, des montagnes dans les vallons et dans les fossés; qu'elle entraîne en même temps avec elle autant de sel et de nitre qu'elle peut en rencontrer; les porte comme un torrent dans les grandes rivières qui vont se rendre dans la mer; que la mer bien salée pénètre de nouveau jusqu'au centre de la terre, où l'eau est toute changée en vapeurs, qui montent dans les entrailles de la terre. Ce qui est pesant s'y attache, et les minéraux en croissent. Plus cette vapeur est légère, plus elle monte et parvient aux racines des végétaux, par lesquels elle est interceptée et devient leur nourriture. Quant aux vapeurs encore plus subtiles et plus volatiles, elles font une éruption hors de la terre.

Les animaux en tirent une partie par leur respiration et s'en nourrissent aussi; l'autre partie monte dans l'air pour y régénérer le chaos ou l'eau chaotique.

Remarquez par là de quelle manière merveilleuse le sapin et autres pareilles espèces doivent se nourrir.

J'ai dit que la nourriture générale des végétaux était l'eau de pluie, la rosée, le nitre et le sel terrestre avec les vapeurs souterraines et autres excréments accidentels des animaux; comme aussi les feuilles tombées de tous les végétaux.

Lorsque le sapin est planté sur des montagnes pierreuses, l'eau de pluie lui apporte très peu de nourriture, parce qu'elle se précipite du haut des montagnes en bas. La rosée seule lui est d'autant moins suffisante que la pluie entraîne avec elle la plus grande partie du nitre et du sel.

Cela étant, il faut dire que le sapin et les autres plantes des montagnes se nourrissent en plus grande partie des vapeurs continuelles, souterraines ou minérales, et de la rosée, qui est pourtant en très petite quantité en comparaison des vapeurs souterraines. De là nous concluons que le sapin, avec toute sa grandeur, tire sa naissance, sa nourriture et son entretien, principalement des vapeurs souterraines des minéraux. De là vient qu'il n'est pas si corruptible que d'autres végétaux succulents qui croissent dans les plaines et dans les endroits marécageux; car les minéraux se pourrissent très peu et lentement.

Pour comprendre de quelle manière le sapin acquiert des esprits et des humidités souterraines, faites attention à ce qui suit. La Nature ne se repose jamais un seul instant; nous voyons qu'il s'élève continuellement de la terre des vapeurs, qui, le plus souvent, se changent en nuées; car il n'y a pas autant de jours sereins que de ceux où le soleil est recouvert de nuages. Nous voyons, principalement au printemps et en automne, que ces vapeurs s'élancent de la terre dans l'air. Si cela est, il faut nécessairement qu'il y en ait encore davantage dans la terre; sans cela elles ne seraient pas poussées si fort les unes après les autres. Comme la terre est spongieuse et poreuse, ainsi que le corps de l'homme et celui de tous les animaux, cette vapeur perce partout, comme la sueur d'un homme, lorsqu'elle vient en quantité; c'est ainsi que l'esprit vital du macrocosme traverse le bois, la terre et la pierre; parce que chaque chose a ses pores, et que rien n'est fermé à cet esprit, encore que notre vue et notre intelligence ne puisse pas toujours le saisir.

Le sapin croît donc sur les montagnes, sur lesquelles il n'y a presque que du sable, du gravier et des pierres, qui sont un aimant ou des esprits attractifs et un sel coagulé, qui intercepte ces vapeurs et dans lequel elles s'épaississent et deviennent eau; cette eau est très subtile, spiritueuse et forte; et les racines du sapin l'attirent et en prennent leur accroissement; car la terre n'est pas moins pleine de vapeurs et de nuages que l'air, et comme ces vapeurs se changent en pluie et en rosée dans l'air, de même aussi les vapeurs minérales qui s'attachent aux pierres, se changent en eau, qui devient ensuite la nourriture des végétaux.

Il est clair que les vapeurs, en s'attachant aux pierres, deviennent eau. Pour s'en convaincre, on n'a qu'à creuser la terre d'un pied de profondeur, dans un endroit où il y a des pierres ; on trouvera qu'encore qu'il n'y ait dans le voisinage ni rivière ni fontaine, les pierres ne laissent pas d'être toujours humides ; ce qui provient des vapeurs minérales. Qu'on prenne une pierre ou un marbre échauffé ; qu'on le mette dans une cave humide : on verra que dans peu d'heures il se couvrira de gouttes d'eau, comme s'il fuyait ; si on le laisse plus longtemps, il deviendra humide de plus en plus.

J'ai dit ci-dessus que le gravier ou les pierres étaient un sel coagulé ou pétrifié. Plusieurs en seront très étonnés et ne me croiront pas. Il est aisé de les en convaincre par l'expérience. Prenez quelque espèce de sel qu'il vous plaira ; faites-le fondre et dissoudre dans l'eau ; filtrez-le : vous trouverez une terre grossière et grisâtre ; coagulez ce sel ; faites-le fondre une seconde fois, et refiltrez-le ; vous trouverez encore une terre, mais blanche : plus vous réitérerez la même opération, plus vous trouverez de terre ; et à la fin elle sera blanche comme neige. Prenez cette terre et donnez-la à un verrier pour la faire fondre ; vous aurez une pierre qui s'est faite du sel : par les dissolutions réitérées, l'esprit-de-sel s'envole en partie, et le reste est changé et fixé en ladite terre. On répliquera encore que ce sont là des choses bien extraordinaires, et qu'on ne conçoit pas où la Nature pourrait trouver dans les montagnes ces verreries et ces creusets. J'en conviens ; mais la Nature a de quoi les remplacer par des choses semblables. Comme le sel était auparavant vapeur, et que, par différents changements, il est devenu fixe et corporel ; si la Nature, avec le temps, a pu faire l'un, elle pourra aussi faire l'autre. Plus il se joint de terre au sel, et plus il est aidé par les esprits terrestres et minéraux ; plus le sel devient terrestre : il coule alors avec la terre, par le moyen de l'eau, en forme d'un suc épais, qui devient toujours de plus en plus fixe, jusqu'à ce qu'il se coagule en un cristal fixe, clair et transparent, ou en un gravier, suivant que ce suc est pur ou impur. Il serait trop long d'insérer ici beaucoup d'exemples pareils ; mais ce que nous avons dit suffit pour mettre sur les voies. Revenons à notre sujet. Nous avons prouvé de quelle manière croissent les végétaux. Maintenant, pour ne rien laisser à désirer, nous dirons comment il se peut faire que la Nature puisse produire une si grande quantité de nitre et de sel, qui servent continuellement de nourriture aux végétaux, sans qu'il en manque pour leur accroissement. Prenez donc garde à ce qui suit.

Nous avons démontré plus haut que dans toutes les terres il y a du nitre et du sel, de même que dans toutes les eaux, surtout aux endroits où les végétaux doivent croître; car le nitre et le sel minéral ou le vitriol ont leur place particulière : le nitre et le sel sont procréés sans cesse d'en haut et d'en bas ; d'en haut par la rosée, par la pluie, par l'eau, par les dépouilles et les excréments des animaux et des végétaux ; d'en bas par les vapeurs minérales et souterraines qui exhalent continuellement jusqu'à la superficie.

Le sel est l'aimant, et le nitre l'acier, qui est attiré par le sel, et qui, par la réverbération du soleil et de la chaleur centrale, est changé en sa nature ou en sel. En effet, en lessivant de telles terres, on trouvera ordinairement plus de sel que de salpêtre, et il faut aussi naturellement qu'il y en ait davantage ; car l'aimant doit être plus fort et en plus grande quantité que l'acier ; sans cela il ne pourrait pas l'attirer.

Nous avons fait voir ci-dessus de quelle manière le nitre et le sel naissent de la pluie, de la rosée, de la neige et de toutes les eaux ; la raison pour laquelle il y a moins de nitre que de sel dans la Nature, et pourquoi il y naît en moindre quantité, se peut démontrer par l'expérience : s'il y avait plus de nitre que de sel, le nitre changerait le sel en sa nature ; le nitre n'est pas attractif, mais actif ; il est l'agent, et le sel, le patient ; or, toutes les productions de la terre sont attractives ; elles attirent avidement à elles le nitre ou le sperme universel, comme on le voit par les végétaux, qui, lorsqu'il vient de la pluie après une longue sécheresse, en attirent à eux le nitre volatil avec une si grande avidité que, souvent, dans une nuit ils croissent d'un pouce et davantage ; ainsi, s'il y avait plus de salpêtre que de sel, les végétaux en croîtraient outre mesure et enlèveraient en une seule fois, en ou en très peu de temps, tout le sperme de la terre ; ce qui ne pourrait être suivi que d'une grande stérilité ; car lorsque les végétaux n'auraient plus de nourriture, il faudrait qu'ils se flétrissent, et comme ils auraient crû bien vite, suivant l'axiome, *quod cito fit, cito petit*. Le salpêtre est un sel extrêmement subtil, spiritueux et pénétrant, que les végétaux peuvent digérer très promptement ; au lieu que le sel est plus fixe et plus grossier, et ils sont obligés de le digérer plus lentement et plus subtilement ; outre cela, le sel est un esprit balsamique, qui doit conserver tout ; au contraire, le salpêtre est un esprit volatil, corrodant, altérant et corrompant, ce qui se voit par l'expérience. Prenez un salpêtre pur, et qui ne renferme point de sel ; faites-le dissoudre dans l'eau de pluie ; arrosez-en souvent un pommier ou un poirier ; il portera cette année-là des fruits en si grande quantité que vous en serez surpris : mais attendez la seconde année, vous n'y en trouverez presque pas un ; et même, si l'arbre n'est pas planté dans une très bonne terre, il commencera à se dessécher : si au contraire vous prenez, comme nous avons dit ci-dessus, une partie de salpêtre et deux parties de sel commun, que vous les résolviez dans l'eau de pluie et que vous en arrosiez l'arbre, ou que vous en fassiez humecter quelque semence, vous en aurez des fruits excellents, et en, quantité, et cela tous les ans, pourvu que vous en arrosiez l'arbre seulement deux ou trois fois au printemps.

La raison de cette prompte fertilité est, comme nous l'avons dit, que les végétaux attirent à eux le nitre, copieusement et avec une grande avidité ; mais ils ne peuvent pas attirer si promptement le sel qui, conjointement avec la terre, a la supériorité sur le salpêtre, qui est en partie attiré par les végétaux, et en partie fixé en sel par le moyen de la chaleur centrale souterraine, et celle du soleil : ainsi il multiplie et renouvelle par là sa quantité et sa qualité magnétique, et ce que le végétal en consomme est remplacé continuellement par celui qui vient d'en haut et d'en bas.

Afin que tout le salpêtre ne devienne pas sel, la Nature nous en envoie copieusement, par la rosée et la pluie, et c'est surtout après une grande chaleur du soleil, qui a déjà beaucoup réverbéré le sel ou les spermes, que la pluie vient en abondance ; le sel en attire à soi, avec une grande avidité, le nitre volatil, et cherche à le fixer : mais comme les végétaux ont été fort desséchés par le soleil, ils ne sont pas moins avides à attirer ce nitre à eux, et ils arrachent ainsi, de force, le nitre au sel ; de manière que le sel en est en partie augmenté, et en est en partie privé cette circulation se fait sans cesse, et continuera jusqu'à ce que le Créateur change l'ordre qu'il a établi : car aussitôt que l'alcali ou le sel, qui, à raison de la fixité, est le véritable et le plus prochain principe des minéraux, viendrait à dominer et à prendre le dessus, au lieu de produire des végétaux, il produirait seulement des minéraux, des pierres, du sable, et ne manquerait pas de rendre le lieu stérile ; or, pour empêcher que cela n'arrive, le volatil a été placé comme un contraire, pour s'y opposer.

Ne dira-t-on pas que je me contredis moi-même, en assurant que le sel fixe le nitre et le réduit en sel ; qu'ensuite le volatil ou la pluie, qui survient, réduit l'alcali en nitre, pendant que j'ai dit plus haut qu'un extrême n'agit pas sur un autre extrême sans une chose intermédiaire ? La contradiction n'est qu'apparente. La terre n'est jamais vide de nitre ; et quoiqu'il soit fixé par le sel, il ne l'est cependant pas entièrement dans toutes ses parties ni en une seule fois. C'est pourquoi il lui reste toujours son *medium*, par lequel le nitre volatil s'attache au nitre corporel, et celui-ci à l'alcali ou au sel ; l'un attire l'autre, et l'un sert d'aimant à l'autre, comme je l'ai déjà dit ci-dessus.

Par là, le lecteur voit la naissance et l'accroissement des végétaux, autant que ce traité le peut permettre. Si quelqu'un voulait en avoir une explication plus ample, qu'il la cherche chez les savants : il y trouvera de quoi se satisfaire.

La semence végétale est donc une eau coagulée, et dans la solution, une eau visqueuse, tout comme dans les animaux, et par conséquent un guhr végétal ; on voit par là que toutes choses naissent de l'eau, qu'elles se réduisent en eau, qu'elles en prennent leur accroissement et leur entretien, et que par là même elles sont détruites et privées de la vie, comme nous le montrerons clairement dans la seconde partie de cet ouvrage, où nous traiterons de leur analyse.

On connaîtra, par l'analyse des végétaux, que leur substance ferme et durable consiste en beaucoup de volatil, peu d'acide et encore moins d'alcali : cependant tous ces principes y sont plus acides et plus astringents que dans la substance animale; ce qu'on peut apercevoir et connaître par leur esprit volatil ardent, qui conserve toujours quelque chose d'astringent. Leur acide ou vinaigre n'a pas besoin d'être prouvé; il est visiblement astringent: pour ce qui est de leur alcali, il est presque en tout égal à celui de l'animal.

Il est visible que la chose est ainsi; car s'ils n'avaient pas plus de volatil que d'acide, ils ne pourraient croître si promptement, ni à une si grande hauteur; et c'est en quoi consiste leur mouvement. Il est d'autant plus nécessaire que leur volatil excède en quantité l'acide, qu'il est lui-même d'une nature acide: car si l'acide astringent avait le dessus, non seulement ils ne pourraient croître si fort en hauteur, et resteraient plus près de la terre; mais ils deviendraient tout à fait minéraux; puisque c'est le propre du règne minéral d'être fort acide: l'acide végétal l'est un peu moins; mais il est pourtant un astringent assez puissant et fort, et on voit qu'il resserre si fort le tissu de plusieurs arbres et plantes, qu'il les coagule et rend leur bois si dur et si tenace, que souvent on a de la peine à les dompter avec le fer et le feu.

On voit encore qu'ils renferment un fort acide, en ce qu'ils sont attachés à la terre d'une manière immobile. Si leur volatil excédait en quantité leur acide, comme dans les animaux, ils seraient bien plus mobiles, ou du moins quelques-unes de leurs parties, comme on le voit dans les plantes sensitives, dans lesquelles le volatil a, en grande partie, le dessus, et n'est pas, à beaucoup près, si astringent que dans les végétaux immobiles, lesquels ont un acide fort astringent; ils ont cependant un mouvement qui leur est propre, et qui consiste en ce que de jour en jour, et de semaine en semaine, ils croissent en hauteur, épaisseur et grosseur; car l'augmentation et l'accroissement sont un mouvement, quoique différent de plusieurs degrés, de celui de l'animal.

L'alcali végétal est fixe, et il n'est pas si astringent que celui des animaux, comme il est démontré par l'analyse; c'est en quoi consistent les parties les plus molles de chaque végétal, qui se décompose en phlegme subtil ou volatil, en phlegme plus grossier, en huile, en acide, en charbons ou *caput mortuum*, en cendres et en alcali.

Le lecteur doit aussi faire attention qu'il peut totalement réduire les végétaux et les animaux en volatil ou en vapeur acide, ou en pur alcali, suivant qu'il arrange son opération : par exemple s'il fait la distillation sans faire précéder la fermentation, il ne tirera presque que du phlegme, qui aura seulement, suivant le sujet, une odeur très volatile, ensuite un acide copieux ; l'alcali reste dans le *caput mortuum ;* mais s'il les laisse auparavant fermenter ou pourrir, plus il les laissera de temps, plus il aura de volatil ; par où l'on voit encore que le volatil, l'acide et le fixe peuvent être transmués l'un dans l'autre : d'où il s'ensuit que tous ces principes ne sont pas distincts essentiellement ; mais seulement accidentellement. Lorsqu'un principe s'envole tout à fait, on l'appelle *volatil ;* s'il est un peu plus fixe, on l'appelle *acide*, et s'il est tout à fait fixe on l'appelle *alcali :* cependant tout vient d'une même racine et d'une même origine, c'est-à-dire d'une eau volatile, chaotique, et de l'esprit qui y est caché, et qui, par la putréfaction ou la fermentation, se transforme, comme un autre Prothée, en plusieurs milliers de figures, suivant lesquels on lui donne différents noms.

Ce chapitre devient un peu long par mes digressions ; mais elles ne sont pas tout à fait inutiles, et je présume que bien des lecteurs m'en sauront gré. Maintenant je déclarerai quelques vertus du règne végétal. Beaucoup de chimistes ont cherché le moyen de rendre ce règne minéral, et ensuite homogène au règne animal, de manière qu'il pût servir à sa nourriture, et qu'on pût l'employer pour la cure et guérison des infirmités : car le règne minéral devient, dans l'analyse par le feu, très piquant, mordant, corrosif, venimeux et, par conséquent, directement contraire, hétérogène et très pernicieux au règne animal. Pour l'adoucir, ils ont employé les esprits ardents et alcalisés, et s'y sont pris, avec eux, de toutes les manières ; par la digestion, la circulation, la distillation, l'ustion, etc. ; mais toutes leurs sueurs et toutes leurs dépenses n'ont abouti à rien de satisfaisant. Je vais donc, afin de manifester les sentiments de mon cœur et mon affection pour le prochain, rendre public ce que j'ai découvert par mes réflexions et par mes travaux, et j'ose promettre aux Artistes, qu'en suivant la théorie et la pratique que je leur enseigne, ils retireront de leurs opérations cent fois plus de satisfaction qu'auparavant.

Je commencerai par exposer la pratique usitée des chimistes, pour édulcorer et adoucir les corrosifs ; afin que l'on voie combien cette pratique diffère de la mienne.

L'usage ordinaire jusqu'aujourd'hui a été d'employer, pour tous les corrosifs, l'esprit-devin très rectifié et alcalisé : on les fait digérer ensemble, ou bien on fait brûler tout crûment l'esprit-de-vin sur le corrosif, six, sept jusqu'à neuf fois ; et c'est là ce que les chimistes appellent *édulcorer*, *corriger*, etc. Mais l'expérience leur a montré qu'on ne saurait donner intérieurement aux hommes les corrosifs corrigés de cette manière, sans crainte et sans danger. Je vais à présent indiquer ma façon d'édulcorer, que j'appuierai par de bonnes raisons, et en démontrant que l'esprit-de-vin ne saurait jamais adoucir véritablement aucun corrosif, sans un *medium*.

J'ai prouvé en plusieurs endroits de ce traité, la vérité de l'axiome *On ne saurait passer d'un extrême à l'autre, sans une chose intermédiaire*.

Un chimiste ne saurait assez faire attention à ce point, et il ne doit pas le laisser échapper de son esprit, s'il veut faire quelques progrès dans la chimie.

Tous les disciples de l'Art ont bien cet axiome imprimé dans la mémoire ; mais dans la pratique ils ne connaissent point ce que c'est qu'un extrême ou un moyen ; et voilà la source de toutes leurs erreurs : c'est cependant une chose très facile à connaître et à trouver.

Un Artiste, attentif à observer la Nature et le genre de chaque chose, verra facilement ce qui est fixe et ce qui est volatil ; car ce qui est très volatil, comme l'esprit-de-vin, s'envole par le plus haut de l'alambic avec le moindre petit feu ; et dans ce même degré de feu aucun corrosif ne monte, encore qu'il soit réduit en esprit, et qu'on l'ait distillé volatil. Tels sont l'eau-forte, l'esprit-de-nitre, de sel, de vitriol, de soufre, ou leurs huiles : toutes ces choses montent très difficilement, et jamais par un alambic si haut. Il faut pour cela un feu très fort et un alambic bas, ou une retorte : par là un Artiste apprendra que ces esprits, comparés avec l'extrême volatilité de l'esprit-de-vin, sont d'un genre plus fixe, par conséquent contraires à l'esprit-de-vin, et à son égard un extrême. Il en conclura qu'il manque un moyen, et il pourra le trouver facilement, en réfléchissant sur l'homogénéité des natures.

Qu'on observe seulement avec quelle lenteur passent ces gouttes pesantes et faibles d'un corrosif; au contraire avec quelle vitesse l'esprit-de-vin coule dans le récipient : cela ne suffira-t-il pas pour faire connaître qu'il y a entre ces deux choses une différence très grande, comme en effet la pratique le prouve. Prenez de l'eau-forte bien déphlegmée, de l'esprit-de-nitre, de sel, de vitriol, de soufre, etc., ou de leurs huiles, l'un d'eux, lequel vous voudrez ; et versez dessus de l'esprit-de-vin rectifié ou alcalisé, mais avec précaution, de peur de vous exposer à quelque accident ; car ce sont deux feux qui se rencontrent, surtout l'esprit-de-vin et l'huile de vitriol ou de nitre : vous verrez que l'esprit-devin ne voudra pas absolument se joindre ; mais qu'il surnagera, comme l'huile sur l'eau, et vous entendrez du bruit et un sifflement. Il est vrai qu'à la fin ils pourraient s'unir ensemble ; mais ce ne serait qu'avec beaucoup de peine, et par une très longue et très ennuyeuse digestion et circulation. Chacun peut vérifier ce que je viens de dire.

Considérez maintenant quelle différence il y a entre les esprits tirés du vin et ceux tirés du marc du vin ; vous serez dans la voie pour découvrir le *medium* que vous cherchez. En effet, distillez du vin l'esprit ardent avec tous ses phlegmes grossiers, jusqu'à consistance mielleuse ; poussez celle-ci par la retorte, et vous aurez un vinaigre très fort, ou un acide qui est déjà plus fixe que ces esprits qui ont précédé.

Versez cet acide sur un esprit corrosif, et considérez leur prompte conjonction ; versez-y ensuite l'esprit-de-vin, et considérez encore avec quelle facilité, et combien ils s'unissent amiablement ; vous serez assuré par là que le vinaigre ou l'acide du vin est d'une nature moyenne entre l'esprit-de-vin et le corrosif ; et c'est à quoi très peu font attention ; aussi ne l'ai-je vu ni lu dans aucun livre, ni n'en ai ouï parler nulle part. Aussitôt que l'on a conjoint le corrosif, d'abord avec son moyen, et ensuite sur-le-champ avec l'esprit-de-vin, on y trouve de l'agrément et une douceur, de manière qu'il est déjà plus agréable à la nature humaine qu'il ne l'était auparavant. Avec cela il reste en forme d'un esprit liquoreux, volatil, très facile à distiller, et qui, par la distillation, s'unit et s'adoucit de plus en plus, et devient plus noble.

Il y a bien encore une autre manière de mortifier les corrosifs, et de leur faire perdre entièrement leurs qualités rongeantes; mais ils ne sont pas si doux, ni si agréables, ni, à beaucoup près, si bons que par la méthode précédente: je la mettrai pourtant ici, pour en faire connaître la différence.

Prenez l'alcali du vin, c'est-à-dire le sel tiré par lexiviation du *caput mortuum* du vin, le sel de tartre ou un autre sel alcali qui soit pur, blanc et clair; mettez-le dans un alambic; versez dessus de l'esprit-de-vin très rectifié, trois ou quatre fois autant que de sel; laissez-y tomber ensuite, goutte à goutte, tel corrosif que vous voudrez, ils siffleront ensemble et feront du bruit.

Continuez cette infusion jusqu'à ce que le bruit cesse; ensuite distillez-en toute l'humidité au bain-marie, et vous aurez un phlegme insipide; car l'esprit-de-vin s'est fixé. Au fond vous trouverez un sel qui a fixé et tiré le corrosif, qui par là devient si bon qu'on peut le prendre intérieurement sans risque.

Voilà donc encore un moyen de conjoindre les corrosifs avec les acides, et de les dulcifier par les alcalis; mais cette voie est un peu forcée, comme on peut le voir au bruit qui s'y fait, et elle n'est pas, à beaucoup près, si amiable que la précédente, où ils se mêlent ensemble, comme l'eau avec l'eau, et très paisiblement; car le vinaigre a de l'affinité dans sa racine avec l'esprit-de-vin, et de même avec le corrosif; puisque sa ponticité et son aigreur prouvent qu'il porte avec soi une homogénéité et une acidité minérale. C'est cet acide qui suit immédiatement l'esprit-de-vin dans l'analyse; car pour le phlegme, nous le comptons pour une humidité superflue; puisque l'esprit ne s'en sert que comme d'instrument pour son action, et n'en prend pas plus qu'il n'en a besoin pour son existence, comme on le voit en rectifiant.

Remarquez donc bien ce qui suit. Prenez du vinaigre distillé très fort et très acide, trois parties, et du corrosif, une partie; mêlez-les ensemble;

versez-y doucement cinq ou six parties d'esprit-de-vin rectifié ; vous verrez une conjonction très noble, et qui se fera très amiablement. On peut aussi de cette manière adoucir tous les corrosifs précipités et calcinés.

Commencez d'abord à verser dessus deux tiers de vinaigre ; faites-en l'abstraction deux ou trois fois par la distillation, après quoi versez-y l'esprit-de-vin ; distillez-le de même ; et supposé que le corrosif ne fût pas mortifié suffisamment, et que le vinaigre ou l'esprit-de-vin n'eussent pas été assez forts, versez-y-en d'autres, et répétez-le jusqu'à satiété.

Observez bien que plus le vinaigre et l'esprit-de-vin sont forts, mieux la dulcification se fait, et plus elle est prompte. Néanmoins cette dulcification n'est pas si parfaite, à beaucoup près, que lorsqu'on les allie et unie avec le règne animal, suivant la pratique que j'enseignerai dans la seconde partie de ce traité, pour le soulagement des pauvres malades.

Je ne saurais me dispenser de faire encore ici mention d'un autre point. Comme je vois que tous les médecins, sans exception, sont accoutumés d'employer le mercure doux comme un très grand remède dans toutes les maladies presque désespérées, et qu'on l'applique cependant quelquefois avec un très grand danger, je leur en montrerai ici une correction excellente, sur laquelle ils peuvent se fier très sûrement. La voici. Prenez du vinaigre préparé, comme je l'indiquerai dans la seconde partie de ce traité, dans le chapitre de la Dulcification des Minéraux ; dissolvez-y entièrement le mercure doux ; filtrez et distillez-le très doucement au bain-marie, autant qu'il est possible ; versez-y de nouveau trois parties de vinaigre distillé ; dissolvez-le, filtrez et coagulez toujours au bain-marie jusqu'à une consistance huileuse ; ensuite prenez de l'esprit-de-vin mentionné dans le même chapitre ; versez-y en quatre parties ; distillez-le très doucement au bain-marie ; versez-y une seconde fois quatre parties d'autre esprit-de-vin ; distillez-le de même, et répétez la même chose trois fois. Si vous voulez, vous pouvez laisser la distillation en consistance d'huile, ou la réduire par la coagulation en un sel ou poudre très douce, dont un grain ou une goutte opérera mieux et avec plus de succès que dix n'auraient pu faire auparavant, comme on le verra par l'expérience ; mais je donne cet avis. à tout Artiste véritable, charitable et appliqué, qui apprendra mes secrets, qu'autant que son âme, sa vie, son honneur et sa réputation lui sont chères, il ait à fuir les puissants et les riches de ce monde qui méprisent les gens simples, et qui, semblables aux bourdons, mangent le miel, et portent le poison dans le cœur des autres ; qui promettent des montagnes d'or, jusqu'à ce qu'ils aient profité des sueurs d'un honnête homme ignoré, et qui, lorsqu'ils sont parvenus, méprisent celui qui a agi avec eux cordialement et de bonne foi : c'est pourquoi ils n'ont que ce qu'ils méritent, lorsqu'ils sont trompés tant de fois ; ils reconnaissent alors combien de peines et de sueurs a essuyé un Artiste qui est passionnément attaché à l'Art. Ainsi, mon cher lecteur, si, par le moyen de cet ouvrage, vous êtes en état de faire quelque manipulation, réjouissez-vous-en en secret ; servez-vous-en, dans la crainte de Dieu, sans bruit et avec une douce tranquillité pour le bien du prochain.

Revenons à notre sujet. J'ai encore promis d'enseigner de quelle manière un Artiste doit chercher une chose moyenne, lorsqu'il est arrêté dans ses opérations. Je le lui indiquerai donc, en finissant ce chapitre. Si je veux conjoindre deux choses ensemble, et que je vois qu'elles ne veulent pas se mêler et s'unir, je conclurai aussitôt qu'il y manque un moyen unissant ; après cela, je considère quels sujets j'ai entre les mains. S'ils sont du règne animal, je cherche dans ce règne leur homogène propre. Ainsi, par exemple, si je traite des sujets qui n'aient point de volatil, comme des os, des cornes et des ongles, mais seulement de l'acide et de l'alcali, et que je veuille leur donner un volatil homogène, où dois-je le chercher ? Demandez-le à ces sujets mêmes, os, cornes et ongles, et examinez de quel animal ils sont tirés : si vous connaissez cet animal, et que vous puissiez l'avoir, vous n'avez qu'à prendre de son urine ou de ses excréments ; faites-les putréfier, et distillez-en le volatil au bain-marie : vous aurez déjà le moyen, et de quoi remplacer les parties qui vous manquaient. Si vous ne pouvez pas trouver cet animal, vous n'avez qu'à examiner quel autre peut avoir les mêmes qualités et la même vertu. Si vous ne pouvez pas le trouver, prenez le sujet dans lequel toutes les puissances et vertus animales sont concentrées, c'est-à-dire l'homme qui renferme dans son centre la force de tous les animaux, et dont l'urine et les excréments peuvent vous aider en tout, soit qu'il vous manque un volatil, un acide ou un alcali. Si cela ne vous suffit pas encore, ayez recours aux sujets universels, où toutes les forces animales, végétales et minérales sont concentrées, et qui s'associent d'une manière homogène avec toutes les créatures. Ces sujets sont l'eau de pluie, la rosée, la neige, etc., qui renferment un volatil, un acide et un alcali, avec lesquels vous pouvez remplacer tout ce qui vous manque ; car faites putréfier de l'eau de pluie ; distillez-en toute l'humidité ; rectifiez-la du phlegme au bain-marie dans un alambic fort haut, suivant l'usage ; tirez des résidus tout le phlegme, jusqu'à une consistance mielleuse ; de celle-ci vous tirerez un vinaigre, et du *caput mortuum* vous aurez encore un sel alcali.

Tout comme les choses se passent dans les animaux, elles se passent aussi dans les végétaux.

Dans ce dernier règne, lorsqu'on ne peut pas avancer davantage, on prend le vin et ses parties, dans lesquelles toutes les forces végétales sont concentrées ; et si cela ne suffit point, on a à la fin recours aux universels, comme nous venons de le dire.

Il en est de même avec les minéraux ; car dans l'alun se trouvent tous les minéraux blancs ; dans le vitriol sont concentrés tous les minéraux et astres rouges : mais si ceux-ci ne suffisent pas, ayez recours aux universels les plus fixes, comme sont l'esprit-de-nitre et de sel ; prenez le volatil de l'eau de pluie ; l'esprit-de-nitre vous fournira l'acide, et l'esprit de sel l'alcali. Vous avez par là un vaste champ pour vous exercer dans la chimie.

Chaque règne a ses propriétés et ses qualités particulières, de manière qu'ils sont distincts l'un de l'autre ; et par cette différence des qualités, ils fournissent entre eux des moyens, par où ils sont contraints de laisser réduire leur contrariété à l'homogénéité, comme, par exemple, le règne animal et le règne minéral sont les deux extrêmes, et le règne végétal est un *medium* entre eux.

Si vous voulez rendre le règne minéral homogène au règne animal, il est impossible de le faire immédiatement ; il faut, de toute nécessité, que ce soit par son *medium*, c'est-à-dire par le végétal ; et réciproquement le règne animal ne saurait être rendu homogène au minéral que par le végétal. Un chimiste doit donc, s'il veut rendre son travail utile, agir judicieusement, et ne pas mêler les animaux avec les minéraux ; mais il faut les mêler auparavant avec les moyens, c'est-à-dire avec les végétaux : il ne doit pas non plus mêler le volatil animal avec le volatil végétal ; il faut encore, lorsque ceux-ci sont unis, qu'il se serve de son jugement et qu'il ne verse pas d'abord ces volatils conjoints sur l'alcali ; mais qu'il commence par l'acide, et qu'il y joigne ensuite le volatil : en suivant cette règle, son travail sera réellement profitable, et sans cela, il n'y aura que du dommage partout. Par là un Artiste voit encore que l'un entre dans l'autre avec ordre, et non aussi confusément que bien des gens qui travaillent dans cet Art, et que leur union se fait par des lois certaines et des moyens convenables.

Ainsi, par exemple, je veux dissoudre l'or, et tenter cette dissolution depuis le plus haut degré jusqu'au plus bas. Je ne m'y prendrai certainement pas, comme beaucoup de gens qui croient pouvoir dissoudre l'or sans corrosif, même avec de l'eau toute seule. Il est vrai qu'après qu'on l'a martyrisé par toutes sortes d'additions mercurielles et minérales, et qu'on l'a réduit en une nature saline, alors il se laisse facilement dissoudre, sans corrosif, et avec de l'eau de pluie toute simple ; mais ceux qui opèrent ainsi, ne savent ce que c'est que l'or, et encore moins son origine : ils n'entendent pas non plus ce que c'est qu'un corrosif, ni pourquoi les minéraux sont traités ordinairement avec des corrosifs.

Je veux donc dissoudre de l'or ; je le réduis en feuilles les plus subtiles ; je verse dessus de l'esprit volatil d'urine du règne animal ; je vois que cet esprit ne l'attaque pas ; j'y verse l'acide animal ; il est encore trop faible ; j'y ajoute le vinaigre végétal, c'est-à-dire l'acide ; il ne l'attaque pas encore. Un Artiste voit par là que toutes ces choses ne sont pas homogènes, mais des extrêmes ; et qu'il manque un moyen. Je vais donc dans le règne minéral, comme dans son propre règne ; je prends l'esprit ou l'huile de vitriol ; je le verse dessus, et le fais bien cuire ensemble ; il ne l'attaque pas non plus : il en tire seulement la teinture, et laisse l'or de couleur blanche au fond. Il y en a plusieurs qui en seront étonnés, et qui diront : quel menstrue faut-il donc, si les menstrues animaux, végétaux et minéraux ne font point d'effet ? En voici la raison. L'esprit ou l'huile de vitriol est un extrême, en comparaison de l'or ; car l'esprit de vitriol ou de soufre est ce qu'il y a de plus volatil dans le règne minéral, et le soleil est ce qu'il y a de plus fixe. Un Artiste voit encore par là la vérité de la sentence qui dit qu'*un extrême ne peut se conjoindre avec un autre extrême, sans moyen*.

Plusieurs de ceux qui n'ont pas visité les mines dans les montagnes, pourront dire : quel peut donc être le moyen entre l'or et le vitriol, puisque le vitriol est la première matière de tous les astres rouges ; la première et la dernière ne s'aiment-elles pas toujours ? Cela est très vrai ; mais non pas sans moyen. Je vous montrerai à présent clairement combien est grande la différence qu'il y a entre l'or et le vitriol. Savez-vous bien que l'or est tiré fondu des minières par la fusion, et que d'un quintal de minéral on ne tire qu'une très petite quantité de métal pur ? Si vous savez cela, je vous indiquerai brièvement et cordialement quelles sont les choses intermédiaires entre le vitriol et l'or. Comptez le vitriol ou le soufre pour la première matière et pour l'extrême (je n'entends pas parler ici d'un vitriol de Mars ou de Vénus). Comptez aussi l'or pour la dernière matière, et également pour un extrême : voici les moyens qu'il y a entre eux.

Après le vitriol ou le soufre vient l'arsenic : j'entends que le vitriol devient un soufre, que, par une longue digestion, le soufre perd son inflammabilité et sa combustibilité, sans cependant qu'il soit encore fixe, et devient un arsenic volatil mercuriel et pesant. Par une plus longue digestion il devient marcassite, et la marcassite est la matière la plus proche de l'or ou du métal ; car la marcassite devient à la fin un métal, par une longue cuisson, et toutes les marcassites contiennent, suivant leur genre différent, les unes plus, les autres moins, un grain fixe de métal ; au lieu que le soufre et l'arsenic s'envolent, et se réduisent en scories. Plus ces corps deviennent fixes et alcalins, plus l'acide du vitriol ou du soufre devient pierreux, et plus il devient noble et métallique, comme on le voit par l'or, qui est le corps le plus fixe, le plus alcalin et si compact qu'aucun acide n'y peut mordre ; car l'acide s'y détruira, s'y tuera et y perdra plutôt toute sa vertu, que de donner de l'or.

Par là un amateur verra que s'il voulait réussir à dissoudre l'or avec l'esprit de vitriol, il faudrait auparavant le réduire en marcassite ; ensuite le faire rétrograder en arsenic, et celui-ci en un sable vitriolique ou sulfureux, ou en vitriol ; alors l'esprit-de-vitriol résoudrait radicalement son semblable, et le ferait passer tout entier avec soi dans la distillation en forme de liqueur, mais point autrement : car encore que l'or se dissolve dans les menstrues acides alcalisés, on peut toujours le réduire à sa forme première, c'est-à-dire en un corps fixe ; au lieu que, quand l'or est dissous dans sa première matière vitriolique et mis en liqueur, comme nous l'expliquerons plus bas, alors il est rétrogradé en sa première origine, c'est-à-dire en vapeur minérale, car cette vapeur passe et monte en forme de vapeur ; lorsque l'or est poussé à ce point, si l'homme en voulait prendre intérieurement, il lui ferait contraire, parce que, dans cet état il est encore minéral et corrosif.

Pour le rendre homogène à la nature animale, il faut de nouveau chercher un moyen entre le règne animal et le règne minéral : tel est le végétal. Et puisque l'homme ne peut se nourrir d'aucun minéral, mais qu'il se sert pour cela du règne animal et végétal, il faut aussi réduire et transmuer l'or en une nature végétale et changer ensuite ce végétal en animal : alors seulement le règne minéral devient, par ces moyens, agréable et homogène au règne animal, comme je l'ai assez démontré ; car il faut toujours aller par degrés d'un moyen à l'autre jusqu'au plus haut, et ne pas ajouter d'abord le plus volatil au plus fixe.

Bien des gens seront révoltés de m'entendre dire que je me sers de l'arsenic pour préparer l'or ; mais l'argent vif, qui diffère très peu de l'arsenic, le soufre, le mercure sublimé et les corrosifs les plus forts, comme l'eau régale, etc., avec lesquels ils le préparent, ne sont-ils plus, à leurs avis, des poisons ? Le sublimé leur paraît peut-être moins fort que l'arsenic. Je sais pourtant qu'il l'est davantage. Le soufre dont on fait de l'arsenic en est-il donc entièrement dépouillé, et les corrosifs sont-ils assez doux et bénins pour ne pas attaquer l'estomac ? Cependant ils n'ôtent point à ces matières leurs qualités nuisibles : au lieu que je peux changer entièrement l'arsenic de nature. Que l'amateur médite bien l'instruction que je vais encore lui donner, il n'y aura plus rien d'obscur pour lui.

'ai dit que l'or naissait du vitriol, du soufre, de l'arsenic et de la marcassite. Si vous voulez réduire, selon les règles, l'or en vitriol, il faut le faire rétrograder par tous les mêmes principes, par lesquels l'or a pris son avancement : sans cela vous aurez toujours des peines et des travaux fâcheux. Je ne prendrai pas ici les propres principes de l'or ; mais d'autres, par lesquels tout un chacun saura bien chercher et trouver les véritables. Prenez seulement la pierre arsenicale, comme on l'appelle communément, et qui est faite de parties égales de soufre, d'arsenic et d'antimoine ; faites fondre la pierre tout doucement ; faites rougir l'or dans le feu ; mettez cet or dans la masse fondue ; il s'y mêlera d'abord, et deviendra une masse cassante, qui, réverbérée plusieurs fois avec le soufre, s'ouvrira tout à fait comme le fer ; et ensuite chaque acide le résoudra facilement.

Qu'on examine bien à présent ces parties, à savoir le soufre, l'arsenic et l'antimoine.

L'antimoine est une marcassite noble, et sa minière montre toujours dans ses épreuves un grain d'or ou d'argent : et si l'on donne de cette masse composée de ces trois parties, à une bête, elle ne lui fera aucun mal, quand même la dose serait de demi-gros, parce que le soufre ôte à l'arsenic et à l'antimoine tous leurs venins. Si vous réfléchissez bien sur les véritables principes de l'or, et sur ceux de tous les autres métaux, ou que vous preniez la minière de l'or, ce qui est tout un, ou des minières des autres métaux, il vous sera facile de les réduire par l'esprit de vitriol ou d'alun dans leur première matière. Par là le lecteur verra la qualité de l'arsenic, et avec quelle promptitude on peut lui ôter son venin et le réduire en une meilleure qualité. La même chose arrive avec le mercure sublimé, lorsqu'il est seulement brûlé avec le soufre ; son venin est déjà si tempéré, qu'on peut s'en servir avec beaucoup plus de sûreté qu'auparavant ; la même chose arrive lorsqu'on corrige les venins avec les esprits liquides, c'est-à-dire avec de l'esprit-de-vitriol, avec l'huile de vitriol ou de soufre, etc.

Nous finirons par là ce chapitre si long, dans lequel nous avons expliqué le règne végétal, qui est un véritable règne hermaphrodite entre le règne animal et le règne minéral, et sans lequel le règne minéral ne saurait jamais devenir homogène au règne animal. Un Artiste a bien peu d'esprit, lorsqu'il prétend faire une médecine pour les hommes, et la tirer des minéraux sans les végétaux, ou des végétaux sans les animaux! Cela suffit pour le présent; dans la suite nous en dirons davantage. Venons à présent au règne minéral, dans lequel il se présentera des difficultés plus grandes que dans le règne précédent.

CHAPITRE XXII

Comment naissent les minéraux; de quels principes ils sont composés, et en quoi ils se résolvent.

Arbre de génération des minéraux.

1. – *Esprit de nitre et de sel avec*
2. – *Le vitriol ou le guhr: de là*
3. – *Le soufre: de là*
4. – *L'arsenic: de là*
5. – *La marcassite blanche ou rouge: de là*
6. – *Le métal, et de là improprement dans sa dernière fixation.*
7. – *Il devient verre.*

Je ne parlerai point ici des principes ordinaires; on ne doit point s'en étonner: il y sont toujours sous-entendus; c'est-à-dire, le mercure, le soufre et le sel, le volatil, l'acide et l'alcali, l'âme, l'esprit et le corps, le ciel, l'air, l'eau et la terre, etc.

Je sais bien que d'abord, dans la première description que je ferai de la naissance des minéraux, on m'accablera de nombreuses objections; mais, après qu'on aura connu la nature, l'origine, les progrès et la fin, on rentrera un peu en soi-même et considérera les choses d'un peu plus près.

Le lecteur peut être persuadé que je suis scrupuleusement la marche de la Nature, et raisonne en conséquence. Il y a beaucoup d'auteurs qui ont donné au public leurs descriptions minéralogiques, les uns clairement, les autres obscurément, suivant leurs idées et leurs lumières. Je n'en méprise aucun, et leur donne les louanges qu'ils méritent ; aussi ai-je tiré d'eux beaucoup de connaissances, sans lesquelles je serais demeuré dans l'embarras ; quoique tous ceux qui ont écrit des livres n'aient pas toujours eu en vue le bien public et l'avantage des lecteurs. Cependant lorsqu'on rapproche les sentiments de divers savants, on y découvre souvent le point essentiel, et le but dont on avait été en doute pendant plusieurs années.

On met dans un conseil plusieurs personnes, afin que l'une trouve ce qui ne se présente pas à l'esprit de l'autre. Il faut de même consulter différents auteurs ; car, encore que l'un ait écrit de très bonnes choses, il n'a pourtant pas tout su, et n'a pu aussi penser à tout, ni entrer dans des détails assez circonstanciés. Or, ce que l'un a oublié, l'autre en fait mention et l'explique : par là un lecteur se corrige et parvient au but qui lui avait échappé auparavant. Qu'il en use de même dans ce traité. Si un point ne lui plaît pas, qu'il s'accommode d'un autre ; il en trouvera quelqu'un qui vaudra la peine d'être mis sur le papier. Si je n'ai pas en tout une bonne théorie, j'ai certainement une bonne pratique, ou du moins de bonnes manipulations, qui pourront servir très utilement à quelques-uns.

Avant que de passer plus avant, je dois dire qu'un grand nombre de Philosophes font la description de l'origine des minéraux, à peu près dans les termes suivants.

Du centre de la terre il s'élève des vapeurs, qui, en montant jusqu'aux veines froides des montagnes, s'y résolvent en eau et s'y arrêtent ; elles y dissolvent la terre, et par là se changent en nature de couperose vitriolique, huileuse, saline, ou alumineuse et pierreuse, qui ensuite se cuit en soufre et en métaux, suivant la variété de la terre subtile, etc. Cela veut dire que du centre de la terre il s'élève des vapeurs dans les fentes et crevasses des rochers, qu'elles s'y attachent et deviennent eau, que cette eau subtilise la terre en la dissolvant ; de sorte qu'elle en fait une nature vitriolique, saline ou alumineuse, qui devient ensuite sulfureuse, et à la fin métallique ; que suivant que la terre qui y est mêlée est subtile ou grossière, elles font une différente sorte de métal, etc. Ils disent, avec raison, qu'il monte des vapeurs ; mais ils n'expliquent pas de quelle sorte sont ces vapeurs, ni quelle est leur origine, leur qualité et leur propriété.

Une telle description ne peut pas servir de beaucoup à un jeune apprenti ; car il monte également des vapeurs jusqu'à nous dans l'air ; mais il n'y a que ceux qui ont fait des expériences dans les vastes entrailles de la terre, qui puissent bien connaître la grande différence qui se trouve entre ces vapeurs et celles qui restent dans la terre. Par cette raison, si vous avez un vrai désir d'en avoir quelque connaissance, observez bien ce que j'ai dit ci-dessus, à savoir que le sperme universel de toutes choses fut originairement eau et esprit. Cela se prouve, non seulement par ceci, mais encore par le chaos régénéré ; et nous avons montré comment cet esprit passe de l'invisibilité et de l'impalpabilité à un état visible et palpable.

Toutes choses ont pris origine du chaos, et ce chaos ou cette vapeur est devenue une eau dans laquelle l'esprit était caché. De là sont venus ensuite tous les animaux, végétaux ou minéraux ; ces deux premiers d'une semence volatile, et le dernier d'une semence plus fixe.

Dans l'eau chaotique primordiale, aussi bien que dans l'eau régénérée et dans toutes les autres eaux et terres, on trouve dans leur centre, ou plus grande profondeur, deux sels différents ; c'est-à-dire l'esprit du monde rendu visible, ou le sperme corporel du macrocosme masculin et féminin ; à savoir le nitre et le sel que nous avons prouvé être la matière première universelle de toutes choses sublunaires, pas encore spécifiées ou individuées, lesquelles, avec le chaos régénéré, sont tout en toutes choses, comme nous avons démontré qu'ils se trouvent aussi dans tous les sujets quelconques, fixes et volatils, suivant la différence de leurs digestions. La preuve suivante confirmera qu'ils sont tout en toutes choses.

Une chose qui est, et qui doit être tout en toutes choses, doit nécessairement renfermer en soi la Nature et les propriétés de toutes choses, et doit aussi s'unir, s'associer, s'accoupler et se conjoindre à toutes choses sans exceptions.

Ces deux sels, le nitre et le sel, sont minéraux, au rapport des chimistes, et suivant l'idée commune ; mais c'est mal à propos ; car de ce qu'on les tire de la terre, de dessous la terre et des montagnes, il ne s'ensuit pas qu'ils soient pour cela minéraux ; car on les trouve aussi dans la mer, dans les lacs, dans d'autres eaux, sur la terre, dans le règne animal et dans le règne végétal, comme nous l'avons prouvé ci-dessus. Il faudrait donc dire aussi, parce qu'on les tire des animaux, qu'ils sont du règne animal, et parce qu'on les tire des végétaux, qu'ils sont du végétal. Ce n'est pas ainsi qu'il faut raisonner ; mais bien conclure, comme cela est démontré par les preuves et par les effets, que, puisqu'ils se trouvent dans tous les sujets des trois règnes, ainsi que dans tous les sujets universels, ils sont, à juste titre, dans toutes choses.

De plus, on ne trouve dans tout le règne minéral aucun sel, ni aucun sujet, qui, sans leur transmutation, soit homogène au règne animal ou au règne végétal, que ces deux seulement, c'est-à-dire le salpêtre et le sel, qui, ni dans les animaux ou hommes, ni dans la plupart des végétaux, ne font aucune altération évidente. Car l'homme et tous les animaux peuvent se servir de salpêtre et de sel pour leur nourriture ; les végétaux peuvent aussi s'en servir, de même que les animaux, et tous sans aucun danger, pourvu néanmoins que ce soit avec poids et mesure ; car tout excès tourne en vice. Ces sels qui sont très génératifs et très conservatifs, deviennent, au contraire, quand ils sont employés sans poids et mesure, les destructeurs de toutes choses.

Qu'on oppose à ces deux le vitriol et l'alun : on les compte tous les deux proprement parmi les sels minéraux ; aussi l'homme ne saurait-il les prendre sans nausée et sans une grande altération : de même il ne saurait prendre des sujets mercuriels, ni arsenicaux ; ils seraient également contraires aux végétaux. Qu'on donne intérieurement à un homme ou à une bête, comme chien ou chat, seulement un ou deux scrupules de vitriol, on verra bientôt combien il vomira et s'altérera. De même si l'on verse une lessive de vitriol ou d'alun au pied d'un arbre ou d'une plante, on les verra bientôt périr. Par là il est encore prouvé que le salpêtre et le sel sont homogènes à toutes les créatures sublunaires ; car l'on a vu ci-dessus que, bien loin de leur être nuisible, ils les conservent et leur donnent l'accroissement. Or, ce qui a cette propriété, doit leur être homogène, et il faut qu'elles en soient composées ; mais si elles en sont composées, il faut nécessairement qu'elles en aient tiré leur origine, et qu'elles s'y réduisent dans leur dernière dissolution ; et ainsi le premier devient le dernier, et le dernier le premier.

Comme ces deux sels, le salpêtre et le sel, sont disposés différemment pour l'animalité et pour la végétalité, ils sont aussi disposés différemment pour la minéralité ; car s'il n'y avait qu'une même disposition, il en résulterait la même chose.

Leur disposition pour les animaux et pour les végétaux a été traitée dans leurs chapitres propres. Ici nous traiterons de leur disposition pour les minéraux ; et nous dirons toujours que les minéraux n'ont tiré leur naissance et leur origine que d'une vapeur aigre, acide et corrosive ; ou, pour parler plus clairement, d'un vitriol, d'un nitre fortement fermenté et aigre, et d'un sel, conjointement avec une terre subtile qu'ils ont résoute. Plus cette terre est subtilisée par ces acides, plus les sels, c'est-à-dire ces acides deviennent terrestres et fixes par la terre, et plus le métal qu'ils produisent est pur.

Tous les physiciens savent que tous les animaux, végétaux et minéraux sont salés dans leur intérieur, et que, suivant le genre et l'espèce de chacun d'eux, les sels sont plus volatils ou plus fixes. On sait aussi que l'air est nitreux et salé ; que la mer et toutes les eaux sont salées, et que la terre est salée intérieurement et extérieurement. Cela posé comme certain, un physicien me permettra de dire que, si les parties du macrocosme sont salées dans leur circonférence, plus ou moins, il faut que le centre du macrocosme soit encore salé davantage, puisque, comme nous l'avons prouvé, les sels en partie, et principalement les fixes, naissent en quantité, et sont produits par les vapeurs qui viennent du centre. On avouera aussi sans peine, que le centre du monde n'est pas une fontaine claire et cristalline, dans laquelle il ne dégoutte qu'une liqueur de vie ; car on voit par les casemates de la terre, aussi bien que des eaux, que toutes sortes d'impuretés coulent au centre ; de même qu'il vient dans l'estomac des hommes et de tous les animaux, et dans la racine de tous les végétaux, toutes sortes d'aliments purs et impurs, doux et aigres. Ce mélange chaotique occasionne, par le moyen des sels différents, une forte fermentation ; et plus le centre fermente, plus il y aura de fortes vapeurs et exhalaisons.

Les vapeurs sont poussées dans l'intérieur de la terre, du centre à la circonférence, où les plus épaisses, les plus fortes ou les plus fixes s'attachent aux roches, aux pierres et à la terre, et y deviennent eau. Ce qui est plus volatil monte jusqu'à la superficie de la terre, aux racines des végétaux : ce qui est encore plus volatil s'évapore dans l'air, et joint les animaux ; ce qui est tout à fait subtil s'élève bien plus haut dans l'air, fait des brouillards et des nuées, et celles-ci font la pluie, la rosée, etc.

Ces vapeurs sont salées, puisque le centre est salé, et que les sels étant résous par la pluie, se subliment par leur fermentation et échauffement.

Plus ces vapeurs sont proches du centre, plus elles sont piquantes et corrosives : plus elles s'en éloignent, plus elles deviennent douces et tempérées, parce qu'elles déposent la partie la plus considérable et la plus fixe des corrosifs dans les terres et les rochers, en traversant la terre. Comme le corrosif est fort, il attaque la terre qu'il rencontre, quelle qu'elle soit, et en résout toujours un peu de celle qui est de plus facile solution, jusqu'à ce que, par les vapeurs qui se succèdent sans cesse, il y ait une quantité de terre corrodée ou résoute. Lors donc que le corrosif, comme étant un esprit volatil aigre et salin, ou un esprit de sel, attaque la terre, il s'y tue, s'y coagule, et devient corporel ou vitriolique, ou alumineux, suivant la qualité de la terre : la terre au contraire est dissoute ; et ce qui reste de la terre que le corrosif n'a pu dissoudre entièrement, il l'a préparée, et rendue en partie plus subtile, onctueuse et gluante ; ce que les chimistes appellent *guhr métallique*, ou *première matière des métaux ;* mais à tort : car c'est la matière première et plus prochaine du soufre et de l'arsenic. Lorsque l'arsenic devient marcassite, c'est celle-ci qui est alors la première et la plus prochaine matière des métaux ; car les métaux viennent immédiatement de la marcassite, et non de ce guhr qui est seulement une matière éloignée des métaux. Ce guhr ou cette matière gluante se résout et se subtilise de plus en plus par les vapeurs corrosives subséquentes ; et plus elle est résoute et devenue subtile, plus elle fixe le corrosif en elle, et le rend sulfureux et arsenical. Cet arsenic se mûrit de plus en plus, jusqu'à ce qu'il devienne marcassite, et la marcassite devient seulement métal. C'est là la progression des métaux, et nous la rendrons claire de plus en plus.

Lorsque les vapeurs montent dans les fentes et crevasses des rochers, elles y deviennent eau par leur épaississement, par les vapeurs toujours subséquentes et plus abondantes. Cette eau contient en elle l'esprit de nitre et de sel mêlé. Ce sel est connu de tous les chimistes pour être corrosif; mais ici il est dans le centre environné de beaucoup de phlegme, et étendu dans beaucoup d'eau. Ces esprits, par leurs corrosifs, s'attachent aux pierres et à la terre, les corrodent, les dissolvent, les subtilisent, les gonflent, les rendent visqueuses, gluantes, et les réduisent en un guhr humide qui reste entre la pierre et la terre, comme une chair lardée; et souvent par son gonflement il déborde en dehors et s'attache aux parois, comme on le voit aux anciennes chambres et cavernes des mines. Lorsque cette terre résoute se subtilise, et se résout de plus en plus par les vapeurs et les esprits salins qui y abordent incessamment, elle se gonfle encore davantage; et, par le gonflement, elle exprime et jette au dehors de soi l'humidité superflue qui coule de nouveau au centre et dans d'autres coins et trous de la terre. Cette terre gonflée, ou ce guhr, n'a jamais aucun repos; car les vapeurs subséquentes, qui montent continuellement, l'attaquent de plus en plus, s'y attachent, s'y fixent et se coagulent dans la terre. Plus il se succède de ces vapeurs corrosives, plus la terre devient ignée et sulfureuse; plus elle devient sulfureuse, plus elle se gonfle; plus elle pousse au-dehors les humidités, plus elle devient sèche.

La qualité sulfureuse perd sa combustibilité, et acquiert par là ce nom de *mercure* qu'on devrait plutôt appeler *arsenic*, qui est provenu de l'acide sulfureux. Celui-ci ne brûle plus, quoiqu'il soit encore volatil. Cette volatilité et cette humidité est liée, fixée et coagulée de plus en plus entre les pierres par la chaleur centrale, jusqu'à ce qu'elle soit changée en marcassite. Si la digestion ou chaleur souterraine centrale est forte, la marcassite se fixe en métal : si au contraire cette chaleur est faible, la marcassite reste marcassite, ou devient minière arsenicale, sulfureuse ou vitriolique.

Qu'on sache pourtant que, lorsque la Nature est parvenue au point de faire un soufre ou un arsenic, elle a tellement rempli les fentes ou les crevasses, et dissous ou gonflé tant de terre, et lesdites fentes en sont tellement remplies, qu'aucune autre vapeur et humidité ne saurait y entrer lorsque la terre n'est plus en dissolution.

C'est alors qu'elle commence l'exsiccation, la fixation, la coagulation, qu'elle procède à la métalléité ou fixité. Je me représente le travail de la Nature, qui remplit les cavités et les fentes de la terre, à peu près comme celui des abeilles qui remplissent leurs cellules de miel, jusqu'à ce qu'elles soient entièrement pleines, et les ferment ensuite : de même la Nature envoie les vapeurs l'une après l'autre ; par là elle résout et gonfle la terre de plus en plus : cette première terre est remplie d'acide, et s'en remplit encore de plus en plus ; à la fin l'acide et la terre sont tellement mêlés ensemble, qu'eu égard à leur première matière, on ne saurait plus connaître ce qu'ils étaient auparavant ; car de la terre et de l'acide il en est résulté une matière tierce, qui diffère de la première du tout au tout.

Cette naissance est toute pareille à celle des animaux et des végétaux ; avec cette seule différence qu'ici la Nature cherche à faire des sujets plus fixes, plus durs et plus pierreux ; au reste, elle travaille dans le même ordre ; car des vapeurs molles et humides, elle fait de même au commencement des parties molles, qu'elle pousse de plus en plus jusqu'à ce qu'elle les durcisse en une pierre : tout comme un jeune chêne se durcit de plus en plus jusqu'à ce qu'il devienne un bois dur comme la pierre. La différence qu'il y a entre les créatures minérales, consiste en ce qu'elles acquièrent plus ou moins de corrosif les unes que les autres : plus elles en acquièrent, plus elles deviennent fusibles. Si les esprits corrosifs trouvent une terre ou une pierre subtile et pure, ils y travaillent subtilement, et font un métal noble ; au contraire, plus les esprits corrosifs trouvent une terre grossière, moins ils la peuvent travailler, c'est-à-dire la rendre noble et subtile de plus en plus par les solutions, et plus le métal qu'ils sont est grossier. Plus la digestion et la chaleur centrale sont faibles, moins ils sont desséchés, coagulés, et fixés. De cette manière le métal reste en chemin, et il s'en fait des minières vitrioliques, sulfureuses et arsenicales, antimoniales, bismuthiques et autres pareilles; plus au contraire la digestion est forte, plus les minières deviennent fixes et métalliques : si la digestion et la chaleur centrale sont inégales et trop fortes au commencement, la terre se résout, à la vérité; mais elle ne devient pas volatile; elle se fixe, se coagule d'abord, et s'approche de plus en plus de la métalléité. Les chimistes les appellent des soufres fixes embryonnés, comme le sont le bolus, l'hématite, l'émeri, l'aimant, la tutie, la calamine, etc. Si au commencement la digestion est faible, que la terre et ses cavités se remplissent d'abord, qu'ensuite les vapeurs n'y puissent plus entrer, elles se jettent d'un autre côté, et ce qui était commencé reste imparfait; le feu central n'augmentant point, les matières restent ouvertes et volatiles, comme les sables vitrioliques sulfureux, etc., ainsi que nous l'avons dit ci-dessus : mais si la Nature conserve un degré de chaleur convenable et uniforme, pendant les quatre saisons de l'année, elle fait, par le moyen des corrosifs modérés et proportionnés, des métaux plus nobles, comme l'or, l'argent, l'étain, le cuivre.

Un Artiste voit par là d'où vient la diversité des minéraux, et il peut remarquer que la Nature n'a pas mis moins de variété dans ce règne-ci que dans les deux autres; car les minéraux ne diffèrent pas seulement entre eux, mais chaque minéral a encore plusieurs nuances.

En combien de degrés différents de couleurs ne trouve-t-on pas l'or, suivant qu'il a été plus ou moins travaillé et purifié par la Nature? L'argent a aussi différents degrés de fixité, de pureté, ainsi que le cuivre, le fer, l'étain, le plomb, etc., et la même différence se trouve également dans les moindres minéraux.

Comme la terre et les pierres sont la mère, le fondement ou la matrice des minéraux, la vapeur ou les esprits salins leur servent aussi d'aliment et de nourriture; le vitriol ou le guhr vitriolique est la racine; le soufre ou l'arsenic, la tige; et la marcassite, la fleur et la semence de tous métaux.

Si on lessive le guhr, qu'on le filtre et qu'on le coagule, on y trouvera un sel vitriolique, suivant le genre de terre qu'il a dissoute; ce qui est une preuve que le vitriol se fait le premier et avant le soufre et l'arsenic. Je l'appelle *vitriol*, non que ce soit un vitriol commun vert, tel qu'on l'achète chez les droguistes ; mais parce qu'il a un goût de vitriol ou d'alun.

On voit, par l'analyse, que le soufre ou l'arsenic ne se font qu'après le vitriol ; car il se trouve rarement, ou très peu, de soufre ardent jaune avec les métaux blancs tels que le plomb, l'étain et l'argent ; mais ils contiennent une plus grande quantité d'arsenic blanc, de vitriol alumineux ou d'alun. L'acide, ou la vapeur aigre, poussée au feu, vient la première ; ensuite montent les fleurs du soufre ; après celles-ci vient l'arsenic, et après l'arsenic la marcassite volatile : car la marcassite fixe se fond en régule et en scories. L'antimoine prouve encore que la marcassite se fait de l'arsenic ; car le bismuth et l'antimoine, réduits en fleurs, sont très arsenicaux et volatils. Une preuve que les métaux se forment de la marcassite par une longue fixation, c'est que presque chaque marcassite donne, dans l'épreuve qu'on en fait, un grain de métal parfait ou imparfait.

Le lecteur voit encore par là comme la Nature va, d'une manière très belle et très excellente, par degrés intermédiaires, et jamais d'un extrême à l'autre ; elle va toujours d'une vapeur volatile, suivant son génie, à une Nature fixe, et ensuite plus fixe ; car cette vapeur est fixe, en comparaison des vapeurs animales et végétales. Nombre d'auteurs ont écrit que le vitriol est le guhr ou la première matière des métaux ; quelques-uns même ont ajouté que l'antimoine est la racine et la mère des métaux ; mais comme ils n'en ont fait aucune distinction, un amateur ne saurait se régler sur ce qu'ils en ont dit. Chaque chimiste n'entre pas dans les mines ; et quand il y entrerait, de cent, il n'y en a pas un qui comprenne ces choses. Il peut bien considérer les parois des mines, les minières et les pierres ; il peut voir qu'une chose est noire et l'autre blanche, qu'elle est ou n'est pas métal ; mais il ne pénètre pas plus avant : et en effet, il est impossible d'en juger par la seule vue. Qu'il détache un morceau de minière ; qu'il le mette sur le feu ; qu'il en distille une partie après l'autre : c'est alors qu'il pourra examiner de plus près chaque partie, et discerner ce qu'elles sont et ce qu'elles contiennent ; car en général, lorsqu'il s'y trouve quelque liquide, il est acide, vitriolique et sulfureux ; s'il s'y trouve des fleurs, elles sont ordinairement des soufres et des arsenics. On connaît le soufre par son inflammabilité et par sa puanteur, pour ce qui regarde l'arsenic, donnez-en un peu à un chien, s'il vomit, vous connaîtrez que c'est vraiment de l'arsenic, et, en ce cas, il faut sur-le-champ donner au chien un morceau de beurre mêlé avec du mithridate.

La marcassite se fait connaître en ce qu'elle n'est pas montée si haut ; mais qu'une partie plus volatile s'est élevée sur la plus fixe, comme le cinabre ou le mercure sublimé, sur les fèces ; fondez-les ensemble, et vous aurez une masse cassante en forme de régule ; c'est là la marcassite. La partie la plus fixe s'en va, en partie, en scories, parmi laquelle est mêlée la matrice pierreuse, laquelle est cause qu'une bonne partie du régule et du métal se mêlent avec les scories, et se vitrifient ; mais le régule, qui est compris dans les scories, est, en partie, marcassite, et en partie métallique ; la marcassite s'évapore dans l'affinage, et le métal reste seul.

Plusieurs auteurs qui ont appelé l'antimoine la racine ou la première matière des métaux, ont eu en partie raison, surtout si, par l'antimoine, ils ont entendu la marcassite ou ce qui est de la nature de la marcassite. Au reste, l'antimoine est une marcassite qui, par le défaut d'une plus grande maturation, est resté tel qu'il est. De cette manière un amateur de la chimie pourra plutôt parvenir à son but ; le volatil s'en va toujours le premier au feu, et les parties les plus fixes suivent après.

Nous avons dit plus haut que les métaux naissent d'une vapeur ; que cette vapeur est saline et spiritueuse, ou un sel spiritueux ; et nous avons ajouté que ce sel est un corrosif. Ici je rappellerai le principe que j'ai déjà établi ci-dessus ; à savoir que toutes choses sont nées du sel et du nitre, et que toutes choses se réduisent dans leur dernière solution, en nitre et en sel.

Cela une fois connu, je pose en fait que dans le centre de la terre ces sels se trouvent également mêlés, et que fermentés par le feu central, ils sont poussés en haut en forme d'une vapeur volatile, laquelle vapeur je serais presque tenté d'appeler *eau régale du macrocosme*, ou *eau régale minérale et primordiale*, comme étant composée de nitre et de sel ; mais je laisserai le soin à chaque chimiste de l'appeler de tel nom qu'il voudra.

Quelques-uns l'appellent *la vapeur mercurielle et sulfureuse*, parce que le sel est le mercure, et que le nitre est le soufre.

Il y a pourtant ici une difficulté; c'est que j'ai dit que le feu central fermente les sels et les rend corrosifs en les sublimant. Ceci est un point capital qui choque l'opinion commune; car presque tous les chimistes rejettent absolument les corrosifs et ne veulent rien que de doux et de suave; quoiqu'il y en ait très peu qui connaissent ce trésor de la dulcification et la manière par laquelle il faut adoucir, ils vont même jusqu'à prétendre qu'il n'y a naturellement, dans la terre ni sur la terre, aucun corrosif.

Comment m'y prendrai-je pour prouver ce point essentiel, contre une opposition si générale? Voici cependant ma réponse. J'ai prouvé ci-devant que les vapeurs aqueuses salines remontent du centre de la terre dans les entrailles des montagnes; qu'elles s'y attachent, s'y tuent, s'y coagulent et s'y fixent; et que, par ce moyen, elles deviennent conjointement avec la terre un guhr gras et gluant; que l'acide résout la terre et que la terre coagule l'acide.

Si l'on convient qu'il monte des vapeurs salines, on ne saurait nier que ce sel ne soit un sel résous; et un tel sel résous est appelé par tous les chimistes *un esprit de sel ou de nitre;* mais n'avouent-ils pas eux-mêmes que l'esprit-de-sel et l'esprit-de-nitre sont des corrosifs, surtout lorsque ces esprits sont rectifiés et séparés de tout phlegme et de toute terre superflue.

Dès que les vapeurs corrosives s'approchent de la terre ou des pierres, elles s'y attachent, attaquent la terre en la dissolvant, et deviennent par là corporelles, et un sel vitriolique ou alumineux; ce qui peut se prouver par l'expérience. Prenez un corrosif, lequel vous voudrez; de l'esprit-de-nitre ou de sel, ou de l'eau régale; jetez-y une terre que le corrosif puisse attaquer: celui-ci se glissera dans la terre, s'y attachera, la dissoudra, et le corrosif se coagulera; car si vous faites évaporer l'humidité jusqu'au tiers et que vous mettiez le reste à la cave, il deviendra un sel vitriolique et se coagulera en cristaux, suivant le genre de terre que vous y aurez mis: ce qui prouve que le corrosif s'est tué dans la terre en la dissolvant, bien que le corrosif ait été déphlegmé. Vous verrez que, nonobstant cela, il restera encore une aquosité superflue; car en distillant l'humidité par l'alambic, après que le corrosif a dissous la terre, vous trouverez dans le récipient une eau douce et sans goût: s'il y a eu très peu de terre et que le corrosif en eût pu dissoudre davantage, il passera quelque corrosif avec l'humidité, mais si fort affaibli, en comparaison du premier, qu'il n'est presque qu'une eau toute pure.

Le vitriol, ou le guhr minéral, fait connaître par lui-même qu'il a pris naissance du corrosif universel, du nitre et du sel non coagulés et corporels, mais résous et spiritueux. Qu'un Artiste traite comme il voudra une terre avec un sel qui n'est pas esprit, mais un corps; il ne réussira jamais à en tirer une telle qualité vitriolique; il réussira au contraire avec chaque acide, chaque sel résous, avec l'esprit salin du nitre et du sel de vitriol, du soufre, de l'alun, et même avec chaque vinaigre végétal, fort et rectifié. Cette vérité que le guhr minéral est fait de corrosif, se prouve encore par sa réduction en première matière; car si on distille ce guhr ou le vitriol qu'on en a tiré par lexiviation, on verra qu'il donne une eau corrosive; puisqu'il faut qu'une chose se résolve et se réduise en la même dont elle a tiré son origine, *ex quo aliquid fit, in illud cursus resolvitur*. Les minéraux, étant faits de corrosifs, se réduisent aussi en corrosifs.

Qu'on distille du sable vitriolique ou sulfureux, d'une minière d'alun, ou d'autre minéral; on trouvera toujours une liqueur corrosive en plus ou moins grande quantité. Un Artiste qui veut connaître les principes des métaux, ne doit pas les considérer après qu'ils sont fondus, tels qu'ils se présentent à nos yeux; car la plus grande partie de leur substance primordiale en a déjà été séparée et dissipée par le feu.

Mais qu'il en prenne la minière, telle qu'elle vient des mines, et qui n'a pas encore passé par le feu; alors il en connaîtra la différence: qu'il prenne ce guhr ou cette minière de vitriol, de soufre, d'arsenic, d'orpiment, de cuivre ou de mercure; qu'il les distille à très fort feu; il trouvera dans tout, peu ou beaucoup d'eau corrosive. Au reste, plus un métal est ouvert et moins éloigné du guhr, plus il donnera cette eau; car la fixation en chasse au dehors presque toute l'humidité superflue, et, par cette raison, les métaux deviennent capables de soutenir le feu, et presque incorruptibles. Moins un métal a d'humidité, plus il est subsistant au feu ; car l'humidité superflue est l'instrument dont se sert l'esprit universel ; tant que cette humidité est en eux et avec eux, elle le réveille toujours pour agir ; puisque dans les sèches il ne saurait agir avec la même facilité que dans les humides ; c'est pourquoi les animaux et les végétaux sont dans une altération et une constance perpétuelle, à cause de leur humidité. A peine croissent-ils qu'ils avancent vers leur destruction. Il en arrive de même aux minéraux qui renferment en eux cette humidité ; ils sont pourtant beaucoup plus durables que les végétaux et les animaux.

C'est ce qui a engagé les anciens Philosophes, qui voyaient que les animaux et végétaux dépérissaient et pourrissaient si promptement les uns plus vite que les autres, à chercher cet esprit balsamique vivifiant et universel dans les minéraux, où ils l'ont aussi trouvé ; puisqu'il est concentré en quantité, et que tout ce qu'il y a de coagulé ou de fixe dans quelque minéral que ce soit et sans aucune exception, est cet esprit universel et vivifiant.

Comme ils ont vu que, même parmi les minéraux, il y en avait quelques-uns qui étaient inconstants et peu durables, ils ont choisi ceux qu'ils avaient éprouvé être les plus durables, c'est-à-dire l'or et l'argent et presque toutes les pierres précieuses ; mais, comme les pierres précieuses se trouvent en petite quantité, ils se sont retranchés sur l'or et l'argent, et en ont préparé les remèdes pour la prolongation de la vie.

Chaque Artiste doit pourtant observer que, comme la Nature sépare des minéraux l'humidité superflue, l'Art peut encore la séparer davantage, non seulement dans les minéraux, mais aussi dans les végétaux et dans les universels ; car si l'Artiste analyse quelques-uns de ses sujets, il verra le phlegme superflu s'en séparer de lui-même et très aisément par la rectification ; que l'esprit se condense, se concentre, devient si corrosif et si puissant, lorsqu'on le réserve en un petit volume, qu'on n'oserait en prendre intérieurement sans danger, excepté dans la plus petite dose, comme je le démontrerai dans la seconde partie de ce traité, lorsque je traiterai de l'analyse et de la corruption des choses. Ainsi, pour préparer une médecine universelle, l'homme n'est pas obligé d'avoir recours aux minéraux, aux végétaux et aux animaux ; il n'a qu'à chercher en soi-même : ses propres urines et ses excréments sont assez puissants pour en préparer la médecine la plus excellente ; parce qu'ils renferment en eux un esprit universel aussi parfait que l'or et l'argent et les pierres précieuses. Il ne s'agit que d'en séparer l'humidité superflue et d'en réunir les principes ensemble : s'il y reste encore quelque humidité, il faut la séparer par le bain-marie, et l'on trouvera au fond un trésor plus grand que tous les remèdes si vantés pour la santé.

Une preuve incontestable que dans la terre il se trouve un corrosif actuel, c'est que le soufre corrode, pousse et fait rétrograder les métaux imparfaits, principalement le fer et le cuivre, en leur première matière. Son odeur, qui prend au nez, n'est-elle pas aussi forte et aussi mordicante que celle d'aucun corrosif que ce soit ? N'infecte-t-elle pas les poumons avec violence, jusqu'au point qu'un homme a beaucoup de peine à l'expulser et à l'adoucir à force de tousser, de cracher, de baver et de saliver ? Le soufre, étant sec, n'est-il pas un corrosif beaucoup plus subtil, lorsqu'il est liquide, comme on en peut voir la différence, en comparant son huile avec celle du vitriol ? Il a un acide si subtil et si pénétrant, qu'on ne saurait assez se l'imaginer, à moins que d'y prêter une attention toute particulière.

L'arsenic est-il autre chose qu'un corrosif ? Ne corrode-t-il pas tous les métaux, sans épargner même ni l'or ni l'argent ? Ne voit-on pas clairement qu'en beaucoup d'endroits les vapeurs souterraines sont si corrosives, que les mineurs sont forcés de quitter les mines, pour ne pas y étouffer ? S'il n'y avait point de corrosif dans la terre, pourquoi les habits de quantité de mineurs seraient-ils brûlés, comme s'ils eussent été trempés dans l'eau-forte, lorsqu'ils se sont appuyés seulement en certains endroits ? Les eaux souterraines, telles que les eaux chaudes sulfureuses, celles d'alun, de vitriol, de nitre, sont-elles autre chose que des corrosifs étendus ? Qu'on en concentre une certaine quantité par la distillation, qu'on les échauffe un peu et qu'on y mette une poule morte : elles lui emporteront les plumes avec la peau, et corroderont sa chair ; ce qu'une eau douce et même salée, comme celles qui sont sur la terre et au-dessus, ne feront jamais.

Lorsqu'un homme se baigne trop dans de semblables eaux, elles attaquent violemment sa nature et sa peau, et le rendent quelquefois hideux à voir. Les eaux minérales aigres, lorsqu'on en boit trop, font un pareil effet ; car on a trouvé, après la mort, des malades dont les muscles étaient tout à fait détachés et devenus aussi tendres que si on les avait marinés, comme le gibier à plume, au point qu'on aurait pu, sans instruments d'anatomie, les séparer du corps.

Lorsqu'on concentre plusieurs pots, et même des tonnes entières de ces eaux, on découvre combien peu elles renferment de cette substance puissante, et combien cependant elles rendent une telle quantité d'eau capable de produire de si grands effets.

Il n'est pas surprenant que les chimistes vulgaires, et encore beaucoup moins un Artiste péripatéticien babillard avec ses quatre éléments, ne comprennent point comment il se trouve dans la terre un tel corrosif. Il y en a plusieurs raisons.

D'abord il est noyé dans une grande quantité d'eau ; en second lieu, la terre le prend en elle et le coagule ; en troisième lieu, aucun corrosif ne peut jamais s'apercevoir en forme de vapeurs, mais seulement en forme d'eau ; aussi aucun de ceux qui traitent des mines, ni aucun historiographe n'en ont jamais parlé, ou si peu que rien. Chacun de ces effets se prouve par l'expérience.

Prenez de l'huile de vitriol, de soufre, de sel ou de nitre, ou bien de l'esprit-de-nitre ou de sel, etc. ; versez-en une livre dans trois ou quatre seaux d'eau ; mêlez-les bien ensemble : vous pourrez en donner à boire à un homme sans danger. On voit par là que le corrosif n'y est pas perceptible. C'est de cette façon qu'il se trouve dans la terre.

Prenez ensuite cette eau ; versez-y une livre ou deux de craie ; faites-les bien bouillir ensemble ; ôtez l'eau, et vous verrez que la craie est devenue salée ; Ce sel provient du corrosif que la craie a attiré et fixé : mais il en est encore resté une partie dans l'eau. Faites évaporer et cristalliser cette eau : vous trouverez un vitriol qui s'est fait de la craie dissoute, et que la craie a fixé. C'est ainsi que la chose arrive dans la terre.

Il n'est pas plus difficile de s'assurer par l'expérience que le corrosif n'est pas sensible, lorsqu'il s'élève en forme de vapeur, à l'exception néanmoins du soufre qui est un pur corrosif concentré.

Prenez de l'eau-forte, de l'eau régale, de l'esprit-de-vitriol ou de son huile, etc., mettez-les dans une tasse sur le feu; laissez-les évaporer dans un appartement, ils feront une vapeur extrêmement forte. Un gros remplira l'appartement de vapeurs et de brouillard. Cette vapeur peut être respirée de tous les hommes, sans s'apercevoir de la moindre corrosion; au lieu qu'une seule goutte de ces corrosifs, mise sur la langue, la brûlerait très vivement.

Plus un tel corrosif est poussé en l'air en forme de vapeur, plus il se mêle avec l'air, et plus l'air par son sel volatil le dulcifie et le chaotise. Un amateur doit bien remarquer, à cette occasion, que par la circulation, les vapeurs qui s'exhalent non seulement de toutes les eaux, mais de tous les corps quelconques, rétrogradent en la première matière ou en une eau chaotique : et combien ne s'en exhale-t-il pas tous les jours, surtout des animaux et des végétaux, soit naturellement par la transpiration ou par la putréfaction, soit lorsque nous les préparons pour notre nourriture? Par ce que nous venons de dire, on verra clairement que la Nature ne fait aucun métal sans corrosifs. Car si avec une eau crue corporelle et salée, ou avec l'eau de salpêtre, elle devait faire des métaux, ce qui n'est pas impossible; parce que toute terre de facile solution s'altère par l'eau chaude salée : il lui faudrait sûrement, en ce cas, mille années de travail; tandis que de l'autre manière il ne lui faut pas cent ans. Lorsque le sel est spiritueux et résous, il attaque vingt fois autant que lorsqu'il n'est pas résous, ou qu'il est simplement résous dans l'eau.

On n'a qu'à prendre un corrosif ou un sel spiritualisé, et y faire résoudre une terre, par la digestion, au feu de sable, dans un petit matras; prenez ensuite le sel corporel dont a été fait le corrosif; faites-le dissoudre dans l'eau, et versez-le sur une pareille quantité de la même terre; mettez-la également en solution, et observez la différence qu'il y aura.

Lorsque les deux terres seront résoutes, on trouvera dans la solution du corrosif un vitriol un peu amer et styptique ; et dans celle du sel corporel, un autre vitriol d'une qualité extrêmement différente.

De plus, si l'on fait dissoudre un métal d'un côté, avec un sel corporel ; et de l'autre, avec un vitriol minéral véritable, soit par la voie sèche, en les fondant ensemble, soit par la voie liquide ; on y verra une très grande différence : le corrosif commencera dans l'instant à l'attaquer, et le réduire en vitriol ; au lieu que le sel le fera avec une extrême lenteur, et ne sera jamais un vitriol égal, en vertu et en goût, à celui du corrosif.

Si, après tout ce que j'ai dit, quelqu'un doutait encore s'il est véritable que la Nature fait les minéraux par les corrosifs, eh bien qu'il n'y ajoute pas foi, jusqu'à ce que, par le nombre des erreurs et des fautes qu'il fera, il soit contraint d'en convenir. Cependant je le renvoie encore au règne animal qui est de beaucoup plus volatil et plus faible, dans lequel il trouvera un corrosif assez fort, pour lui attester celui du règne minéral comme une preuve tirée du petit au grand.

Si l'homme n'avait point d'acides dans son estomac, qui pussent attaquer les aliments ; comment pourrait-il s'y faire une si admirable et si prompte putréfaction ? Qu'on donne à prendre à un homme un métal de difficile solution, comme le fer et le cuivre ; aussitôt le menstrue de l'estomac l'attaquera pour le dissoudre ; mais comme ils lui sont hétérogènes, ils y causeront une convulsion, il les rejettera par le vomissement.

On voit donc clairement que pour chaque solution il est besoin d'un acide. Si dans l'homme il est si fort, il l'est davantage dans le végétal, et beaucoup plus dans les minéraux, qui ont besoin de la plus forte digestion, puisqu'ils doivent cuire la terre crue et fixe ; au lieu que les végétaux n'ont besoin, pour leur essence, que d'une terre subtile, déjà préparée par la putréfaction, et que les hommes et les autres animaux n'ont à digérer que des substances animales, ou les végétaux les plus tendres, les plus mous et les plus succulents. On appelle cependant l'acide de l'estomac un acide corrosif dissolvant, ou un menstrue corrosif, parce qu'il corrode et attaque le sujet, le brise, le broie, le dissout, le rend menu et subtil. Les chimistes appellent aussi corrosif l'esprit-de-vin le plus fort et le plus rectifié, ainsi que l'esprit-d'urine, qui néanmoins dans leur distillation font une excellente médecine, qui renouvelle toutes les forces de la Nature. On voit donc que, quoique les esprits animaux et végétaux étendus et dilatés soient pris tous les jours par tout le monde, ils sont pourtant si acides dans leur contraction et concentration, après leur rectification et séparation de l'humidité superflue, qu'on n'oserait les donner intérieurement, que dans la plus petite dose. Si en nous et en d'autres animaux et dans les végétaux, il y a une si grande acidité, qui peut douter qu'il y en ait aussi dans les minéraux, qui ont besoin d'un acide trois fois plus fort pour dissoudre la terre crue? Revenons à leur formation.

J'ai dit que l'acide, ou le menstrue minéral corrosif, c'est-à-dire les vapeurs salines aigres, souterraines, dissolvent la terre, et que par là elles se réduisent conjointement avec la terre en un guhr gluant. Or, ce guhr est vitriolique ou alumineux, acide et styptique. Plus ce guhr est résous et digéré par de nouvelles vapeurs corrosives qui surviennent, plus il devient sulfureux. Ce soufre se digère, se fixe de plus en plus d'un degré à l'autre, et devient un arsenic, et celui-ci une marcassite, qui est la matière la plus prochaine des métaux, comme le soufre et l'arsenic volatil le sont de la marcassite, et comme le guhr ou l'essence vitriolique l'est du soufre et du mercure, c'est-à-dire de l'arsenic.

Lorsque le vitriol ou le guhr est surchargé d'acide, et desséché, il se change en soufre; car on n'a qu'à distiller plusieurs fois de l'eau-forte ou de l'esprit-de-vitriol sur du vitriol commun, par l'alambic, au feu de sable du troisième degré; le dessécher et le jeter ensuite sur des charbons ardents; on sentira incontinent l'odeur du soufre.

Si l'on fait cuire le soufre et l'arsenic ensemble, ou chacun séparément (le soufre naît cependant le premier par l'entassement du sel nitreux, ou par l'acide du sel); si, dis-je, on le fait cuire et réduire en marcassite, celle-ci, par une longue digestion et maturation, ou par l'évaporation, la coagulation et la fixation, devient un métal, suivant la force de la digestion et des propriétés accidentelles.

Jusqu'ici nous avons donné la théorie de la formation des minéraux et des métaux. Nous allons maintenant confirmer, autant qu'il nous sera possible, cette théorie par la pratique. Je pourrais m'en dispenser ; parce qu'un Artiste bien instruit a déjà pu voir suffisamment cette explication dans plusieurs autres endroits, et qu'on ne saurait là-dessus lui donner de plus grands éclaircissements. Cependant, comme il y a aussi des gens très simples, qui, avec de bonnes intentions, se hasardent de travailler dans cet Art, j'ajouterai ce qui suit.

Prenez une minière, de quelque minéral que ce soit, avant qu'on l'ait travaillée au feu, comme de l'antimoine, de l'étain, du plomb, du fer, du cuivre, de l'or ou de l'argent, etc. Lavez celle que vous prendrez, sur une longue table qui va en pente comme un pupitre, et qui est couverte d'un gros drap, sur lequel vous mettrez la minière pilée et réduite en poudre comme des grains de millet, et non en poussière ; parce que dans ce dernier cas elle formerait une masse trop compacte, et que, dans l'opération pour laquelle vous la préparez, elle se fixerait plutôt que de se résoudre : arrosez-la avec de l'eau, et frottez-la avec des brosses pour faire écouler ce qui est pierreux ; la partie métallique restera sur le drap : lorsqu'elle sera bien nettoyée, mettez-la dans une forte retorte à feu ouvert ; adaptez-y un récipient, et donnez le feu par degrés : vous verrez passer, au commencement, quelque peu d'eau, qui est l'humidité superflue ; ensuite viendront de forts brouillards qui sont le corrosif minéral, qui descendront dans le récipient, et s'y résoudront en eau corrosive. Après cela monteront encore d'autres vapeurs ; mais pas si volatiles que les premières : car le volatil passe toujours devant, et est suivi toujours des parties plus fixes ; ces vapeurs descendent peu dans le récipient ; mais elles s'attachent au devant du col de la retorte, surtout si le col est long : celles qui suivent s'attachent de plus en plus en arrière vers le corps de la retorte, et cela parce que les dernières peuvent toujours souffrir davantage le feu. A la fin, les parties qui résistent le plus au feu, restent au fond de la retorte en plus ou moins grande quantité, suivant que le sujet était plus ou moins fixe.

Examinez à présent tout ce qui est passé et monté, comme aussi ce qui est resté au fond de la retorte ; vous trouverez dans le récipient :

1. L'humidité superflue mêlée avec le corrosif, qui est une liqueur plus ou moins sulfureuse ou vitriolique, acide ou salée, suivant que la

minière a été plus ou moins desséchée, coagulée, ou fixée. Vous trouverez, pour le dire en un mot, un esprit de vitriol ou de cuivre.

2. Vous trouverez à l'entrée ou au commencement du col de la retorte, des fleurs, dont les premières sont très volatiles; faites-en l'essai sur des charbons ardents; si elles brûlent comme du soufre, et si elles ont la mauvaise odeur du soufre, il faut les appeler *soufre;* si elles ne brûlent pas, mais qu'elles fluent et qu'elles donnent une odeur arsenicale, il faut les appeler un *arsenic volatil*.

3. Au-delà de la moitié du col, vous trouverez encore des fleurs qui sont un peu plus fixes que ces premières : celles-ci sont un arsenic fixe.

4. Au commencement du ventre de la retorte, ou dans sa partie supérieure, vous trouverez encore d'autres fleurs qui s'y sont sublimées : celles-ci sont encore plus fixes que les précédentes, et elles sont une marcassite volatile, ou bien un arsenic fixe, devenu marcassite; car plus le soufre et l'arsenic deviennent fixes, plus ils perdent leur première dénomination et acquièrent un autre nom; le vitriol s'appelle *soufre;* le soufre *arsenic*, l'arsenic *marcassite*, et celle-ci un *métal;* ils acquièrent ces différentes dénominations à mesure qu'ils deviennent plus fixes.

5. Au fond de la retorte, vous trouverez une masse composée : a) de la marcassite, plus fixe, qui approche de la nature métallique, et dont se fait le métal immédiatement; b) du grain du métal qui est provenu de la marcassite; c) de la matrice pierreuse, dans laquelle le métal est né, et où il a été fixé, comme dans le grand vase ou verre philosophique; car cette matrice se réduit par le grand feu de fonte en scories ou en verre; d) d'un sel fixe, que l'on retire par lexiviation avec de l'eau. Ce sel doit être regardé comme l'alcali minéral, qui, par le feu, a été concentré et fixé (quoique en très petite quantité) de l'esprit vitriolique, qui a passé par l'alambic, et suivant que le sujet a été plus ou moins humide.

Prenez donc cette masse qui est restée au fond de la retorte; tirez-en d'abord le sel par lexiviation : séchez bien la poudre qui reste, et faites-la fondre à fort feu; il se précipitera au fond un régule, au-dessus duquel sont les scories : mettez ce régule, avec du plomb, sous la moufle, et soufflez de la même manière qu'on fait quand on affine ordinairement les métaux, et vous trouverez le grain de métal ; le régule cependant s'envolera par la grande force du feu, quoique pourtant il soutienne mieux le feu de fonte que les parties précédentes.

Ce régule est la marcassite plus fixe et la partie mercurielle alcalisée, ou l'acide vitriolique fixé et alcalisé : celle-ci est la matière première dont immédiatement naissent les métaux par une longue fixation.

Il ne faut pourtant pas croire que cette pratique puisse s'appliquer entièrement à tous les métaux ; mais seulement aux minières d'or, d'argent et de cuivre, qui se peuvent affiner par le plus haut degré de feu, suivant leur degré de fixité et de forte alcalisation ; c'est-à-dire que lorsque l'acide vitriolique se fixe de plus en plus, il s'alcalise aussi de plus en plus, et se mêle si fort à la terre qu'on ne saurait plus y apercevoir le moindre acide, comme cela arrive avec l'or le plus fin ; c'est là ce que j'appelle alcalisé, puisqu'il ne saurait plus être vaincu par aucun acide, à moins que cet or alcalisé ne soit revivifié par un alcali marcassitique ; car alors il pourrait redevenir un acide, par le moyen d'un acide sulfureux vitriolique ou nitreux.

Par le procédé dont je viens de donner le détail et les résultats, le lecteur verra la construction du métal ou de la minière. C'est de cette manière qu'il doit en faire l'analyse, et non par le feu, qui chasse les parties vitrioliques, sulfureuses et arsenicales, qui sont les esprits vitaux et nutritifs des minières. Ce procédé lui fournit encore une nouvelle preuve que la Nature opère dans ce règne comme dans les deux autres, sans jamais franchir les degrés intermédiaires, et qu'elle avance toujours de plus en plus depuis les parties aqueuses et volatiles, jusqu'aux fixes très dures et très sèches.

Examinez à présent ce métal que vous avez exprimé, et tiré de la minière, après tant d'opérations, et qui cependant est encore un peu constant : comparez-le avec les parties que vous en avez séparées en dernier lieu ; vous verrez que sa quantité est si petite qu'il en fait au plus la neuvième partie, et que les parties adhérentes, que vous en avez séparées, excèdent son poids au moins du centuple. Vous voyez par là combien peu d'or et d'argent fin donne un quintal de minière d'or et d'argent, c'est-à-dire à peine quelques onces, et que le superflu s'en va en fumée et en scories. Réfléchissez à présent sur le temps que la Nature est obligée d'employer par la digestion lente pour cuire le métal le plus imparfait ; vous verrez par là combien de degrés il y a depuis les vapeurs volatiles, ou depuis le commencement du guhr vitriolique jusqu'à la marcassite seulement ; puis de là jusqu'au métal, et vous jugerez combien il faut encore plus de temps à la Nature pour travailler les métaux parfaits ; car c'est toujours la même matière, c'est-à-dire une terre subtile, résoute et digérée par les esprits corrosifs du nitre et du sel, que la Nature conduit par des degrés insensibles, jusqu'à la suprême fixation.

Je devrais bien dire ici quelle est la confiance de chaque métal, en particulier ; mais je laisse ce problème à résoudre au lecteur, pour l'exercer : il en trouvera facilement la solution, s'il a bien compris la construction des métaux en général.

J'enseignerai pourtant ici de quelle manière on peut connaître d'abord si un métal ou un minéral a de l'humidité superflue, ou s'il n'en a point ; c'est-à-dire quel métal a encore de l'acidité, quel autre est fixe ou alcalin, et quel autre tient de la nature de tous les deux.

Prenez une minière, ou universelle ou métallique, laquelle vous voudrez ; ajoutez-y un acide corrosif alcalin, comme l'esprit-de-nitre ou l'eau-forte et l'esprit-de-sel. Lorsque l'esprit-de-nitre ou l'eau-forte résout quelque chose, vous en pouvez conclure que son acide est encore ouvert et non fixé, ni alcalisé, comme on le peut connaître à l'argent et au plomb, etc., car le semblable se rend à son semblable : mais si un métal ou un minéral ne se laisse pas résoudre par cet acide ou par l'alcali mêlé avec l'acide, vous pourrez conclure qu'il est fixe et alcalin, et juger que l'acide, qui est dans un tel métal ou minéral, est entièrement alcalisé ou fixé, et que par conséquent, il doit être revivifié avec un alcali spiritueux, à lui semblable, pour être approprié à la nature acide ; afin que l'acide l'ayant ouvert, puisse le changer aussi en sa nature, et le faire rétrograder, pour ainsi dire, à sa première matière vitriolique ; tel est l'or et l'étain. Quant aux métaux et minéraux qui se laissent résoudre avec l'acide comme avec l'alcali, vous pouvez les appeler *hermaphrodites*. Ils ont commencé à s'alcaliser et à se fixer; mais ils sont restés en chemin; ainsi ils sont fixes et non fixes, alcalins et acides, ou ni alcalins ni acides : par cette raison ils peuvent être attaqués et résous par ces deux menstrues, conjointement et séparément : tels sont le fer, le cuivre et le mercure. L'étain s'y prêterait aussi volontiers; mais il se résout plus facilement avec l'alcali. Le plomb se dissout aussi dans l'esprit-de-sel ou dans l'eau régale; mais dans l'eau-forte il se résout totalement en eau.

Quelqu'un pourra me dire : puis-je reconnaître le plomb et l'argent pour être sulfureux (car on compare l'acide au soufre) tandis qu'ils sont mercuriels ? Et puis-je reconnaître l'or et l'étain pour être mercuriels, tandis qu'ils sont entièrement sulfureux ? Voici ma réponse : rapportez-vous-en à l'expérience; et pour ce qui ne dépend que de la spéculation, laissez jaser les autres, et fatiguer leur esprit, jusqu'à ce qu'ils reviennent à la fin à votre sentiment. Souvenez-vous, une fois pour toutes, qu'il n'y a point de minière qui ne tire son origine de l'acide universel corrosif, lequel, par la fixation et dessication, devient alcalin de plus en plus. Réglez vos idées sur cet acide et sur cet alcali; vous en apprendrez bientôt davantage que n'en sauront jamais les mercurialistes, sulfuristes, salinistes ou vitriolistes. Suivez la Nature pied à pied; donnez à chaque chose les noms qui lui sont propres, et abandonnez tous les autres noms, qui ne font qu'introduire la confusion. Si cependant mon sentiment ne vous agrée pas, vous êtes le maître de suivre celui des autres.

Il y en aura qui diront : si les essences des métaux n'étaient pas composées de mercure, de soufre et de sel, pourquoi les métaux se laisseraient-ils réduire et rétrograder en ces mêmes principes ? Tous les anciens Philosophes n'ont-ils pas avoué qu'ils en étaient composés ? J'avoue très volontiers que les métaux peuvent être réduits en ces principes : mais je ne trouve pas que, suivant la règle et la loi immédiate de la Nature, ils en soient composés.

Je ne trouve dans aucune mine le mercure coulant, que dans sa propre mine, et dans celle qu'il perce et traverse avec son astre. Je trouve du sel et du soufre dans presque toutes les minières; mais ce n'est pas un sel ordinaire ; c'est un sel vitriolique, sulfureux et alumineux ; un sable sulfureux qui est mêlé avec l'arsenic ou avec la marcassite, etc.

Il y a très peu d'artistes qui comprennent la signification secrète des principes *mercure*, *soufre* et *sel*. Nos Anciens les ont entendus tout autrement que la multitude des ignorants ne se les est imaginés dans la suite. Les Anciens disent à la vérité que toutes choses sont composées de *mercure*, de *soufre* et de *sel*, qui sont leur essence, et qu'elles doivent se résoudre en ce dont elles sont composées : mais si de là vous voulez conclure que leur *mercure* est le mercure coulant, leur *soufre*, le soufre combustible, et leur *sel*, le sel commun, vous vous éloignez de la vérité plus que le ciel n'est éloigné de la terre.

Qui est-ce qui montrera un *mercure* coulant dans le règne animal et végétal ? Cependant leurs parties volatiles sont appelées du nom de *mercure*. Qui est-ce qui trouvera dans ces règnes un *soufre* jaune, combustible, et un *sel* commun ? Cependant ces deux règnes contiennent des parties qui sont désignées par le *soufre* et par le *sel*, sans toutefois qu'elles ne soient ni soufre ni sel commun.

Vous voyez par là combien on se trompe, et comme on explique une chose d'une manière toute contraire. Il suffit qu'un seul donne dans le panneau, pour être suivi de plusieurs milliers d'autres. Les Anciens ont entendu, par leur *mercure*, le mercure universel, et non pas le coulant. Il en est de même du *soufre* et du *sel*; et encore qu'on puisse tirer du *mercure* coulant de tous les métaux, cela n'arrive pourtant que par accident, et non suivant la composition naturelle des métaux. Ne puis-je pas du *mercure* coulant faire une eau, un précipité, un sublimé, un vitriol, un sel, une huile ou un esprit ? Serais-je pour cela bien fondé à conclure que l'eau, le précipité, le sublimé, le vitriol, le sel, l'huile et l'esprit sont les principes dont les métaux sont formés ? Non assurément, ce n'est point par des effets purement accidentels que l'on doit juger de la nature des choses. Mais l'on ne veut rien approfondir ; et c'est par cette raison que tant d'artistes s'égarent dans leurs recherches. Ils prétendent faire des métaux potables, et d'autres remèdes tirés des minéraux ; et pour y parvenir, ils traitent les minières et les métaux avec toutes sortes de menstrues impropres, du règne animal, du règne végétal et du règne minéral : ou quand il y emploient un menstrue véritable et homogène, ils s'imaginent que le minéral ou le métal doit devenir de lui-même une huile douce et sucrée, convenable à la nature animale, sans considérer que la Nature elle-même a séparé les animaux et les minéraux, par le règne végétal, qui est une Nature moyenne entre eux. Ils ont toujours négligé celui-ci, ou s'ils s'en sont servis, ça a été sans employer les milieux convenables ; en sorte qu'ils n'ont jamais préparé que des remèdes corrosifs, ou des misérables précipités et des poudres violentes. Je m'en rapporte à eux-mêmes pour savoir quels effets ils ont produit.

Revenons présentement à notre propos. J'ai dit, dans le chapitre du Règne végétal, que l'acide est astringent, resserrant et styptique ; et dans celui-ci j'ai dit qu'il rendait fusible. Afin qu'on ne me taxe pas de me contredire, j'éclaircirai encore ce point.

On voit que là où la Nature a joint peu d'acide à beaucoup de terre, elle ne fait que des choses constipantes, astringentes et resserrantes, comme on peut s'en apercevoir à l'hématite, à la sanguine, à l'aimant, à l'émeri, au bolus, etc., car le peu d'acide s'attache très fortement à cette terre, et la résout ; et si la chaleur centrale est trop forte ou trop précipitée, elle les fixe et les dessèche en minières de difficile fusion ; mais si la chaleur n'est pas trop forte, et que l'acide et le corrosif s'y trouvent en plus grande quantité, elle en fait des minières et des métaux un peu plus fusibles ; et à cause de leur grande quantité d'acide, d'une moindre chaleur et d'une faible dessication et fixation, ces minières et ces métaux restent plus ouverts et peu constants, comme le fer et le cuivre.

Au contraire, là où l'acide se trouve en trop grande quantité, il se fait des minières fusibles, comme on le peut voir par les procédés chimiques.

Prenez de la craie ou de la chaux vive ; versez dessus un peu d'esprit-de-nitre, de vitriol, de soufre, de sel, ou de leurs huiles corrosives et acides : retirez-les ensuite par forte distillation, et faites évaporer les résidus sous la moufle ou dans un creuset ; elle deviendra une terre styptique et non fusible ; et si auparavant elle a déjà été styptique, elle le deviendra encore beaucoup plus, jusqu'au point que l'acide se laissera rougir, et fixer conjointement avec la craie. Versez de nouveau sur cette même terre une plus grande quantité d'acide : distillez de nouveau, à fort feu, et faites-la rougir comme la première fois ; vous verrez qu'elle commencera à devenir plus fusible qu'auparavant : plus vous réitérerez ces infusions d'acides et fixerez la terre, plus elle deviendra fusible, et à la fin elle se fondra comme un sel.

Encore une fois, l'Artiste doit se bien inculquer, comme nous l'y avons déjà exhorté en différents endroits, que plus un acide est fort et en quantité, lorsqu'il travaille sur la terre, plus cet acide se dessèche et se fixe par la chaleur, et plus il s'alcalise, se concentre et devient pesant.

Au commencement il s'appelle *sel*, ensuite *soufre*, et à la fin *mercure fin*. Comme le mercure n'est au commencement qu'une vapeur très déliée et très volatile, qu'ensuite il devient fixe et très pesant ; de même, à mesure qu'un acide s'alcalise, il descend de plus en plus vers la fixité, et il change de dénomination : au commencement il s'appelle *vapeur*, ensuite *guhr*, *vitriol*, *soufre*, *marcassite*, *métal*. De l'acide fixe il vient un mercure, comme il est facile de le voir dans toutes les marcassites ; et l'on peut le montrer en forme d'une poudre fixe, qu'on doit appeler à juste titre *mercure précipité*. Lorsqu'on précipite le mercure coulant avec un acide, il devient acide ; il devient également une pareille poudre spongieuse, et comme elle n'a pas suffisamment d'acide sulfureux et d'orpiment fusible, lorsqu'elle est fixe, elle devient un verre dans sa réduction. Dans ce verre est caché le métal le plus fixe, et le meilleur soufre astringent, qui a perdu son acide fusible ; c'est ce qu'un chimiste doit bien noter : et un métallurgiste doit méditer jour et nuit sur la façon dont il pourra se pourvoir de ces choses ; à savoir premièrement d'un sujet d'orpiment, c'est-à-dire d'un sujet mercuriel fusible, et deuxièmement d'un précipitant, et ils ne sont pas difficiles à trouver.

Considérez seulement le plomb ; n'est-il pas tout rempli de mercure, et n'est-il pas le sujet le plus excellent pour réduire les poudres fixes et les rendre métalliques, quoique d'ailleurs d'une réduction très difficile ? Mais il faut lui fortifier encore davantage son mercure ; sans cela il est trop peu fusible, comme on le voit dans sa vitrification. Il faut réduire le plomb ou son mercure, avec l'addition de son semblable, en un verre si fusible que, même à la chaleur d'une chandelle, il se fonde comme de la cire. Le précipitant est connu de presque tout un chacun ; le fer précipite le cuivre ; le cuivre, le fer ; le plomb précipite l'argent, l'or et l'étain, comme le mercure précipite l'argent, et l'argent le mercure : pour cet effet il ne faut pas prendre leurs corps affinés, mais leurs excréments ; car, ces corps fins ne précipitent point dans la fusion, mais se mêlent avec les autres corps, avec lesquels ils sont joints. Or, réfléchissez quel peut être cet excrément, il est facile à trouver. Il ne se vend point, et ne se prépare pas seulement dans toutes les boutiques des droguistes, mais dans les travaux des mines : on le jette comme tout à fait inutile. Ramassez de cette matière, et faites-en votre profit.

On me dira peut-être, vous décrivez assez bien la métallurgie et la généalogie des métaux ; comment la Nature procède par degrés pour faire des métaux et des minières : mais si on voulait prendre les mêmes principes pour en produire, par les mêmes degrés, des métaux et des minéraux, on serait bien embarrassé.

La Nature forge les métaux des vapeurs corrosives de la terre, ou des pierres ; mais elle ne trouve pas partout la terre et les pierres d'une même qualité, ni d'une même chaleur, et de là vient qu'elle fait des minières et des métaux différents, quoique son but final soit de faire l'or.

Si elle ne rencontre pas une terre ou des pierres convenables pour produire ce métal, elle en est empêchée, et en fait un autre suivant la qualité de la terre ou des pierres qui se sont présentées. Je vous enseignerai par amitié une expérience par laquelle vous pourrez faire un métal d'une terre, ou d'une pierre (car l'un et l'autre sont indifférents) ; mais je ne vous promets pas que ce sera tel ou tel autre métal. C'en sera un quelconque.

Prenez donc des cailloux purs de rivière ; faites-les rougir plusieurs fois ; éteignez-les toujours dans l'esprit-de-sel ou de nitre, jusqu'à ce qu'ils tombent entièrement en poussière ; mettez cette poudre dans un matras de verre ; versez-y autant pesant d'eau régale faite d'une partie d'eau-forte et de trois parties d'esprit, ou d'huile, de vitriol, ou de soufre ; faites-les digérer au sable à degré lent; ensuite distillez jusqu'à l'oléosité; mettez ce résidu à la cave pour le cristalliser: vous aurez en partie du vitriol ou des cristaux, et en partie une terre styptique et spongieuse; ainsi vous aurez le guhr et le vitriol.

Remettez-les de nouveau au feu de sable avec de la même eau régale (celle qui est faite d'eau-forte et d'esprit-de-vitriol est préférable); distillez plusieurs fois par recohobation et jusqu'à siccité, afin qu'ils fluent ensemble en une pierre fusible qui sera très frangible, comme du soufre: si on en verse sur des charbons ardents, elle brûlera et donnera une odeur sulfureuse; prenez cette pierre, pulvérisez-la, mettez-la dans un matras au feu de sable, versez-y de nouveau de l'eau régale, mais pas beaucoup, seulement autant qu'il en faut pour la dissoudre; car sans cela vous la rendriez volatile, et elle passerait par l'alambic en forme de liqueur; tirez-en l'eau régale par distillation comme auparavant, et dans le troisième ou quatrième degré de feu, elle fluera en pierre; pulvérisez-la, mettez-la dans un matras, versez dessus de l'eau de pluie distillée et faites-la digérer dans cet état pendant un mois à lente chaleur; il s'y précipitera au fond une terre métallique brillante, qui s'y changera et augmentera de plus en plus et sera d'un genre marcassitique, grenu, dans laquelle est mêlé l'orpiment; mettez cette terre dans un creuset à fondre avec la même quantité de cailloux pulvérisés et calcinés: cimentez-les par un degré de rotation jusqu'à ce que le creuset soit fort rouge; alors ouvrez le creuset, tirez-en la masse, mettez-la sous la moufle dans une coupelle avec du plomb, et essayez-la: vous y trouverez un grain d'or ou d'argent, mais avec très peu de profit; car si avec ce procédé vous vous imaginez vous enrichir, je vous assure qu'en peu de temps vous y mangerez votre bien; mais si vous le voulez, vous en pourrez faire l'essai par curiosité.

On pourra encore dire que la Nature n'a point de fourneaux ni bains de sable, ni matras, ni creuset, etc.

Donnez-moi un feu central, et des vapeurs centrales en quantité; j'opérerai précisément comme elle. Autrement il faudrait attendre plus de cent ans avant que de faire éclore quelque chose. Un chimiste habile n'objecte pas à un Artiste de pareilles impossibilités. L'art ne saurait jamais imiter les opérations de la Nature à l'épaisseur d'un cheveu près. Il travaille beaucoup plus vite ou beaucoup plus lentement, et de mille Artistes, il n'y en a pas un qui rencontre juste le but que la Nature s'est proposée; mais il fait quelque chose d'approchant, par des principes homogènes semblables.

On pourra encore me dire : pourquoi prenez-vous des cailloux, et non de la terre? Faut-il donc que la Nature fasse les métaux avec des cailloux? Je pensais que la pierre était le vase, et non la matière pour faire le métal.

A cela je réponds qu'il y a bien peu de chimistes qui connaissent le caillou. S'ils le connaissaient, ils parviendraient peut-être plus tôt à la perfection de l'Art. Le caillou est le corps le plus proche du plomb et de l'or; il est d'une viscosité mercurielle alcalisée, une glu minérale qui résiste à tous les feux: on pourrait avec justice l'appeler *le mercure des métaux*, auquel il ne manque qu'un acide pour le rendre métallique; c'est le fixant très fixe. Qu'on donne seulement à un caillou une couleur métallique, ou comme on s'explique, un soufre dans sa fonte; on verra avec quelle facilité il le reçoit, en prend entièrement la teinture, et s'unit avec lui. Si on en ajoute de plus en plus, il s'en fait à la fin un régule; et si l'on essaie le grain que le caillou a fait par sa nature fixative, on verra aisément son inclination à devenir métal. Mais si l'on voulait s'en servir pour l'Art, il faudrait y employer un feu trop violent; par cette raison, augmentez sa fusibilité avec des homogènes encore plus fusibles, et des choses semblables à lui, afin qu'ils deviennent tous ensemble fixes et fusibles, comme un sel fusible, alors on aura fait un grand pas pour fixer des choses volatiles et pour réduire des poudres non fusibles en nature métallique.

Mais enfin, c'est par rapport à ce caillou qu'il est dit que dans les métaux, avec les métaux et les choses de leur genre, se font les métaux.

Qu'on travaille une minière; qu'on l'examine de la manière susdite; qu'on la considère dans son commencement, dans son milieu et jusqu'à sa fin: on y trouvera différents sujets, c'est-à-dire des choses aqueuses, des sèches, des volatiles et des fixes, comme aussi des fusibles et non fusibles, de difficile et de facile fusion, suivant la qualité de la minière.

Le plomb et l'étain sont plus fusibles que le fer et le cuivre ; l'argent et l'or tiennent le milieu, et ne sont ni trop ni trop peu fusibles. L'artiste doit bien peser le degré de fusibilité qui est dans le caillou. S'il est d'une fusion trop difficile, il faut qu'il y ajoute un sujet d'un degré plus fusible ; si, pour son opération il est encore d'une fusion trop difficile, il faut de plus en plus y ajouter des sujets de plus facile fusion, jusqu'à ce que la fusibilité soit convenable à son opération : c'est alors qu'il aura trouvé le sceau d'Hermès, qui empêche que le ciel volatil ne puisse s'envoler ; car ce sceau n'est pas seulement la serrure pour fermer, mais aussi pour lier le volatil.

Le caillou est un sujet noble que la Nature a élevé à une plus grande fixité que l'or ; aussi est-il la base et le commencement de la constance de toutes les pierres précieuses. Il est une eau très pure, une eau de constance et de permanence ; il fond dans le plus fort feu, comme de l'huile, sans se consumer, et la Nature l'a poussé à sa plus haute période : car la Nature ne passe pas au-delà de la fixité de la pierre et du verre ; elle rétrograde plutôt : et de même, l'Art ne peut pas aller plus loin que la vitrification ; ensuite, le sujet vitrifié rétrograde à sa première matière.

Tenez le caillou en forte recommandation, si vous voulez fixer quelque chose promptement ; car en lui, et aux degrés y appartenant, de même que dans le cristal qui est un caillou transparent, consiste le point essentiel de toute constance. On le voit aussi dans l'accroissement de tous les minéraux, dont la matrice est pierreuse ; mais il faut l'employer avec Art ; parce qu'il opère diversement, suivant ses diverses préparations.

Lorsqu'il est réduit en eau et en huile, il opère tout autrement que dans son état naturel, et il opère encore différemment lorsqu'il est réduit en un verre de difficile ou de facile fusion.

Celui qui entend bien les degrés de la Nature, avance et rétrograde à son gré ; il rend le fixe volatil, et le volatil fixe, comme fait la Nature elle-même : mais en beaucoup moins de temps ; car, où la Nature emploie mille ans, l'Artiste peut n'employer que mille jours, et encore moins : il peut faire rétrograder le métal en marcassite, la marcassite en arsenic et soufre ; celui-ci en vitriol, et le vitriol en une vapeur corrosive ou en première matière, ou bien il peut changer cette vapeur en vitriol, ce vitriol en soufre, le soufre en arsenic, l'arsenic en marcassite, celle-ci en métal, et finalement le métal en verre et en pierre.

Pour aider les Artistes, j'expliquerai en peu de mots la manière dont il faut s'y prendre. Si je veux faire rétrograder un métal qui a déjà été affiné et fondu, et dont les parties cassantes ont été séparées par les fréquentes fontes, il faut que j'y ajoute de nouveau toutes les parties qu'il a perdues, en même quantité et dans le même ordre qu'il les a perdues et qu'il avait pris son accroissement, ou plutôt dans un ordre contraire.

De cette manière le métal deviendra la même chose, et de la même qualité qu'il était dans la mine. Ainsi par exemple, un métal a perdu dans sa fonte le vitriol ou l'esprit-de-vitriol, le soufre, l'arsenic, la marcassite : il faut d'abord que je lui rende sa propre marcassite, ou une autre semblable, et tout comme la marcassite excédait le métal en poids et en quantité, il faut aussi que j'y ajoute une plus grande quantité de marcassite.

La même chose doit être observée en tout. Prenez donc le métal ; ajoutez-y la marcassite, ou un régule marcassitique, et faites-les fondre ensemble ; lorsqu'ils seront conjoints, ajoutez-y l'arsenic, ensuite le soufre ; lorsqu'ils seront bien unis, ajoutez-y l'esprit ou l'huile de vitriol ou d'alun, suivant que le métal est rouge ou blanc ; l'esprit-de-vitriol ou d'alun le réduira par sa quantité excédante en la même chose qu'il était au commencement, c'est-à-dire en un vitriol, et lorsqu'il est une fois poussé jusque-là, on pourra changer le vitriol en une vapeur ou une eau corrosive, comme il était au commencement.

Ainsi, le dernier est devenu le premier, et ce qui était le plus bas est devenu le plus haut. *Inferius factum est superius.*

La même chose se fait en avançant ; car de l'acide vitriolique on peut faire un vitriol ; de celui-ci, un arsenic, de l'arsenic une marcassite ; de celle-ci, un métal, et du métal un verre. Bref, il faut mêler le métal avec son soufre, son arsenic et sa marcassite, ensuite y ajouter une matrice pierreuse, en égale et en plus grande quantité.

Fondez le tout ensemble, et vous en aurez un verre.

Faites encore attention à ce point essentiel, que pour réduire le métal en vitriol et en esprit, j'ai toujours pris une plus grande quantité de parties volatiles, parce qu'ils devaient devenir volatiles. De même, dans ce dernier exemple, on doit toujours prendre une plus grande quantité de parties fixes, et une moindre quantité de volatiles; autrement tout l'ouvrage serait perdu; car si vous voulez fixer, il ne faut pas surcharger votre sujet avec une trop grande quantité de choses volatiles; si au contraire vous voulez volatiliser, il ne faut pas prendre trop de fixe, mais beaucoup de volatil; sans cela vous fixeriez plutôt que de volatiliser.

Si on ignore cette façon de rendre fixe et de rendre volatil, on opérera bien peu de choses.

Considérez les augmentations bizarres des alchimistes, qui veulent fixer le mercure coulant avec des métaux parfaits, où ils emploient sans rime ni raison sept, huit, neuf, jusqu'à douze parties de mercure volatil, sur une partie de métal fixe parfait. Est-il possible qu'ils ne voient pas que cela est contraire à la Nature, et contre toutes les règles ? Lorsqu'on veut fixer, il faut plutôt prendre tout le contraire, c'est-à-dire douze parties de fixe, et une partie de mercure ou de volatil; et lorsque cette partie est fixe, elle s'augmentera avec le temps, de manière à pouvoir lui ajouter une plus grande partie de volatil. C'est ainsi qu'on en pourra tirer quelque utilité; mais dans le commencement, il faut prendre patience. Ces prétendus augmentateurs ont un nuage devant les yeux, et ne voient pas, qu'encore que le mercure s'attache au métal, il ne s'y conjoint pas intimement, et dans ses moindres parties, ce qui devrait leur faire apercevoir qu'il y manque un *medium;* ils devraient donc le chercher. Le mercure est un métal volatil et congloméré; et un métal n'entre pas dans l'autre avec un parfait mélange, sans les milieux qui leur ont été ôtés dans les fontes : ayez-y donc recours, et cherchez-les, ou prenez une chose pareille.

Le monde est tout plein de pareilles erreurs.

On met ensemble le très volatil, qui est un extrême, avec le fixe, qui est l'autre extrême, et on prétend aussitôt en faire une conjonction. Il n'est pas étonnant qu'on ne réussisse pas. Qu'on prenne et qu'on ajoute seulement le soufre volatil à l'or; qu'on les mette ensemble au feu; on verra bientôt s'envoler le soufre sans lésion de l'or ; mais si l'on prend des milieux, comme l'arsenic et la marcassite, et qu'on les mette sur l'or fondu, aussitôt l'or sera réduit en poussière. Que l'on apprenne de là à conjoindre chaque chose avec son semblable.

Ne trouve-t-on pas de ces moyens en quantité ? N'a-t-on pas pour les astres rouges, le vitriol, l'arsenic jaune et rouge, l'antimoine et la marcassite dorée ? N'a-t-on pas pour les astres blancs, l'arsenic blanc et le bismuth ? Chacun peut apprendre à devenir sage.

Nous avons jusqu'ici expliqué en partie le règne minéral, et discuté avec soin quelques points essentiels touchant son origine et sa fin.

Mais le point le plus essentiel est celui-ci.

Si vous entreprenez de fixer quelque chose, de la rendre constante, de la coaguler et de l'épaissir, vous en trouverez dans ce règne les voies les plus curieuses et les plus abrégées. Il ne faut cependant pas s'attacher si exactement à ce point de l'extrême fixation, parce que chaque règne a un fixatif suffisant, comme nous le démontrerons dans la seconde partie de ce traité.

Mais dans quelque règne que vous travailliez, souvenez-vous toujours de ce principe fondamental, qui est de n'aller d'un extrême à l'autre que par les degrés intermédiaires, et conséquemment, si vous voulez fixer, de ne pas joindre ensemble le très volatil et le très fixe, mais de prendre le volatil, et de le fixer, pour l'unir ensuite au très fixe : c'est par là que vous arriverez au but désiré. Tout se fait plutôt par des homogènes que par des hétérogènes, et c'est par là seulement que se manifeste l'harmonie de la quintessence concentrée.

Nous finirons ici la première partie de notre ouvrage, dans laquelle nous croyons avoir suffisamment démontré de quoi et comment se fait la génération de toutes les choses naturelles.

Nous traiterons dans la seconde, de leur corruption et de leur analyse ; nous la lierons avec la première pour un plus grand éclaircissement ; parce que la corruption précède la génération, comme elle la suit.

SECONDE PARTIE

De la destruction et analyse des choses naturelles.

AVANT-PROPOS

Comme dans la première partie j'ai traité, d'une manière générale et universelle, de la génération de toutes choses, je ne traiterai de même dans cette seconde partie, que d'une manière générale et universelle de leur destruction : chacun en pourra tirer des spéculations particulières. Je n'avance rien qui ne soit appuyé sur l'expérience, et je ne donne aucun procédé que je n'aie pratiqué de mes propres mains. Si quelqu'un en est éclairé et parvient au but désiré, qu'il en rende grâce à Dieu, auteur et dispensateur de tous les biens, et non à moi ; qu'il s'applique avec cela à pratiquer toute sa vie le principal commandement de Dieu, la charité envers le prochain, sans distinction d'amis ou d'ennemis. Comme je n'attribue ce que je sais, ni à mon mérite, ni à mon travail, mais uniquement à la bonté divine ; je le communique comme un talent qu'elle m'a confié, à ceux qui mettent leur espérance en elle, et qui joignent à la droiture du cœur l'amour du travail et la fermeté. S'ils ne vont pas droit au but, ils doivent m'excuser, puisque je ne puis pas travailler avec eux ; qu'ils ne désespèrent cependant pas de la réussite ; aucun fruit ne devient mûr avant son temps, et, de même qu'un enfant ne peut agir comme un homme fait, un apprenti en alchimie ne peut travailler comme un Philosophe. Il sera toujours vrai de dire *errando discimus et imperfecti per tempus perfecti efficimur*.

ARBRE DE L'ANALYSE UNIVERSELLE

UNIVERSALITÉ
Le volatil, avec son phlegme et son huile subtile
L'acide, avec son phlegme et son huile grasse
L'alcali, les charbons, les cendres et le sel

ANIMALITÉ
Le volatil, avec son phlegme et son huile subtile
L'acide, avec son phlegme et son huile grasse
L'alcali, les charbons, les cendres et le sel

VÉGÉTALITÉ
Le volatil, avec son phlegme et son huile subtile
L'acide, avec son phlegme et son huile grasse
L'alcali, les charbons, les cendres et le sel

MINÉRALITÉ
L'esprit acide, avec son phlegme
L'huile acide et corrosive
L'alcali, la terre restante et son sel

CHAPITRE I

De quelle manière la Nature détruit les choses naturelles, les réduit en leur première matière, à savoir en nitre et en sel, et les fait redevenir vapeurs.

Nous avons prouvé ci-devant que la Nature procrée toutes choses de l'eau primordiale et du chaos régénéré, c'est-à-dire de la pluie, de la rosée et de l'eau de neige ; soit qu'on les considère dans leur état de volatilité, comme elles tombent de l'air sur la terre, soit qu'on les voie déjà un peu fixes et corporelles, en forme de salpêtre ou de sel. Nous allons faire voir que cette même eau chaotique détruit, sépare, résout et corrompt toutes choses, tant volatiles que fixes, et les réduit en leur première matière, c'est-à-dire en salpêtre et en sel, ceux-ci en eau et l'eau en vapeurs. La Nature, après les avoir formées desdits principes, en montant de degré en degré jusqu'à la perfection à laquelle elles sont destinées, revient sur ses pas, et les ramène également par degrés jusqu'à leur première origine.

Nous avons démontré dans la première partie, au chapitre de la terre et de ses exhalaisons, et en divers autres endroits, principalement dans la naissance des minéraux, de quelle méthode la Nature se sert pour résoudre ces spermes fixes, c'est-à-dire le salpêtre et le sel en eau, et ensuite cette eau en vapeurs. Ainsi, il ne sera pas nécessaire de répéter ici de quelle manière ils s'élancent par le centre de la terre en forme de vapeurs jusque dans l'air, etc.

Après avoir posé ces principes généraux, nous commencerons par la sphère animale, et nous dirons de quelle manière les animaux tombent en corruption et rétrogradent en leur première matière.

CHAPITRE II

De quelle manière la Nature détruit les animaux.

Les animaux pourrissent, se changent en mites et en vers, ceux-ci deviennent mouches, et celles-ci se résolvent dans leur terme, en première matière universelle, c'est-à-dire en nature saline, nitreuse et chaotique, ensuite en eau et en vapeurs, d'où proviennent la rosée et la pluie, et de celles-ci se régénèrent de nouveau le nitre et le sel très volatils.

Les animaux sont d'une nature très humide, succulente et pleine d'un sel volatil; par cette raison, dès que leur esprit vivifiant et balsamique est dissipé, ils commencent à se putréfier, à se gonfler, à exhaler des parties volatiles qui infectent l'air d'une odeur très puante, et tout devient glaireux et humide. Pour abréger et pour ne pas nous arrêter sur des images dégoûtantes, je n'en dirai pas davantage sur ce règne. En traitant de la dissolution des végétaux, j'expliquerai plus amplement les effets de la putréfaction qui y sont les mêmes, à peu de choses près. Si quelqu'un a envie de les étudier plus particulièrement dans les animaux, il n'a qu'à aller en un endroit où il y a une charogne, pour y contempler, s'il en a le courage, les changements qui s'y font d'un jour à l'autre; il verra les vers s'y promener en quantité. Qu'il prenne de ces vers bien engraissés; qu'il les enferme dans une bouteille de verre; qu'il leur donne pour nourriture un peu de viande puante; qu'il couvre la bouteille d'un papier où il y ait des trous, et qu'il la mette à une petite chaleur du soleil: il y verra dans peu de jours, et même en peu d'heures, comment ces vers se métamorphosent et deviennent des mouches, ou moucherons de différentes espèces.

Cela provient principalement des parties volatiles animales; mais les parties plus fixes, et qui ne sont pas si volatiles, se changent en eau et en terre, dont par lexiviation on peut tirer du salpêtre et du sel. Ces parties restantes, c'est-à-dire le salpêtre et le sel, se trouvent en tout sujet dans sa dernière réduction: le volatil s'envole et s'exhale en forme de vapeur pour être chaotisé dans l'air; les parties plus fixes se glissent dans l'eau et dans la terre pour y être réduites en premier sperme plus fixe, c'est-à-dire en salpêtre et en sel ; de ces principes il naît des végétaux.

De cette manière le règne animal devient végétal, comme nous l'avons enseigné dans la première partie.

Mais comme dans les animaux les os sont plus coagulés et plus compacts, la Nature a aussi besoin de plus de temps pour les réduire en poussière et en terre, comme nous le faisons observer dans les végétaux de bois.

CHAPITRE III

De quelle manière la Nature détruit les végétaux.

On peut examiner les végétaux avec moins de dégoût que les animaux ; car après qu'ils sont flétris, ils sont humectés par la pluie et par la rosée, qui recuisent l'acide qui s'y trouve et le rendent volatil ; celui-ci tiédit et s'échauffe en partie par l'esprit qui y est implanté, en partie par la chaleur du soleil et par la chaleur centrale qui s'y joignent. Cette dernière s'élève continuellement d'en bas, comme celle du soleil darde d'en haut. Cette chaleur de la terre est même sensible en hiver, dans les caves. Cet acide réveillé, pénètre et parcourt les pores des plantes, échauffe et excite le volatil, pour le faire exhaler en l'air afin d'y être chaotisé ; il amollit aussi les parties fixes et plus dures, les réduit en suc et en glaire, qui se glissent dans la terre et se mêlent avec elle pour y être changés en un sperme plus fixe et chaotique, c'est-à-dire en nitre et en sel.

Il naît aussi des mites et des vers des parties volatiles des plantes ; de ceux-ci il vient des mouches et des moucherons, lorsqu'elles n'ont pas été trop desséchées par la chaleur ; ce qui fait connaître que le règne végétal peut devenir animal ou volatil, comme on peut le voir aux plantes et aux arbres verdoyants, desquels les sucs superflus qui s'en écoulent commencent à pourrir, et produisent ensuite des nids entiers de mouches et toutes sortes d'autres insectes volatils. C'est de cette manière que se fait la destruction des végétaux les plus faibles.

Avec des végétaux plus forts, comme les arbres, la Nature a beaucoup plus à combattre, avant qu'elle puisse les réduire en leur première matière et en eau chaotique. Voici comment elle agit pour y parvenir. Lorsque l'arbre est mort, c'est-à-dire lorsque son esprit végétatif a cessé d'agir, la racine perd sa vertu attractive et ne donne plus de nourriture au tronc ; ce qui fait que les feuilles tombent et que l'arbre se dessèche.

Alors il se remplit intérieurement, par les pores, de vapeurs qui commencent à en amollir peu à peu les parties, à fermenter et à se putréfier par l'action de l'esprit implanté ; car dès que cet esprit, spécifié dans un individu, a été empêché par quelque obstacle d'agir pour sa conservation, il reprend son universalité et n'agit plus que pour sa destruction. Ainsi l'arbre est attaqué dans toutes ses parties, et il devient, depuis la moelle jusqu'à l'écorce, spongieux, tendre et vermoulu.

Le soleil, la pluie et la gelée l'attaquent pareillement. Le soleil l'échauffe d'outre en outre, et le fait quelquefois fendre, parce que son humide conservatif l'a abandonné. La pluie qui survient l'humecte, et comme l'arbre est échauffé et desséché par le soleil, il attire à soi avidement l'humidité, par où il dépérit de plus en plus ; car l'humidité y pourrit, et en pourrissant, fait aussi pourrir l'arbre avec elle, et le réduit en poussière.

Après cela, le soleil, qui y darde de nouveau ses rayons, l'échauffe encore d'outre en outre, et ouvre ses pores de plus en plus jusqu'à ce que la pourriture puisse le pénétrer d'un bout à l'autre et le dissoudre entièrement. Voilà ce que font la chaleur et l'humidité.

La gelée l'attaque encore plus vivement ; car la chaleur naturelle étant chassée de l'arbre, lorsque la chaleur du soleil revient, et l'échauffe, le froid, qui avait pénétré dans ses pores, s'y fond en eau. Cette eau se tient dans le cœur et dans la moelle de l'arbre, et commence à y pourrir, le gonfle tant en dedans qu'en dehors, l'amollit et le putréfie. La Nature continue cette opération jusqu'à ce que l'arbre soit pourri dans toutes ses parties, et qu'il tombe en poussière. C'est en cela que consiste la calcination des végétaux. On peut voir la même chose dans les os du règne animal.

Cette calcination ou dissolution est très lente; elle dure, bien souvent, la vie de trois hommes et même plus, lorsque c'est un bois très dur; parce qu'il se détache seulement des petites parcelles de l'arbre successivement, et de temps en temps : mais nous en voyons un exemple plus prompt dans les saules et dans les ormes, à cause de leur humidité excessive. Lorsque l'arbre est ainsi calciné et réduit en poussière, il pourrit plus promptement et rétrograde en peu de temps en sa première matière, c'est-à-dire en salpêtre et en sel, comme on peut le voir dans les jardins où l'on emploie, pour les fumer, cette poussière qui y pourrit et se change très promptement en sa première matière.

La calcination du bois est beaucoup plus prompte, lorsqu'il est réduit en petites parties, comme il est aisé de le concevoir et de s'en assurer par l'expérience; car si on prend des sciures d'un arbre, qu'on les arrose avec de l'eau de pluie putréfiée et qu'on les expose à l'air tiède, elles s'échauffent promptement, pourrissent, deviennent puantes, glaireuses et se résolvent enfin en une eau épaisse. Si on n'y met point d'obstacles, cette eau se remplit de vers et de mites, qui se changent ensuite en mouches ou moucherons. Lorsque celles-ci se sont envolées, il ne reste plus qu'un peu d'humidité terrestre, comme je l'ai expérimenté avec quelques plantes et quelques bois; mais si on empêche ces vers et ces mouches de s'envoler, on peut engraisser les terres des jardins avec ces végétaux pourris, ou en séparer les principes par la chimie, en les distillant. C'est en cela que consiste la séparation naturelle, ou la calcination et destruction des végétaux, et leur réduction en leur première matière.

Mais on pourra me demander pourquoi j'emploie, à cet effet, l'eau de pluie pourrie et ce qu'elle peut contenir pour aider à la putréfaction, ou quel est le principe, dans l'eau de pluie, qui fait pourrir. Je me sers de l'eau de pluie putréfiée, parce qu'elle est le ferment homogène de toutes choses. Plusieurs chimistes, et non sans raison, y mêlent aussi du levain ou de la lie de bière ou de vin; mais ici je n'emploie que l'eau de pluie, parce que je veux seulement démontrer que toutes choses prennent leur naissance de l'eau chaotique, et qu'elles se détruisent réciproquement par elle. Pour ce qui est du principe putréfiant, le lecteur lui-même peut bien imaginer ce que c'est; puisque l'alcali est balsamique, par conséquent le volatil et l'acide sont destructifs. Or, il est visible que l'eau de pluie est plus volatile que fixe, et qu'elle contient aussi plus d'acide que d'alcali.

Comme les parties succulentes des animaux pourrissent très promptement, et les parties sèches et dures plus lentement; de même les parties pleines de sucs des végétaux pourrissent plus promptement que celles qui sont dures. Les minéraux pourrissent encore plus lentement, comme étant d'une nature très épaisse, très dure et très sèche; et la raison pour laquelle les substances succulentes et humides pourrissent, après la dissipation des esprits vitaux balsamiques, plus promptement que les substances dures et sèches, est que le Créateur a voulu que l'eau et l'humidité fussent l'instrument par le moyen duquel l'esprit qui opère tout pût parvenir à la putréfaction qui, comme nous l'avons démontré dans la première partie, est la clef principale pour ouvrir et fermer tout ce qui est dans la Nature.

CHAPITRE IV

De quelle manière la Nature détruit, corrompt et altère les minéraux.

Tout ce qui vient du ciel et de la terre est fait d'eau et d'esprit. Cette eau contient deux choses, à savoir le salpêtre et le sel. Ces deux derniers procréent dans leurs matrices convenables tout ce qui existe dans ce grand monde, les animaux, les végétaux et les minéraux. Si dans l'air ces sels sont en forme d'esprit, les hommes les attirent par leur respiration et les changent en leurs propres substances et semence; et ainsi ils deviennent du genre animal. S'ils tombent sur la surface de la terre en forme de rosée et de pluie, il en vient des végétaux. S'ils pénètrent par les fentes, crevasses et pores de la terre, par le moyen de l'eau, jusque dans sa profondeur, il en naît des mines. Toute la différence de leurs opérations ne consiste, comme nous l'avons déjà dit plusieurs fois, que dans leurs différents degrés de volatilité et de fixité. Plus ils sont volatils, plus ils sont des animaux. S'ils tiennent le milieu entre le fixe et le volatil, ils sont des végétaux.

Plus ils deviennent fixes, plus ils sont des minéraux : par où l'on voit que le passage d'un règne à l'autre doit se faire par des nuances insensibles.

Comme tout est fait par ces deux sels, tout est aussi détruit par eux. L'un est le feu et l'air, l'autre est l'eau et la terre ; l'un est le soleil, l'autre est la lune ; l'un est la chaleur interne centrale, l'autre est l'eau interne centrale. Le nitre est chaud et igné ; car il est un rayon pur et concentré du soleil et de sa propre essence, sa production et son enfant, ou un soleil coagulé ; parce qu'il est igné dans toutes ses parties, lorsqu'il est mis en mouvement, quoiqu'il paraisse aussi froid et aqueux que la glace : le sel au contraire est froid et aqueux ; il est la véritable matière d'attraction, une production et l'enfant de la lune, qui pour la génération désire fortement le mâle, c'est-à-dire le salpêtre, sans lequel il ne se sent pas assez de force pour procréer un corps parfait, à cause de sa qualité terrestre froide, fixe et aqueuse. C'est donc de ces deux qu'on doit espérer et attendre la génération et la destruction de toutes choses.

Cela posé pour fondement, nous examinerons avec quels instruments la Nature détruit les pierres et les minéraux. Elle a entre ses mains, comme nous l'avons dit ci-dessus, un feu.

Soit qu'elle le tire du soleil, soit qu'elle le tire de la chaleur centrale ; ce feu tiédit, et ensuite échauffe si fort les rochers, les pierres, dans toutes leurs parties, que quelquefois ils en deviennent presque rouges. Qu'on touche seulement avec les mains, dans les jours caniculaires, une pierre ou un fer exposés aux rayons du soleil ; je pense qu'on les retirera bien vite. Cette grande chaleur est suivie de l'eau ou du froid qui humecte les pierres échauffées ; et du combat de ces deux contraires, il résulte un violent effort qui fait éclater la pierre, et en détache des parcelles. Les attaques réitérées du feu et de l'eau réduisent ainsi peu à peu et à la longue toute la pierre en petites parcelles avec d'autant plus de facilité qu'à mesure qu'ils agissent sur elle, ses pores se dilatent et leur donnent un accès plus libre. Ces parcelles exposées également à l'action de la chaleur et de l'humidité, se brisent et se divisent de plus en plus ; et à la fin elles sont réduites en sable et en poussière. Cette poussière, qui était auparavant pierre ou terre, continuant toujours d'être échauffée et humectée, commence à se pourrir et à devenir d'une nature saline ou nitreuse par l'action de l'esprit qui y est implanté ; car cet esprit salin, coagulant, est réveillé et excité par l'humidité à réagir sur son propre sujet. Alors la pierre avance vers sa destruction, comme l'animal et le végétal vers sa mort ; ensuite s'y joint le sel de la terre et le sperme double volatil de la pluie et de la rosée. Quand la pierre est venue au point d'être réduite en poussière, et qu'elle est devenue saline, elle est déjà d'une autre nature, et propre à devenir végétal. Dans cet état, il en croît des plantes et des arbres qui pourrissent encore, et dont il naît des vers et des mites. De ceux-ci il vient des mouches, des moucherons et des cochenilles, ou bien les animaux se servent de ces végétaux pour leur nourriture. De cette manière la pierre est transmuée pour la deuxième fois ; à savoir en végétal, et de là en animal. Cet animal pourrit et se résout en une nature chaotique, universelle, saline, nitreuse, aqueuse, vaporeuse hyléale, et c'est ainsi que la pierre devient matière première chaotique.

Vous voyez donc comment la Nature rétrograde, et comment elle vient à bout, sans autres instruments que le feu et l'eau, de détruire les corps les plus durs et les plus compacts. Elle le fait très lentement ; mais si elle pouvait avoir sous sa main une aussi grande quantité de sel que nous nous en procurons par l'Art, elle opérerait aussi promptement que nous, et elle réduirait bientôt les montagnes les plus hautes en de très petites collines.

Si dans notre Art nous faisons rougir une pierre au feu et que nous l'éteignions dans l'eau salée, elle se brisera en morceaux ; et ce serait une pierre aussi grosse qu'une maison, s'il était possible de la faire rougir et de l'éteindre dans ladite eau, elle s'y briserait également. Plus nous réitérerons cette opération, plus la pierre se réduira en petites parties, et à la fin elle se changera tout à fait en glaire et en eau. Si au lieu de dissoudre des sels dans de l'eau, nous les distillons en esprit, et si nous en résolvons les pierres, elles se réduiront en une seule fois en eau. Cette eau peut aussi être réduite très promptement en vapeurs, et celles-ci derechef en eau par la distillation. Le lecteur verra par là combien l'opération de l'Art est plus prompte que celle de la Nature ; car tandis que celle-ci emploie plusieurs années pour calciner la pierre et la réduire en la première matière, c'est-à-dire en une eau nitreuse et saline, l'Art le fait en peu d'heures.

La Nature procède avec les sujets minéraux et métalliques comme avec les pierres. Elles les échauffe et les fait éclater avec l'eau, dans laquelle est caché un sperme salin, soit en petite, soit en grande quantité. C'est celui-ci qui détache le minéral ou le métal, comme sa progéniture, et peu à peu les réduit tout à fait en rouille et en crocus ; résout ce dernier, par la longueur du temps en nature saline, et à la fin en eau. Ainsi la Nature ramène les minéraux à leur première origine, et elle les détruit beaucoup plus vite que les pierres, pourvu qu'elle soit à même de pouvoir opérer, parce qu'ils ont un sel manifeste qu'elle n'a besoin que de réveiller par l'eau et son sel pour agir au contraire ; mais je ne parle ici que des minéraux et des métaux qui sont encore renfermés dans les lieux de leur naissance ou dans leurs matrices, et dans lesquels les terres des montagnes et des roches sont encore conjointes avec les parties métalliques.

Pour ce qui regarde les métaux travaillés et affinés au feu, j'avoue qu'il faudrait à la Nature un temps beaucoup plus long pour les détruire ; parce que l'humidité superflue en a été séparée par la violence du feu, plus pourtant dans l'un que dans l'autre. C'est pourquoi, comme le soleil et la lune sont privés presque totalement de leur humidité, même de leur soufre, de leur arsenic, de leur marcassite, et qu'en partie il y sont concentrés ; la Nature ne peut que très difficilement les réduire en leur première matière.

Au contraire elle a beaucoup de facilité à détruire Mars et Vénus, parce qu'ils renferment encore en eux une humidité superflue, et qu'ils sont bien ouverts; ce qui fait que l'air humide et l'eau peuvent réduire facilement le Mars en rouille, et Vénus en verdet, comme le Saturne et le Jupiter en céruse. L'expérience a appris que le soleil et la lune, enfouis dans la terre, peuvent y être réveillés, lorsque l'humidité saline de la terre excite leur esprit acide à agir; car on a trouvé, au lieu du soleil et de la lune, leurs électres, ou seulement de la poussière. Si on met de l'or ou de l'argent dans des endroits qui exhalent beaucoup de vapeurs arsenicales ou marcassitiques, la Nature viendra bientôt à bout de les détruire, comme on le voit par l'Art qui doit nécessairement suivre la Nature dans ses degrés.

Lorsqu'on fond ensemble du soufre, de l'arsenic et de la marcassite; qu'on y met ensuite de l'or rougi au feu; l'or s'y réduit en poussière. Il est facile alors de les dissoudre par les sels ou par les vapeurs et esprits salins, et de les réduire en sa première matière. Il en est de même de toutes choses: elles conservent leur être jusqu'à ce qu'elles rencontrent ce qui est propre à les détruire; et cela ne peut manquer d'arriver tôt ou tard; car la Nature n'est jamais oisive: sans cesse elle détruit, ou plutôt elle crée sans cesse, parce que la corruption d'un être est la génération d'un autre; en sorte que les destructions qu'elle opère, sont moins des destructions que des transmutations, comme nous voyons que les végétaux et les animaux, qui servent à notre nourriture, se changent en notre substance, laquelle doit un jour se transmuer en végétaux, et ensuite par ce moyen, en d'autres animaux.

L'art a aussi ses transmutations. Car les Philosophes, par leur teinture, transmuent les métaux imparfaits en or et en argent; mais il ne faut pas croire que cette teinture soit une médecine qui guérisse le métal tout entier, tel qu'il croît dans la minière: elle ne guérit que les parties mercurielles les plus pures, qui, par un long et fort feu, ont été séparées de toutes leurs scories. Aucun savant n'ignore que les Philosophes ne prennent pas le minéral, tel qu'on le tire des mines, pour y jeter leur teinture; mais qu'ils séparent auparavant du minéral, par le moyen du feu, le corrosif superflu, le soufre, l'arsenic et la marcassite: alors ils prennent le métal malléable qui a été séparé de tant de parties, car dans le grand fourneau de fonte, l'humidité superflue, le soufre, l'arsenic et la marcassite volatile s'envolent en fumée dans l'air, et retournent dans le chaos universel. Ce qui reste de la partie plus fixe de la marcassite avec la matrice pierreuse de la mine, ou les pierres, se change, partie en scories, et partie en régule. Ils affinent de nouveau ce régule, et en séparent encore les parties les plus fixes qu'ils appellent *scories*, jusqu'à ce qu'ils aient le grain métallique très pur. C'est ce grain que prennent les Philosophes, et qu'ils transmuent, par leur teinture, en une chose plus parfaite, c'est-à-dire en or ou en argent. On peut, avec beaucoup de justice, appeler cette transmutation *une guérison de la maladie métallique;* car Saturne est mélancolique; Jupiter est perclus; Mars est bilieux et amer; Vénus a la chaleur du foie, Mercure l'épilepsie; la lune l'hydropisie. Toutes ces maladies sont guéries par leur médecine; et c'est ainsi qu'ils sont ramenés à la nature tempérée du soleil.

Je considère le grain métallique comme la moelle dans les os. Si un homme est mélancolique, la moelle de ses os en est aussi infectée. S'il est bilieux, la moelle l'est de même.

Le médecin applique les remèdes à la moelle, et non au os et aux chairs. S'il peut guérir la moelle, il est certain qu'il guérira aussi les maladies du corps; puisque la moelle est ce qu'il y a de plus éloigné dans le corps : et il faut qu'une médecine soit bien pénétrante pour pouvoir passer jusque dans la moelle; car la plupart des remèdes, surtout ceux qui sont tirés des végétaux, restent dans la troisième ou quatrième digestion; leur force se dissipe dans les veines, et ils s'évacuent par les émonctoires, de manière qu'ils ne pénètrent pas dans la moelle.

Quoique tous les hommes tirent leur origine d'une même semence, ils ont cependant différentes complexions qui les rendent sujets à des maladies différentes. Il en est de même des métaux : quoiqu'ils naissent tous de l'acide universel, ils prennent dans leurs différentes matrices, différentes qualités accidentelles, et contractent différents vices; c'est pourquoi ils ont tous besoin d'une médecine tempérée pour acquérir un tempérament solaire, et pour être exaltés par l'Art à une nature plus parfaite. C'est ce que les Philosophes effectuent par leur teinture.

Il y a aussi dans les os des moelles de différentes espèces. La meilleure se trouve dans le tuyau, et l'autre, qui est moins parfaite, dans les extrémités du tuyau, vers les jointures, ou vers l'os spongieux. Celle-ci est pourtant en chemin pour parvenir à la perfection de la meilleure moelle ; car cet os spongieux est couvert d'un cartilage, et ce cartilage est accompagné de glandes mucilagineuses, dans lesquelles se cuit et se prépare la synovie, laquelle, à certains égards, peut être regardée comme une première matière des cartilages et de la moelle. Or, le médecin ne cherche pas à guérir la synovie ou le dur cartilage, ou l'os spongieux et sa moelle, mais la meilleure moelle ; parce qu'il sait que, si la médecine pénètre jusqu'à la meilleure moelle, il guérira aussi les parties plus faibles, autant que la nature de ces parties en a besoin. Cependant elle ne les change pas en moelle ; elle corrige seulement leur mauvaise qualité et leur en donne une meilleure.

La même chose arrive avec les métaux et les minéraux. On ne cherche pas à guérir, par la médecine ou teinture, le soufre, l'arsenic ou la marcassite, mais le métal ; et quoiqu'on la jetât sur du soufre, de l'arsenic ou de la marcassite, elle ne les changerait pas en soleil ou en lune ; elle les changerait seulement en une nature solaire ou lunaire. Mais comme la moelle imparfaite, guérie de sa maladie, devient ensuite, par la digestion et par la maturation, une moelle de la meilleure qualité : de même le soufre, l'arsenic et la marcassite des métaux étant rendus solaires et lunaires, par la médecine des Philosophes, peuvent être réduits en or ou en argent par la digestion et la maturation ; mais non pas comme le métal qui se change en or ou en argent dans la fonte.

Nous descendrons maintenant de la corruption ou de la putréfaction à la conjonction et régénération de l'eau universelle chaotique, et ensuite à celle de toutes les choses naturelles.

CHAPITRE V

De l'analyse ou de la séparation, conjonction et régénération de l'eau chaotique, et quintessence.

Dans la première partie, nous avons expliqué le commencement et l'origine de la Nature : comment toutes choses ont pris naissance de la vapeur universelle, ou de l'eau chaotique ; comment cette eau a été divisée en quatre principes universels, ou en quatre éléments, et comment, par le commandement du Créateur, ces quatre éléments régénèrent continuellement ce chaos divisé et en font une semence universelle, pour la génération des animaux, des végétaux et des minéraux, etc.

A présent nous traiterons généralement de leur analyse, et nous commencerons, suivant l'ordre, par l'eau chaotique universelle, ou l'eau de pluie, qui servira d'exemple et de modèle pour les autres choses. Nous examinerons, par l'Art de Vulcain, ce qu'elle est capable d'opérer autant que cela se peut (car il serait impossible de l'approfondir tout à fait). Nous la décomposerons et la diviserons en ses parties volatiles, moyennes et fixes. Nous réunirons ensuite ces parties séparées ; nous les coagulerons et fixerons, afin que tout un chacun puisse voir comment le plus volatil peut acquérir la fixité d'une pierre, et le fixe devenir volatil ; le ciel, terre, et la terre ciel ; le volatil se changer en acide et en alcali, et au contraire : d'où il résultera une harmonie concentrée, une quintessence ou un magistère universel. C'est sur ce modèle que tous les autres seront contraints de se régler ; tant les animaux que les végétaux et les minéraux, comme étant enfant de la même mère.

Analyse du chaos régénéré, ou de l'eau de pluie

Prenez de l'eau de pluie, ou de neige, laquelle vous voudrez, qui est la semence ou le sperme de l'univers, et rien d'autre qu'eau et esprit. Prenez, dis-je, de l'eau de pluie qui vient de l'Occident dans le mois de mars ; filtrez-la après que vous l'aurez ramassée dans un tonneau de bois neuf, ou dans divers vases : mettez-la en un endroit où il ne fasse ni trop chaud ni trop froid, mais qui soit sensiblement tiède ; couvrez-la d'un couvercle afin qu'il n'y tombe point d'ordures, et laissez-la reposer un mois jusqu'à ce qu'elle sente mauvais : alors elle est mûre pour la séparation.

Première séparation du chaos

Remuez bien toute cette eau avec un bâton : mettez-la dans un alambic de cuivre ; couvrez-le de son chapiteau : présentez-y un récipient ; distillez très lentement un subtil après l'autre, jusqu'à moitié ; vous aurez le ciel et l'air avec leurs subtils séparés de leur réceptacle ou écorce ; c'est cela qui est, le volatil : l'acide et l'alcali, ou l'eau et la terre restent dans les résidus.

Deuxième séparation

Prenez ensuite ce qui reste dans l'alambic de cuivre ; distillez-le encore dans un autre récipient, jusqu'à une épaisseur de miel : ce qui est passé est l'élément de l'eau, ou des phlegmes abondants, qui montent avant l'acide et l'alcali, et d'abord après le volatil.

Troisième séparation

Retirez de l'alambic les résidus d'une épaisseur mielleuse : mettez-les dans une retorte, au feu de sable, que vous augmenterez par degrés ; il montera d'abord un phlegme, et ensuite un esprit aigre comme du vinaigre, qui est l'acide : celui-ci est suivi d'une huile épaisse et qui appartient à l'acide ; car l'acide est une huile étendue, et l'huile est un acide concentré. Ces parties peuvent être nommées tout à la fois *eaux essentielles, eaux élémentaires* et *parties volatiles de la terre;* parce que l'eau et la terre ne sont jamais l'une sans l'autre, ou plutôt elles sont une même matière et ne sont différentes qu'à raison de leur volatilité, de leur fixité ou de leur consistance plus liquide et plus sèche. Par la même raison, ces parties peuvent aussi être nommées *le ciel et l'air fixe*, comme je l'ai expliqué suffisamment dans la première partie.

J'y renvoie le lecteur; qu'il en fasse l'application dans cette seconde partie.

Après que toutes les parties liquides auront été distillées par degrés, il restera dans la retorte un *caput mortuum* noirâtre, un vrai charbon, qui brûle comme tous les autres charbons, et qui est une terre vierge *macrocosmique* ou un alcali.

Vous avez à présent le chaos séparé en quatre parties: en ciel, air, eau et terre; ou en volatil, acide et alcali, ou en une eau très volatile; en une eau grossière, et en un esprit acide, ou vinaigre, en une huile fétide épaisse, et en charbon, dans lequel le sel alcali reste caché.

Gardez et conservez séparément chacune desdites parties, comme un élément particulier.

Chacun peut voir par là ce que c'est que la semence de l'univers, en quels principes elle peut être séparée, et quelle est l'origine de toutes les choses naturelles.

Comme le chaos un et simple peut être divisé et séparé en quatre parties, de même chacune de ses quatre parties peut être divisée en plusieurs parties ou degrés: par la rectification, comme nous le dirons dans la suite.

Première rectification des parties du ciel

Prenez le produit de votre première distillation ou de la première séparation du chaos: mettez-le dans un matras à long col, sans le couper; adaptez-y un chapiteau convenable avec son récipient: et distillez au bain-marie, par le premier et deuxième degrés, jusqu'au troisième. Vous verrez passer une eau claire, transparente et volatile, qui est le ciel mêlé de l'air le plus subtil. Ce qui reste dans le matras est l'eau plus grossière. Gardez séparément ces deux choses, et la première rectification est achevée.

Deuxième rectification

Prenez le ciel et le rectifiez pour la deuxième fois, au bain marie, comme auparavant : distillez-en la moitié ; l'eau en deviendra plus subtile qu'elle ne l'était. Par là vous aurez rendu le ciel plus subtil et plus volatil.

Troisième rectification

Prenez encore le ciel subtilisé, et distillez-le de nouveau jusqu'à la moitié : le ciel sera devenu très subtil, et aura acquis un grand éclat de diamant.

Pour ce qui regarde l'autre moitié restée, faites-la passer encore une fois. De cette manière vous aurez le ciel séparé en trois parties : le ciel *subtil*, le ciel *plus subtil*, et le ciel *très subtil*.

Mettez chacun à part avec son étiquette ou son nom.

Rectification de l'air

Prenez à présent l'air le plus grossier, qui, dans la rectification du ciel, est resté en arrière : ajoutez-le à l'élément distillé de l'eau, qui est passé dans la seconde séparation du chaos ; mettez ces deux ensemble dans un matras, au bain-marie ; et distillez par quatre degrés ; l'air passera : mais l'eau grossière ne montera pas facilement au feu du bain-marie, surtout dans un matras à long col, mais bien au feu de cendres et dans un matras à col bas. Par cette opération vous aurez l'air séparé de l'eau ; mais il faut le rectifier trois fois, comme vous avez fait le ciel, en en distillant toujours au bain-marie la moitié seulement ; par ce moyen vous aurez l'air *subtil*, l'air *plus subtil* et l'air *très subtil*. Vous y mettrez pareillement des étiquettes et vous les rangerez en bon ordre.

Rectification de l'eau

Prenez ensuite l'eau qui est restée de l'air : mettez-la dans un matras dont le col soit coupé, mais qui ne soit pas trop court ; adaptez-y le chapiteau et le récipient ; mettez-le au feu de cendres : distillez du premier au deuxième degré ; l'eau la plus subtile montera : réservez-la en particulier, comme étant la première partie ; distillez encore la seconde partie du deuxième degré jusqu'au troisième : mettez-le également à part ; distillez après cela la troisième partie de l'eau la plus grossière, du troisième au quatrième.

Par ces trois rectifications, vous aurez l'eau *subtile*, l'eau *plus subtile* et l'eau *très subtile*.

Arrangez-les en ordre avec leurs étiquettes, à la suite de l'air séparé et rectifié : quoique je dusse attribuer les parties restantes liquides à l'élément de l'eau, puisqu'elles sont humides et aqueuses.

On ne trouvera cependant pas mauvais que je les donne à la terre, puisqu'elles deviennent très facilement terrestres et coagulées.

Rectification de la terre

Après que vous aurez séparé et rectifié ces trois éléments, le ciel, l'air et l'eau, vous prendrez la terre et la partagerez également par la rectification en trois parties, de la manière qui suit.

Prenez le produit de la troisième séparation du chaos ; à savoir le vinaigre ou l'acide avec son phlegme, son huile et la masse réduite en charbon : pulvérisez le charbon ; broyez-le avec l'huile : mettez-le dans une retorte; versez-y l'acide : présentez le récipient, et distillez le vinaigre au premier degré. Otez-le ensuite ; mettez-le dedans une autre fiole : après cela distillez l'huile, et mettez-la à part dans une autre fiole ; à la fin donnez-lui un feu du quatrième degré, pendant deux heures : laissez éteindre le feu et refroidir le fourneau ; tirez-en la retorte, et ôtez le charbon ou la terre ; de cette manière vous aurez la terre *subtile* ou *le charbon*, la terre *plus subtile* ou *l'huile*, et la terre *très subtile* ou *l'acide*. Rangez-les en ordre après l'eau.

Vous avez donc le chaos séparé et rectifié. Il faut à présent le faire aller à la coagulation, à la fixation, à la régénération, en quintessence en magistère ou arcane.

Il y aura peut-être des gens qui me demanderont ce que je veux faire avec le charbon, qu'on calcine et réverbère ordinairement, ou qu'on brûle en cendres pour en tirer le sel, par lexiviation. Ne diront-ils pas que, hors cela, le charbon n'est bon à rien ? Mais qu'ils aient patience jusqu'à ce qu'ils voient ce que j'en dirai dans la suite, où je leur indiquerai les raisons qui me font agir ainsi.

La coagulation, fixation et régénération de l'eau chaotique en quintessence, magistère ou arcane

Vous avez tiré de l'eau chaotique, par la séparation, premièrement quatre parties confuses, et de ces quatre parties vous en avez tiré douze, par la rectification, c'est-à-dire trois parties de chacune, par ordre. Prenez le charbon, qui est *la terre subtile :* mêlez-la dans un matras de verre, avec *la terre plus subtile* ; ajoutez-y *la terre très subtile ;* au moyen de quoi les parties terrestres seront conjointes : mettez-les au bain-marie pendant quatre jours et quatre nuits, en augmentant le feu d'un jour à l'autre, jusqu'au troisième degré et même jusqu'au quatrième ; adaptez-y le chapiteau et le récipient, afin que, s'il monte quelque chose, il puisse passer dans le récipient. Pendant cette opération, la masse ou corps terrestre se conjoindra, se coagulera et se fixera. La preuve que cela est arrivé, est que si l'on tire le matras du bain-marie et qu'on le mette à la cave, il s'y formera des cristaux, ou bien l'odeur du compost aura plus d'aigreur. Lorsque cela est fait, mettez le matras au feu de cendres (le col du matras doit être coupé, et n'être pas trop long) : distillez l'humidité tout doucement, jusqu'à totale siccité ; il faut y procéder de manière que les vapeurs aigres et l'huile ne montent point ; c'est pourquoi il faut que le degré de feu soit très doux.

Nombre de chimistes se trompent dans le degré du feu ; le font tantôt trop fort, tantôt trop faible. Voici une méthode sûre pour le trouver.

Arrangez tous vos fourneaux en sorte qu'il y ait quatre ou six registres : lorsque vous voulez distiller quelque chose, ouvrez d'abord deux ou trois registres, jusqu'à ce que vous voyiez monter ce que vous voulez distiller ; alors fermez deux registres, et n'en laissez ouvert qu'un seul, qui fait le premier degré : distillez dans ce degré tout ce qui peut passer ; et lorsqu'il ne monte plus rien, ouvrez le deuxième registre, afin qu'il distille de nouveau, et jusqu'à ce que la distillation cesse d'elle-même dans ce degré ; alors ouvrez le troisième et continuez jusqu'à ce qu'il ne distille plus rien : agissez-en de même avec les quatrième, cinquième et sixième registres ; si dans une heure ou une heure et demie il ne veut rien passer, ouvrez-en encore un autre, et lorsque la distillation commencera à aller, rebouchez un de ces registres, jusqu'à ce qu'il soit nécessaire de le rouvrir. En procédant ainsi, vous ne pourrez pas faire de faute.

Il faut donc, comme je l'ai déjà dit ci-dessus, séparer toute l'humidité de la terre. Si quelque peu d'acide ou d'huile montait en même temps, il faudrait le reverser sur la terre ; mais prenez bien garde au degré du feu : car si vous le donnez trop fort et que l'huile monte, sa graisse s'attachera par tout le matras et vous perdrez une partie fluide ou volatile et très noble de votre terre.

C'est une chose essentielle à observer pour la calcination et réverbération physique, que la partie la plus noble de l'eau chaotique se congèle et se fixe, et que ce qu'elle a de trop ou de superflu s'en détache par la distillation. La Nature ne prend en soi, en une seule fois, qu'autant qu'elle a besoin. Lorsque tout est coagulé, fixé et desséché, alors elle a besoin de nouveau de l'humidité : elle en prend encore autant qu'il lui en faut, et laisse, comme la première fois, détacher le superflu. En observant bien ce point, on s'épargne beaucoup de peines, de temps et de dépenses.

Lorsque l'acide et l'huile sont bien coagulés sur le charbon, qu'il n'a rien passé qu'une eau insipide, sans goût, aigre et sans force, ôtez cette eau ; car la Nature l'a rejetée elle-même comme un superflu. Quand cela est fait, augmentez un peu le feu, afin que la matière se dessèche encore mieux dans le matras de verre et qu'elle soit tout à fait sèche. C'est là la calcination et réverbération physique qu'il faut répéter plusieurs fois. De cette manière, la terre se coagule, se fixe, devient altérée, et plus elle est sèche et altérée, plus elle attire volontiers sa propre humidité : car le sel doit humecter la terre sèche, sans cela elle ne saurait produire les fruits dont elle est capable.

Prenez donc *du ciel très subtil*, trois parties ; *du ciel plus subtil*, deux parties ; et *du ciel subtil*, une partie : mêlez-les toutes ensemble dans un verre ; de cette manière, un ciel sera descendu dans l'autre, comme nous l'avons dit dans la première partie, c'est-à-dire que le ciel le plus subtil se laisse prendre et fixer dans un ciel plus épais et que, descendant de plus en plus, il devient air, eau et terre, jusqu'à ce qu'enfin il devienne tout à fait terrestre, comme nous le verrons ici. Lorsque cela sera fait, prenez *de l'air très subtil*, trois parties : *de l'air plus subtil*, deux parties, et *de l'air subtil*, une partie ; mêlez-les pareillement ; ensuite prenez *de l'eau très subtile*, trois parties : *de l'eau plus subtile*, deux parties ; *de l'eau subtile*, une partie : mêlez-les aussi ensemble ; et, chaque partie étant conjointe, prenez l'eau, ajoutez-y l'air et ensuite le ciel : tous les trois, joints ensemble, composent le nectar d'ambroisie ou la boisson des dieux, qui doit rajeunir notre vieillard, le revivifier et le régénérer. Versez donc de cette eau sur la terre sèche, autant qu'il en faut pour l'humecter et la rendre d'une épaisseur mielleuse : remuez-les bien ensemble avec une spatule de bois ; ajoutez-y ensuite plus d'eau pour la réduire en consistance de miel clair fondu. De cette manière elle a, pour cette fois, assez d'humidité pour son accroissement : mettez le matras au bain-marie, au premier degré du feu, et l'y laissez digérer deux jours et deux nuits, afin que la terre s'humecte bien et se résolve. Distillez ensuite l'humidité au bain-marie, et, si par ces degrés il ne veut plus rien passer, distillez au feu de cendres jusqu'à ce que la terre, par degrés lents, devienne tout à fait sèche et altérée, au point de se fendre. Observez pourtant qu'au commencement le feu ne soit pas trop fort : car elle est encore trop volatile.

Lorsqu'elle aura été ainsi bien desséchée, versez-y de l'eau nouvelle : procédez comme la première fois, en imbibant, distillant, desséchant et réverbérant très doucement au feu de cendres, et continuez ces imbibitions et coagulations jusqu'à ce que la terre soit suffisamment engrossée par le ciel, l'air et l'eau : ce que vous connaîtrez à la marque suivante.

Lorsque vous croirez qu'elle a attiré à soi beaucoup de ciel, d'air et d'eau, vous y verserez de l'eau qui en a été distillée, à la hauteur de quatre doigts : mettez le matras au bain-marie pendant vingt-quatre heures ; faites dissoudre et distiller jusqu'à la troisième partie : laissez refroidir le fourneau, et mettez le matras dans la cave. S'il s'y est formé beaucoup de cristaux, vous jugerez qu'autant il s'est coagulé du ciel volatil, de l'air et de l'eau, et qu'en même temps la terre est devenue très subtile. Lorsque vous y verrez ce signe, comme cela ne tardera point, il est temps de procéder à la fixation.

Prenez donc le matras : distillez-en toute l'humidité au bain-marie, et finalement aux cendres ; desséchez-en bien la terre, et donnez tant soit peu de feu ; elle se réverbérera au fond du matras, et deviendra brune ou rouge avec d'autres couleurs entremêlées. Cette dessication et réverbération aux cendres s'achèvera en un jour. Pendant la nuit, retirez le matras ; ôtez-en la matière avec une spatule de bois : broyez-la bien subtilement ; remettez-la dans le matras : versez-y de l'eau que vous aurez distillée, ou de nouvelle eau, jusqu'à ce qu'elle devienne comme un miel épais ; remettez-la de nouveau au bain-marie, et distillez-en l'humidité : ensuite vous la coagulerez et dessécherez aux cendres, et pour la faire réverbérer, vous augmenterez un peu le feu, afin qu'elle acquière la même couleur qu'auparavant ; laissez-la ensuite refroidir : tirez la terre et broyez-la de nouveau ; remettez-la encore dans le matras : versez-y de l'humidité que vous en avez tirée, comme auparavant, jusqu'à consistance mielleuse épaisse ; remettez la au bain-marie, et ensuite aux cendres.

Coagulez, desséchez, réverbérez, etc.

Vous continuerez cette opération jusqu'à ce que la terre devienne dans une douce réverbération, et toute d'une même couleur ; alors elle peut souffrir un plus fort feu. Quand la terre est à ce point, retirez-la du matras : broyez-la bien menue ; remettez-la dans le matras : humectez-la de son eau que vous en avez distillée ; mettez-la ensuite aux cendres : distillez-en d'abord l'humidité doucement : coagulez de même par degrés, et réverbérez à la fin avec un feu un peu plus fort qu'auparavant ; car la terre qui est au fond acquerra encore par là une couleur plus fixe, comme vous le verrez en retirant le matras. Lorsque le fourneau sera refroidi, retirez la terre du matras : broyez-la encore bien menue, et procédez en tout de la même manière qu'auparavant. C'est une seule et même opération, dont l'essentiel consiste à présent à réverbérer la terre plus fortement, et à faire en sorte qu'elle devienne toute d'une même couleur, et de plus en plus résistante au feu. Il faut continuer ces imbibitions, coagulations et réverbérations jusqu'à ce que la terre devienne, par une plus forte réverbération aux cendres, fixe et rouge comme du feu dans toutes ses parties ; ensuite vous la pourrez, par degrés, réverbérer encore davantage au sable, jusqu'à ce qu'elle soit si fixe qu'elle puisse supporter le feu ouvert : alors le magistère est parfait. Il faut pourtant observer de ne pas se presser de la mettre d'abord, au sortir du feu de sable, dans un feu ouvert ; mais vous la mettrez auparavant par quatre ou cinq degrés au feu de paillettes de fer.

Si elle s'y soutient bien et y résiste, pour lors enfermez-la dans deux creusets lutés ensembles, et faites-la passer, par degrés, par un feu de roue pendant quatre heures ; alors en la retirant, vous verrez le ciel et l'eau la plus volatile devenue une pierre corporelle de la dernière fixité. C'est dans cet état qu'on peut dire comme Hermès : *vis ejus erit integra, si versa fuerit in terram.*

C'est là une médecine universelle, dont un, deux, jusqu'à six grains, guérissent radicalement toutes les maladies, et qui restaure l'humide radical, l'esprit animal, vital et naturel ; enfin tout le baume animal et vital.

L'amateur verra, par cet exemple général, comment de la vapeur aqueuse la plus volatile provient le corps le plus fixe et pierreux, et que l'invisible et impalpable est devenu visible et palpable.

Que le lecteur considère attentivement cette opération ; car elle est le modèle sur lequel on doit se régler pour tous les animaux, végétaux et minéraux. Il faut également commencer par les faire pourrir ; ensuite les séparer, rectifier, coaguler, fixer et les faire régénérer en un corps glorieux, transparent ; et cela par des choses homogènes, comme je l'indiquerai ci-après.

Mais, dira quelqu'un, cette opération paraît extraordinaire. Premièrement, elle est très longue et très ennuyeuse. En second lieu, elle est contraire aux règles de tous les Philosophes. Ils parlent bien, dira-t-on, de putréfaction, séparation, distillation, conjonction, fixation, coagulation et régénération ; mais ils ont conjoint ces principes, après la séparation, en certains poids ; les ont enfermés dans une fiole ; de manière qu'aucune transpiration, et encore moins aucune eau n'en pût sortir : ils les ont cuit dans un même fourneau, dans un même vase, et par un même régime de feu, sans y toucher jusqu'à ce qu'ils soient parvenus à leur dernière perfection ; au lieu que cet auteur veut qu'on conjoigne les parties, qu'on les distille, qu'on les réimbibe, qu'on les dessèche, qu'on les coagule, qu'on les réverbère, qu'on tire la masse du matras, qu'on la broie, qu'on la réimbibe de nouveau, qu'on la distille, qu'on la dessèche, qu'on la coagule, qu'on la réverbère encore, qu'on la tire du bain-marie, qu'on la mette aux cendres, ensuite au sable, ensuite au feu de paillettes de fer, et à la fin, au feu ouvert : méthode qu'aucun Philosophe n'a enseignée. Avec cela, il ne dit pas un mot de la séparation des fèces, mais il laisse toutes les impuretés que tous les Philosophes ordonnent expressément d'ôter : sans quoi, disent-ils, l'amer deviendrait plutôt un poison qu'une médecine.

Les Philosophes disent aussi qu'il ne faut jamais laisser éteindre le feu ; que, sans cela, l'Œuvre périrait ; et celui-ci interrompt le feu sans cesse.

Voici ma réponse.

Je conviens moi-même que cet ouvrage est long et fâcheux, et je ne l'ai pas mis ici pour qu'on soit nécessairement obligé de procéder ainsi ; mais seulement afin que le lecteur voie comment l'eau chaotique peut être séparée en ses degrés de subtilité, d'épaississement et de fixité.

Je ne prétends pas non plus engager personne à suivre ce chemin, à moins qu'on ne le voulût entreprendre par curiosité. Il y a bien d'autres méthodes, plus courtes et plus amusantes, dont j'indiquerai quelques-unes dans la suite.

Que le lecteur se souvienne ici que j'ai dit, dans la première partie, que le grand chaos primordial a été séparé en quatre parties, en ciel, en air, en eau et en terre ; que chacun de ces quatre a encore été divisé et séparé en ses degrés de subtilisation et d'épaississement, comme je l'ai démontré dans le huitième chapitre de la première partie, en traitant des exhalaisons de la terre. Nous avons montré dans le procédé ci-dessus, pour l'utilité du lecteur, ces degrés de subtilisation et d'épaississement, afin qu'il voie que le plus subtil monte toujours avant le moins subtil, et s'en laisse séparer. Celui-ci est suivi immédiatement par le grossier ; celui-ci par le plus grossier, et enfin par le très grossier. Je n'ai fait mention de cette méthode, qu'afin que chacun voie de ses propres yeux comment la Nature travaille toujours dans le plus bel ordre, sans jamais franchir les degrés intermédiaires.

Si le lecteur s'imaginait que je procède contre les règles des Philosophes, je lui répliquerais, comme j'ai fait ci-dessus, que je ne cherche pas le secret des Philosophes ; mais que je suis un physicien ou un physophile, qui suit exactement les voies de la Nature et qui imite scrupuleusement toutes ses opérations. Les Philosophes ont écrit comme ils ont voulu. Je sais, peut-être, très bien leurs méthodes ; mais comme je ne les estime ni ne les méprise, je les laisse telles qu'elles sont ; et je suis uniquement les miennes, parce que je suis certain qu'elles sont conformes aux lois de la Nature. C'est elle qui m'a enseigné de ne pas enfermer l'humide et le sec ensemble dans une fiole, comme font les Philosophes, et les coaguler par une continuelle digestion, jusqu'à ce qu'ils soient totalement desséchés et réduits entièrement en terre par un feu continuel.

Celui qui, par la véritable voie de la Nature, parvient au but et abrège l'œuvre, doit emporter le prix.

Afin que les éléments de l'eau et de la terre produisent leurs fruits, la Nature leur donne d'en haut la semence en forme d'eau, dont la terre prend et retient autant qu'elle en a besoin pour ses productions. Elle repousse l'eau superflue et surabondante par la chaleur inférieure et supérieure, c'est-à-dire par la chaleur souterraine centrale et par la chaleur du soleil, la chasse en l'air en forme de vapeurs et de fumée, d'où elle tombe et distille de nouveau sur la terre. La terre en prend encore autant qu'elle en a besoin pour ses productions et leur accroissement ; le superflu s'élève de nouveau dans l'air en forme de vapeur, fumée et brouillard ; et la Nature continuera cette circulation jusqu'à ce que la volonté du Créateur coagule et fixe tout ensemble en une pierre. Par cette imbibition ou distillation du macrocosme, naissent tous les fruits de la terre, chacun suivant sa qualité ; car quand la terre est desséchée et réverbérée par le soleil, le ciel fournit de nouveau l'humidité, et l'imbibe encore avec la pluie et la rosée : ensuite le soleil revient et dessèche, coagule, réverbère derechef la terre et l'altère, pour y attirer d'autre humidité.

Par cette opération de la Nature, chaque Artiste doit apprendre la plus belle méthode pour coaguler et fixer, comme, dans le chapitre septième de la première partie, il doit avoir appris de la Nature même la plus belle méthode pour résoudre et volatiliser ; car il voit que chaque chose ne prend en soi du feu et de l'eau qu'autant qu'elle en a de besoin, et qu'elle laisse aller le superflu.

Plusieurs Artistes se sont ruinés, en voulant coaguler et fixer toute l'humidité du sujet qu'ils avaient entre les mains. Ils y ont consommé une quantité prodigieuse de charbon, et ont fait un si grand feu que leur matras en est crevé et que tout leur trésor s'est perdu dans les cendres ; par où ils sont tombés dans une si grande détresse et affliction qu'il y en a qui en sont morts de mélancolie.

Quelle misérable vie ! Quelle perte de temps ! Ils auraient été plus sages s'ils eussent considéré le cours de la Nature, qui opère journellement sous leurs yeux, et qui doit servir à tout physicien de modèle et de précurseur.

Cependant je ne puis les blâmer. Au commencement je pensais, comme eux, faire les plus belles choses en suivant mes idées; mais l'expérience m'a détrompé. Enfin, par une contemplation continuelle de la Nature et un travail opiniâtre, je suis parvenu à la méthode que j'enseigne. Je la donne au public telle que je l'ai apprise, avec les suites qu'elle a eues. Que ceux qui veulent suivre cette voie se conforment à ce traité. Ils en retireront certainement quelque satisfaction, au moins autant qu'ils espèrent en trouver dans d'autres. S'ils rencontrent quelques obstacles, qu'ils aient recours à la Nature et qu'ils la méditent. Il n'y a point de difficultés qu'ils ne puissent lever par ce moyen.

On entend crier de tous côtés: suivez la Nature; et l'on ne trouve personne qui l'ait étudiée comme il faut. Il est vrai qu'il y a un grand nombre de physiciens qui ont écrit sur la Nature, et qui ont prétendu avoir fait la description de toutes choses avec la plus grande exactitude. Ils ont fait ce qu'ils ont pu; mais la plupart, et presque tous, n'ont décrit que l'écorce et non l'intérieur; et par ces écrits ils ont, quoique innocemment et sans le savoir, égaré et ruiné des milliers de personnes qui ont suivi leur doctrine et qui ont trop expliqué la pensée des autres, tantôt d'une manière tantôt d'une autre, suivant l'idée qu'ils se sont formée dans leurs esprits.

Pour moi, je n'entreprends pas de donner une description détaillée de toutes choses. Ce serait un ouvrage immense et au-dessus de mes forces.

Je me contente dans ce petit traité de faire voir en général, par la théorie et par la pratique, la marche que la Nature suit dans ses opérations, afin que tous les Artistes puissent désormais la prendre pour guide. Lorsqu'ils auront compris quelques manipulations, ils pourront pousser plus loin leurs spéculations et les confirmer par l'expérience. De cette manière ils trouveront la véritable voie, et parviendront au but désiré.

Ne voit-on pas combien de temps on emploie pour la solution d'un sujet, et combien il faut pour cela de charbon et de dépense? Combien de temps ne faut-il pas encore pour coaguler le liquide et le fixer en une poudre? Ainsi l'on travaille sur un seul sujet, non seulement pendant plusieurs mois, mais pendant plusieurs années, et l'on ne recueille que de la fumée.

L'artiste qui veut coaguler un sujet, doit considérer attentivement les substances et les parties qu'il a avec lui, à savoir l'eau et l'esprit.

Soit que l'esprit soit caché dans l'eau, soit qu'il soit en forme de sel ou d'huile, en celle d'une poudre subtile ou en telle autre forme que ce soit ; il ne prendra jamais en soi plus d'eau qu'il n'en a besoin pour devenir un corps coagulé et fixé. Comme il laisse détacher de soi, par la violence du feu, tout le superflu, il faut le lui ôter, par la distillation, à l'imitation de la Nature ; et surtout avoir soin de ne pas distiller à trop grand feu, mais à un feu très doux, au bain-marie, et de recohober l'humidité jusqu'à ce que la terre puisse supporter un plus grand feu. Alors elle n'en a plus besoin : il faut qu'elle se dessèche de plus en plus, et qu'elle avance vers la coagulation et la fixation. A mesure que l'humidité superflue s'en détache, la semence (ou l'esprit) se coagule de plus en plus et plus promptement.

Mais, dira quelqu'un, comment pourrais-je connaître que l'esprit, qui est dans l'eau, s'attache au corps fixe, s'y coagule et s'y fixe, pendant que je vois que, par la distillation, l'eau passe dans la même quantité que j'y ai mise ? Je conviens que j'ai trouvé la même difficulté avant que de parvenir à cette connaissance ; mais faites attention à ce qui suit.

L'eau, comme le réceptacle, et le corps visible et sensible, dans lequel l'esprit ou la semence invisible est caché, est le seul moyen par lequel toutes choses se mêlent et s'unissent, parce que toutes choses liquides et humides se mêlent plus facilement dans leurs plus petites parties que les sèches. Cette eau renferme en soi l'esprit ou la semence et toute sa force, d'une manière cachée et invisible, et elle est le véhicule de l'esprit. Les eaux sont subtiles ou grossières, suivant qu'elles sont étendues, subtilisées, épaissies, et suivant que la semence ou l'esprit est volatil ou fixe, l'eau s'ajuste avec la semence, et la semence avec l'eau.

Par exemple, l'esprit-de-vin est une eau ; le vinaigre est aussi une eau, de même que l'huile ; tout ce qui est liquide est eau, différente, à la vérité, suivant la propriété de l'esprit coagulé ou résous ; car l'esprit n'opère pas de la même manière dans l'esprit-de-vin, dans le vinaigre, dans l'huile, dans le sel, dans les acides corrosifs.

Or, il est visible que toutes les eaux sont résoutes et liquides, ce qui provient de l'humidité superflue qu'elles contiennent. Si elles étaient coagulées, elles seraient sèches ; car les chimistes nomment les choses sèches des choses coagulées, ou les choses coagulées des choses sèches. C'est pourquoi il faut leur ôter, par la distillation, leur humidité superflue, et cela de manière que l'esprit ou l'acide qui reste caché dans cette humidité ne passe pas en même temps avec elle ; mais qu'il reste en arrière et se coagule.

L'humidité doit passer sans aucun acide, comme un phlegme insipide : alors la semence se coagule dans l'instant, et si promptement que l'Artiste en ressentira la plus grande joie et sera mille fois plus passionné à embrasser et à pratiquer l'Art de la chimie ; parce qu'il voit que ses opérations sont infaillibles comme celles de la Nature qu'il se propose d'imiter.

Considérez donc avec attention, si vous voulez profiter dans cet Art, que l'eau ou l'humidité superflue n'est point la partie principale qu'il faut coaguler ; mais que c'est l'esprit ou la semence qui est cachée dans l'eau qui se coagule, se concentre et se fixe par sa propre partie fixe ou, pour mieux me faire entendre, par son propre acide et par sa partie alcaline ; alors l'humidité superflue, ou l'eau recolacée, s'en détache d'elle-même, et la semence n'en retient en soi, pour sa consistance, que ce qui nécessaire pour former et pour entretenir un corps dans une humidité permanente et incorruptible. Elle retient si fortement cette humidité qu'elle a attirée, qu'elles se fondent et fluent ensemble constamment dans toutes sortes de feu, comme de la cire et sans fumer. On voit cela au caillou et au verre, dont l'humidité superflue a été extraite au suprême degré ; ils n'en retiennent pas davantage qu'il ne leur en faut pour pouvoir couler comme de l'huile dans le feu le plus fort et le plus violent, sans aucune diminution de leur consistance, à moins que, par la Nature ou par l'Art, ils ne soient rétrogradés.

Ce serait un grand ouvrage pour l'Artiste ainsi que pour la Nature s'il fallait coaguler toute l'eau ou l'humidité superflue, autant que chaque individu en a de concentrée en soi, en terre, en poudre sèche ou en pierre :

cela ne serait pourtant pas impossible ; mais outre que cela serait inutile, la plus longue vie d'un Philosophe ne suffirait pas pour y réussir. Qu'on en fasse seulement l'essai, en enfermant de l'eau de pluie ou de fontaine dans une fiole, et en la mettant au feu pour la coaguler : on y trouvera bien une terre, mais dans six mois, et même dans un an, on ne s'apercevra pas que l'eau ait diminué en quantité, ou si peu que rien, ni qu'elle se soit coagulée.

Nous imiterons donc la Nature qui, dans le règne animal, ne change pas toute l'humidité en animal ou en parties animales. Si cela était, il ne rendrait point d'excréments par la transpiration ni par les autres voies. De même aussi dans les végétaux toute l'humidité ne devient pas végétale ; autrement ils ne donneraient pas des gommes, des résines comme on le peut voir, principalement au printemps, dans les grands végétaux et les arbres dont les écorces, par la trop grande abondance de l'humidité superflue, se fendent et laissent écouler le suc surabondant sous différentes formes. De même aussi, toute l'humidité ne se joint pas aux minéraux et aux pierres dans leur accroissement ; si cela était, on ne verrait pas couler des montagnes tant de grosses rivières, de fontaines, de sources. Ainsi toute la pluie, la rosée, la neige, etc., n'est pas employée à l'accroissement des productions de la terre ; si cela était, la chaleur centrale et terrestre et celle du soleil ne pourraient sublimer ni attirer aucune vapeur ou exhalaison ; au lieu que nous voyons qu'ils font tous les jours tant de vapeurs, et en si grande quantité qu'il s'en forme abondamment de la rosée, de la pluie, de la neige, qui sont de nouveau précipitées sur de la terre. Par où la Nature nous enseigne l'imbibition et cohobation du macrocosme : elle ne donne pas en une seule fois assez d'humidité pour que ses productions en aient suffisamment, jusqu'à leur perfection ; mais elle cohobe toujours en imbibant continuellement peu à peu, et en desséchant de nouveau.

Chacun peut donc voir clairement que l'eau ne sert que d'enveloppe ou de véhicule à la semence ou à l'esprit (comme nous l'avons suffisamment démontré dans la première partie) et qu'elle n'est pas elle-même la semence ou l'esprit ; que par cette raison elle ne veut pas être coagulée toute entière, mais seulement autant que la semence en a besoin. Si on versait dix muids d'eau sur une demi once de terre, toute l'eau volatile et l'humidité s'en détacheraient par la distillation ; la terre n'en retiendrait pas plus qu'il ne lui en faut pour s'y coaguler avec elle : mais si l'eau contient aussi en elle de la terre ou des parties fixes, elles resteront en arrière avec la terre qui est son semblable.

La semence ou l'esprit opèrent dans les espèces ou individus de la même manière que dans les universels. Lorsque cet esprit est devenu fixe, il prend et attire à soi l'esprit volatil semblable à lui pour le fixer ; de même il laisse détacher l'eau superflue, dans laquelle cet esprit volatil était caché, presque en même quantité qu'elle était auparavant. C'est de cette manière que le semblable s'unit à son semblable, et l'attire à lui, suivant l'axiome : *Natura naturam ambit et amplectitur ; natura natura gaudes*, et par la même raison, un contraire chasse et repousse son contraire quand il s'agit de former une union et une unité constante.

Tant que l'eau et la semence ou l'esprit ne sont pas unis véritablement et constamment dans un même corps, il n'arrivera jamais aucune union constante et permanente, ni aucune fixité ; cela se voit clairement dans les animaux et les végétaux qui sont d'une nature corruptible, et de très facile résolution, parce qu'ils abondent en eau *recolacée* ou superflue. Plusieurs minéraux n'en sont pas trop privés non plus ; car tant que l'eau recolacée ou l'humidité superflue, insipide, n'en est pas séparée, ils sont sujets à l'altération, à la corruption et à la résolution ; c'est ce qui arrive aux animaux et aux végétaux, qui, à cause de leur humidité superflue, se corrompent très facilement, surtout lorsqu'il leur en est ajouté extérieurement par la pluie, par l'eau, la neige, etc. Les minéraux se corrompent de même, parce que cette humidité superflue y est jointe plus ou moins et s'y joint encore d'ailleurs.

Que le lecteur reconnaisse que l'eau recolacée sert de marteau ou d'enclume à la semence ou à l'esprit qui y est implanté, qui, par son moyen, est réveillé et excité à agir ; car il ne saurait jamais se tenir en repos dans les eaux ; mais il y cause continuellement des altérations l'une après l'autre. Lorsque cet esprit est coagulé et fixé, que, par cette opération, il est privé de son humidité superflue, et desséché, comme cela arrive dans les pierres, les minéraux, les métaux, les pierres précieuses, le verre, etc., il y est assoupi, concentré et poussé à sa plus grande force, et il reste dans cet état constamment et incorruptiblement, jusqu'à ce qu'il soit réveillé par son humide semblable à lui ; pour lors il cherche à résoudre un tel corps coagulé, en sa première matière, et il le détruit avec les mêmes instruments dont il s'est servi pour le former.

Quelqu'un pourrait m'objecter que les excréments des animaux, des végétaux et des minéraux, que la Nature évacue et expulse, ne sont pas une eau recolacée, un être ou substance sans force ; mais que ces eaux sont encore pleines de semence et d'esprit, et participent très fort de l'essence du corps qui les expulse, comme l'urine, de celle de l'homme, les gommes et les résines, de celle des arbres, et les eaux minérales, de celle des minières. Je dis premièrement que la Nature les ayant trouvé superflues pour l'accroissement et la conservation du corps déjà commencé ou engendré, elle a voulu les en expulser ; deuxièmement, que par la volonté du Créateur, la Nature ne se propose point l'exaltation en quintessence, comme l'homme l'a pu faire par l'Art ; troisièmement, qu'elle enseigne aux hommes de s'adresser aux excréments qui s'écoulent des corps sans les endommager, et de chercher ce qui leur est nécessaire pour l'entretien de leur vie et pour leur conservation, sans se trouver obligés d'attaquer le corps même ; chacun de ces excréments étant, suivant sa qualité, rempli de forces et de vertus.

Dans le règne animal la Nature nous a donné les excréments, comme l'urine, principalement la fiente, puis la sueur, la morve, les crachats qui viennent de l'estomac et des poumons, les larmes des yeux, la cire des oreilles. Dans le règne végétal elle nous a procuré les gommes et les liqueurs qui s'en écoulent d'elles-mêmes, la semence, les feuilles et les tiges. Il n'est pas nécessaire de prendre le corps entier des animaux, ni de tirer de la terre la racine des plantes, puisque les choses mentionnées ci-dessus ont la même force que la racine.

Il n'est pas non plus nécessaire, pour avoir une quintessence du règne minéral, de prendre le corps même des métaux. Au lieu de l'or, un Artiste peut se servir des marcassites solaires, du vitriol solaire, des minières sulfureuses solaires, des soufres fixes et embryonnés, c'est-à-dire de ceux qui se trouvent dans l'antimoine, dans l'hématite, dans l'émeri, dans l'aimant, qui participent tous de la nature cordiale et corroborative de l'or.

Il en est de même des autres astres rouges et des astres blancs ; car, comme l'antimoine a en lui le soufre embryonné volatil de l'or, le bismuth contient le soufre embryonné volatil de l'argent ; la calamine et la tutie contiennent son soufre fixe, et l'or n'est-il pas aussi un vitriol lunaire parfait ? Un amateur peut donc voir que la Nature ne nous a pas présenté un seul sujet pour la nature humaine, mais plusieurs, et en plus grand nombre que nous n'en avons besoin. Où la Nature finit, il faut que l'Artiste commence, et qu'il ôte de tous ces sujets l'humidité superflue. La Nature nous en donne l'exemple dans les mines, et nous indique les moyens par lesquels nous pouvons parvenir à la quintessence et à la fixité incorruptible ; car dans les mines, elle force les corps les plus durables qui ne peuvent être détruits par l'eau et l'air, et même ne peuvent l'être que très lentement par le feu. C'est à cette fixité incorruptible que doit tendre l'Artiste : il aura un moyen de se procurer la santé et une longue vie. Le secret consiste, comme nous l'avons dit, à séparer du sujet l'humidité superflue et à concentrer l'esprit ou la semence.

Mais quelqu'un pourra me demander si cette humidité superflue, ou eau recolacée, est privée entièrement de tout esprit, force et vertu, en sorte qu'elle ne puisse plus servir à rien. Je réponds que l'eau recolacée ne peut jamais être absolument et totalement séparée de l'esprit ou de la semence, en sorte qu'elle ne contienne plus en soi aucune force cachée, ni aucun rayon de l'esprit ; qu'il est également impossible que l'esprit soit entièrement séparé de l'eau recolacée ; mais qu'il participe toujours de cette eau, quand même il serait poussé jusqu'à la fixité de la pierre, et coagulé autant qu'on le voudrait ; car l'eau est tout esprit, et l'esprit est eau ; ils ne sont pas distincts l'un de l'autre par leur essence, mais seulement par leurs accidents et par leurs opérations ; ils ne sont qu'une même chose, et tout ce qui existe n'est que cette chose diversement modifiée.

Plus l'esprit devient fixe et coagulé, plus il acquiert une force supérieure pour agir. Si dans sa résolution, sous la forme de rosée et de pluie, il avait autant de force qu'il en a dans son extrême coagulation d'or ou d'escarboucle, l'eau de pluie ainsi crue serait une médecine universelle, et on n'aurait pas besoin de se tourmenter pour résoudre les individus et les semences coagulées et les réduire en quintessence et en magistère. Mais comme, suivant la parole d'Hermès, sa force n'est entière que lorsqu'il est converti en terre, il faut, par cette raison, concentrer et fixer cet esprit dilaté sous la forme d'eau ; alors il acquiert *vim integram, et fortitudinem fortissimam*. Ainsi lorsque j'appelle l'eau superflue un *recolaceum* ou phlegme inutile, ce n'est pas qu'elle soit sans vertu ; elle est comme la pierre angulaire méprisée, qui cependant est devenue la pierre la plus utile, et le soutien le plus solide du bâtiment ; car elle est le propre véhicule de l'esprit concentré, par le moyen duquel, lorsqu'il est insinué dans un corps malade, cet esprit ou cette quintessence est réveillée et mêlée avec l'archée maladif, par où cet archée est fortifié et mis en état de pouvoir expulser son ennemi, qui le rend infirme.

La véritable raison pour laquelle nous séparons cette eau recolacée, c'est parce qu'elle est une semence qui est encore trop éloignée dans l'huile ou dans là première matière, et qu'elle n'est pas encore assez disposée ou devenue assez salée par la putréfaction ou par la fermentation ; car la salsuginosité est le commencement et le fondement de toute coagulation, et la chose la plus prochaine dans la terre, pour être convertie en pierre précieuse. C'est pourquoi l'eau recolacée, étant éloignée de cette salsuginosité, ne peut être coagulée et devenir terrestre, ou que très lentement ; au lieu que l'esprit, étant d'une nature saline spermatique et disposé à se coaguler, quelque volatil qu'il soit, peut se coaguler beaucoup plus tôt que l'eau recolacée.

Cependant si cette eau devient aussi, par la fermentation, d'une nature saline, elle se laisse également coaguler, comme la semence et l'esprit ; mais comme elle ne se laisse coaguler qu'avec une lenteur incroyable, nous la séparons par la distillation, pour abréger notre œuvre et gagner du temps : et si nous l'appelons inutile, nous n'entendons point dire autre chose sinon que, pour cet œuvre, elle est superflue et peu propre ; car nous savons que le Créateur a créé le moindre petit atome de terre, la plus petite goutte d'eau pour son honneur, pour sa gloire et pour l'utilité de ses créatures. Que le lecteur considère bien ce discours, il ne contient pas un seul mot d'inutile. Si en une seule fois il n'en pénètre pas bien le sens, qu'il le médite jusqu'à ce qu'il l'entende bien.

Afin qu'un amateur voie de ses propres yeux qu'il n'y a que la semence aiguë et salée qui se coagule promptement, et non l'eau recolacée, qu'il fasse attention à l'exemple suivant, qui lui fera toucher de ses mains ce qu'il ne peut apercevoir dans un sujet chaotique ou universel.

Prenez des grappes de raisin bien mûres ; exprimez-en le suc : faites-le fermenter (ce qui est sa putréfaction) ; vous aurez du vin. Ou prenez, si vous voulez, un vin déjà fait ; plus il est vieux, meilleur il est : mettez-le en telle quantité que vous voudrez dans un alambic ; distillez-en l'esprit ardent : rectifiez-le ensuite, jusqu'à ce qu'il soit à l'épreuve de la poudre, et vous en aurez le volatil. Distillez ensuite de nouveau jusqu'à l'épaisseur du miel : mêlez-le avec des briques pilées, dont, par lexiviation, la poudre légère soit bien ôtée, en sorte que cette poudre de briques tombe d'abord au fond de l'eau sans surnager (sans quoi vous ne pourriez pas bien séparer le *caput mortuum*) ; faites dessécher ce mélange jusqu'à ce que vous en puissiez faire des boulettes : mettez-les dans une retorte, au feu de sable ; adaptez-y un récipient : distillez par degrés ; vous en tirerez d'abord un phlegme grossier, ensuite un esprit aigre, qui est suivi d'une huile épaisse, fétide, que vous tirerez par un degré de feu ouvert ; il restera dans la retorte un capta mortuum : brûlez-en le charbon, qui est la partie alcaline : tirez-le de la retorte ; réduisez-le en poudre avec vos mains : remplissez d'eau une terrine profonde, et jetez-y la poudre ; la farine des briques tombera au fond, le charbon surnagera sur l'eau ; retirez-le avec une plume : conservez-le ; prenez l'eau, filtrez-la et coagulez-la, vous trouverez le sel alcalin du vin : prenez ce sel et la poudre de charbon ; desséchez-les bien tous les deux : broyez-les avec l'huile fétide ; mettez-les ensuite dans un matras : versez dessus l'acide ou le vinaigre ; menez-le au bain-marie pendant un jour et une nuit, après l'avoir couvert de son chapiteau et avoir adapté le récipient, vous en distillerez au bain-marie par degrés toute l'humidité ou *recolaceum*, qui voudra passer : délutez le chapiteau et le récipient; verser sur le résidu de l'esprit-de-vin ou du volatil: remettez de nouveau le chapiteau et le récipient, et distillez lentement au bain-marie; il ne passera qu'un pur phlegme ou une eau recolacée; toute la force de l'esprit-de-vin restera avec la semence, ou avec l'acide et l'alcali. S'il montait encore quelque peu d'esprit avec le phlegme, cet esprit-de-vin sera si faible en comparaison de ce qu'il était auparavant, qu'il ne sera plus à l'épreuve de la poudre; la raison en est que la terre en a attiré l'esprit autant qu'elle en avait besoin et a laissé détacher d'elle le superflu.

Par cette opération, un Artiste pourra concevoir de quelle manière la semence ou l'esprit salin se coagule et se fixe, et comment il laisse détacher de soi l'humidité superflue. Cet effet ne peut être aperçu dans l'eau universelle ou la pluie; parce que ses principes volatils sont presque tous semblables en odeur, en goût, en couleur, et n'ont point de qualités spécifiques, ou d'acidité sensible, comme ceux des règnes animal, végétal et minéral qui sont spécifiés.

L'esprit-de-vin, l'esprit-d'urine et l'esprit-de-vitriol ont une acidité sensible. Lorsque celle-ci est coagulée sur son alcali, pendant un jour et une nuit, qu'on a couvert l'alambic de son chapiteau et qu'on y a adapté le récipient il en distille, au bain-marie, de l'acide. Le phlegme ou l'eau recolacée demeure vide, douce, sans odeur ni goût, comme une simple eau de fontaine. On voit par là que cette acidité doit nécessairement avoir quelques qualités particulières et différentes de l'eau insipide; cette acidité est l'esprit ou la semence qui, par la putréfaction et la fermentation, a pris une nature saline et coagulante.

Après que l'Artiste aura coagulé le vinaigre et l'esprit-de-vin sur le charbon et sur le sel, et qu'il en aura distillé l'eau recolacée, qu'il réfléchisse sur la quantité de phlegme et d'acidité ou de semence qu'il aura tiré de son vin distillé; il trouvera que l'eau recolacée excède de beaucoup la semence, qu'il pèse auparavant l'esprit-de-vin qu'il aura rectifié jusqu'à l'épreuve de la poudre à canon; après qu'il l'aura versé sur ses parties fixes et qu'il en aura distillé l'eau recolacée, qu'il repèse cette eau et qu'il voie quelle petite quantité d'acidité ou de semence était cachée dans cette eau, encore que l'Artiste ait cru que l'esprit-de-vin était dépouillé de tout phlegme, puisqu'il allumait la poudre. Par cette épreuve il connaîtra que l'esprit-de-vin contient, à très peu de chose près, autant de phlegme qu'il pèse, et que son acuité, qui se laisse coaguler et fixer, est en très petite quantité.

Pour donner à l'eau recolacée la louange qu'elle mérite, je dois dire qu'elle est un excellent humide radical, purifié, qui restaure celui de nos corps, et dont les étiques et ceux qui ont la consomption, devraient se servir pour boisson ordinaire ; mais il ne faut l'entendre que de cette eau recolacée, de laquelle l'esprit-de-vin, qui allume la poudre, a été coagulé et fixé ; car elle est un mercure très pur, végétal, universel, insipide, volatil et coagulable, etc. Par cette opération, le lecteur verra qu'il n'y a que la semence, l'esprit et l'acuité, ou la substance saline spermatique de toutes choses, qui se laisse coaguler, et non l'eau recolacée. Or, si un Artiste sépare l'eau recolacée de la semence, la coagulation s'en fait dans le moment, laquelle est suivie immédiatement de la fixation.

J'ai dit que la terre se rassasiait de l'esprit-de-vin, et qu'elle laissait passer encore quelque acuité avec l'eau recolacée. On pourrait être embarrassé de savoir comment s'y prendre pour coaguler et fixer aussi cette acuité ou toute autre qui aura passé ; cela est fort facile. Il n'y a, comme je l'ai déjà dit, qu'à dessécher et altérer ce qui est coagulé, ou la terre même, par une douce réverbération aux cendres ; c'est-à-dire la dessécher bien doucement ; pour lors l'alcali, le coagulant ou la terre deviennent de nouveau avides d'attirer le reste de la semence qui a passé, à la coaguler et fixer, il ne passera que l'eau recolacée, insipide et sans goût, comme une eau pure de fontaine ; et vous aurez le magistère du vin, la quintessence ou l'arcane végétale, etc. Il en est de même de tous les végétaux ou animaux, comme nous l'enseignerons dans la suite.

Lorsque la coagulation est faite, la fixation suit après, c'est-à-dire qu'il faut réverbérer cet arcane de plus en plus aux cendres, jusqu'à ce qu'il puisse supporter le quatrième degré de feu ; ensuite on le met au sable jusqu'à ce qu'il puisse supporter ce degré : après cela on continue par les autres degrés, comme nous l'avons dit ci-dessus.

Le lecteur par là *quod Natura gaudeat Natura propria; Natura recipiat Naturam; Natura amplectatur Naturam, et contrarium seu non necessarium ipsa repellat.* En même temps que la Nature rejette l'hétérogène et le superflu, elle prend et attire à elle ce qui lui est agréable, promptement et non avec lenteur; quoiqu'il paraisse qu'elle va lentement vers la perfection: car en perfectionnant, elle se hâte avec beaucoup de diligence, comme vous l'expérimenterez dans la pratique.

La raison pour laquelle je n'ai pas un fourneau, ou un régime de feu continuel; que du bain-marie je saute aux cendres, de là au sable, aux paillettes de fer et au feu ouvert, et qu'ainsi j'interromps la chaleur, c'est qu'en cela je suis la Nature qui m'apprend que, si je veux durcir et coaguler quelque chose, il ne faut pas que je fasse toujours cuire dans l'eau, parce qu'elle amollit tout au lieu de le durcir. Comme mon intention est de fixer de plus en plus ma médecine, je donne aussi de plus en plus un degré de feu plus fort, comme le fait la Nature; parce qu'une chaleur faible ne peut pas faire un corps constant et fixe et que je vois que les cendres, les paillettes de fer et le feu ouvert donnent encore une chaleur plus forte; que plus le feu est fort, plus il fixe l'esprit, et plus l'eau recolacée s'en sépare et laisse avancer l'esprit et la semence, jusqu'à la dernière coagulation de la pierre et du verre. Car la Nature fait, dans le degré aqueux, des animaux aquatiques froids et de facile corruption; et plus la chaleur dont elle se sert est sèche, plus ses productions sont durables. L'on voit en effet que, pour faire les poissons et leurs espèces, elle emploie le vase de l'eau; que pour les animaux parfaits et qui ont leurs habitations sur la terre et dans l'air, elle se sert d'une petite chaleur sèche; que pour les végétaux, qui ont un corps plus dur et plus sec que les animaux, elle y emploie une chaleur plus forte et plus sèche; on voit encore que le soleil y darde continuellement et fortement ses rayons ainsi que sur la terre sur laquelle ils croissent, et, comme ils ne peuvent pas bouger de leur place, ils sont extrêmement échauffés et desséchés; au lieu que les animaux mobiles peuvent éviter cette chaleur, en tout ou en partie, et se réfugier à l'ombre ou à la fraîcheur. Les minéraux, au contraire, ont besoin d'une chaleur encore plus forte, intérieure et centrale, par laquelle ils sont coagulés en différentes manières, jusqu'en pierre.

Plus les minières s'approchent du centre de la terre, plus elles doivent supporter la chaleur.

Comme, dans un animal, la plus forte chaleur naturelle est concentrée dans l'estomac, principalement en hiver, de même aussi la plus forte chaleur de la terre est concentrée dans le ventricule du grand Demogorgon, ou dans le centre de la terre ; sans cela la Nature ne pourrait sublimer une si grande quantité de vapeurs, jusqu'à la superficie de la terre. Or, plus un sujet est proche du centre de la terre, plus fortement il est fixé, pourvu que la grande quantité d'humidité qui monte continuellement n'y porte point obstacle. On trouve aussi les plus fortes et les meilleures veines métalliques vers le centre ; les branches sont étendues très menues dans la circonférence ; parce que, plus la chaleur centrale monte, plus elle s'affaiblit ; si bien qu'elle ne peut fixer tout parfaitement. De là il arrive que, presque partout, beaucoup de minéraux percent jusqu'à la surface de la terre, qui ne sont pas mûris tout à fait en métal mais en minières de vitriol, d'alun, de soufre, de marcassite, de plomb, d'étain, etc.

On pourra m'objecter et dire : si la Nature travaille les métaux dans une si grande chaleur et sécheresse, pourquoi y a-t-il donc tant d'eau dans la terre ? Il est vrai qu'il y a beaucoup d'eau dans la terre, et encore plus dans son centre ; mais il est impossible que les eaux s'amassent en si grande quantité dans les endroits où la Nature a dessein de former des métaux. Car si une telle quantité d'eau se trouvait ensemble, dans les endroits où la Nature veut faire le guhr métallique, cette eau amollirait ce guhr et son sel vitriolique, l'entraînerait avec elle vers la surface, et les cavités de la terre resteraient vides, parce que l'eau empêcherait tout accroissement métallique ; mais comme l'eau ne coule pas en abondance dans tous les endroits où les métaux se forment, la Nature remplit ces endroits avec ses vapeurs corrosives, qui s'attachent aux rochers et aux pierres, les corrodent en les résolvant, et en font suffisamment de guhr pour que les cavités de la terre en soient farcies et remplies, comme les abeilles remplissent leurs cellules de cire.

Lorsque la Nature a tout à fait rempli ces endroits, aucune vapeur humide ne peut plus y pénétrer ; c'est pourquoi ce guhr se concentre, se coagule, se dessèche et se fixe de plus en plus, jusqu'à ce qu'il devienne une pierre riche, en métal qui peut résister à l'eau et au feu.

Il est vrai que, dans les endroits où il y a une grande quantité d'eau, comme dans les marais, étangs et lacs souterrains, les vapeurs y montent et que la semence minérale y entre et s'y accumule ; mais elle y est noyée : et lorsque l'eau s'élève vers la superficie, l'air froid coagule cette semence, et en fait une matière métallique qui reste dans les eaux, se précipite dans son temps, et forme toutes sortes d'électres, de gommes, de mauvais sucs minéraux et de bitumes. Ce qui en recoule au centre, se prête de nouveau à être sublimé à la circonférence, et à prendre son espèce dans son lieu déterminé.

Il n'y a donc point, dans les endroits où la Nature travaille les métaux, d'eaux souterraines qui puissent l'empêcher dans ses fonctions. Si cela était, comment les mineurs tireraient-ils des mines tant de minières sèches, dures et pierreuses, etc., point de molles et aqueuses ? On ne trouve dans les minières d'autre eau que celle qui peut provenir des vapeurs souterraines, copieuses, qui se sont accumulées, résoutes en diverses fentes des rochers, et qui en coulent quelquefois, comme de petites fontaines, entre les veines métalliques.

Il se trouvera sûrement des lecteurs qui auront mauvaise idée de mon opération, parce que j'interromps la chaleur et laisse refroidir l'œuvre. Ils doivent considérer que je ne cherche pas à faire des animaux mais des choses fixes comme la pierre, qui ne se gâte et ne se corrompt pas si promptement : et la Nature me montre le chemin que je dois suivre ; puisqu'elle cuit ses productions pendant le jour, et les échauffe par le soleil ; que la nuit elle les humecte et les rafraîchit par la lune, et interrompt ainsi la chaleur sans leur porter aucun dommage. Ils doivent surtout faire attention que l'Art ne se propose pas d'opérer les mêmes générations que la Nature ; ce serait une curiosité inutile et superflue, puisque la Nature nous dispense elle-même de cette peine. Il a en vue une génération différente, c'est-à-dire une génération en quintessence, permanente, immortelle, glorifiée ; un corps spirituel et un esprit corporel. Son but est de séparer des créatures l'humidité corrompante ou recolacée, et de faire une médecine pierreuse, saline, de facile solution dans toute humidité qui, étant prise intérieurement, puisse pénétrer par tout le corps, depuis l'estomac jusqu'à l'extrémité des os et de la moelle, comme la fumée pénètre dans l'air ; et dont la propriété soit de fortifier la Nature et de l'aider à surmonter les obstacles qui nuisent à ses opérations.

Il en résultera une guérison parfaite de toutes les maladies ; car un médecin habile sait bien que la Nature infirme n'a besoin que d'être fortifiée ; et il ne peut y avoir de meilleur confortatif que la quintessence dans laquelle tout est dans la dernière pureté, et qui est une médecine fixe et pourtant spiritueuse, etc.

On sera sans doute surpris de ce que, dans mon opération, je n'ai point séparé de fèces ; car cette séparation est tellement en vogue que chacun ne veut faire autre chose, sans avoir examiné ce que c'est que les fèces, et sans savoir qu'il rejette le grain, pendant qu'il conserve l'écorce. Si je ne sépare point de fèces, c'est que je n'en connais point dans la Nature. Je soutiens que tout ce qu'elle fait, sans aucune exception, est pur, bon et sain ; que tout doit rester ensemble, et qu'on ne saurait s'en passer.

Je dirai donc, pour me faire entendre, que je ne donne le nom de *fèces* qu'à un contraire qu'on a joint extérieurement à un sujet. Comme, par exemple, si je donnais à un homme une pierre, un minéral, un corrosif ou un poison pour sa nourriture, on verrait bientôt qu'ils lui sont contraires et hétérogènes. Voilà ce qui est fèces pour l'homme ; parce que la Nature n'a pas destiné les minéraux, ni le poison pour sa nourriture, mais les végétaux tels que le pain, le vin qui lui sont convenables et homogènes. C'est pourquoi chaque chose attire à soi son semblable, et rejette ce qui lui est contraire comme un excrément ; mais cet excrément n'est pas absolument fèces en tout sens, ou une terre damnée qui ne puisse servir à rien. S'il n'est pas propre à une chose, destinez-le à quelque autre.

Ainsi toutes les choses hétérogènes, qui ne devraient pas être jointes ensemble immédiatement, comme les minéraux et les animaux, sont des fèces, les unes par rapport aux autres. Cependant, quoique les minéraux et les animaux soient immédiatement contraires les uns aux autres et semblent être hétérogènes dans leurs espèces et individus, ils sont pourtant, à les considérer dans leur universalité ou dans leur essence, une même chose et intrinsèquement homogènes ; puisqu'ils ont pris leur origine d'une seule et unique matière première et qu'ils peuvent facilement, par les milieux qui leur sont propres, tirés du règne végétal, être rendus homogènes.

Je dis donc qu'il n'y a point, absolument parlant, de fèces dans la Nature, c'est-à-dire que rien n'y est inutile ; que tout ce que contient un individu ou une chose universelle lui est indispensablement nécessaire. D'où proviendraient en effet tant d'impuretés dans la Nature puisque toutes choses ont pris leur origine d'un Dieu très pur, et ont été faites de lui et par lui. Mais je vais démontrer par l'expérience que les prétendues fèces que les chimistes rejettent, contiennent la teinture la plus fixe de chaque chose.

Si l'on distille lentement dans un alambic un animal ou un végétal, putréfiés auparavant, on en tire un esprit et un phlegme recolacé ; si l'on pousse ensuite les résidus par la retorte et qu'on en distille, par degrés, tout ce qui peut passer : on a un phlegme grossier, puis une liqueur forte et aigre, qui est l'acide que j'appelle aussi vinaigre ou azoth. Cet azoth est suivi d'une huile grasse, fétide ; et le *caput mortuum* reste au fond de la retorte, en forme de charbon. Les minéraux donnent également, par la distillation, l'esprit, le phlegme, l'acide ou azoth, l'huile et un *caput mortuum* ; mais comme ils sont des corps fortement fermentés ou coagulés, leur esprit n'est pas si volatil que celui des deux autres règnes ; leur phlegme est plus subtil, leur acide très corrosif, et leur huile encore plus corrosive. Les chimistes tirent, après la distillation, le sel du *caput mortuum*, et le surplus est ce qu'ils appellent *fèces*, et qu'ils rejettent comme entièrement inutiles.

Mais qu'ils sachent que le charbon est un pur soufre ou une huile coagulée, et que l'huile est, dans son centre, un charbon résous et liquide qu'on peut facilement réduire en charbon ; car lorsque dans une cucurbite haute on en tire, au feu de cendres, son humide par degrés, il ne reste au fond qu'une matière noire comme du charbon, qui cependant était huile auparavant ; et l'humide qui en a été ôté est un vinaigre très aigre ; ce qui prouve encore la vérité de notre doctrine, à savoir que les principes ne diffèrent pas entre eux à raison de leur origine et de leur matière, mais seulement à raison de leur solution et coagulation, de leur volatilité et fixité, de leur subtilité ou densité. Ainsi le charbon est une huile coagulée ; l'huile un acide ou azoth coagulé ou concentré, et l'azoth un esprit volatil, coagulé ou concentré ; et au contraire, l'esprit volatil est un vinaigre raréfié et rendu subtil ; le vinaigre une huile raréfiée, et celle-ci un charbon résous ; mais si vous brûlez le charbon en sel et en cendres, il acquiert une plus grande fixité ; et si les cendres et le sel sont fondus en verre, le sujet est alors dans le plus haut degré de fixité constante et incorruptible.

Pour examiner le charbon par l'analyse, il faut que l'Artiste observe que chaque chose doit redevenir ce qu'elle était auparavant, par le moyen de ce dont elle a pris naissance. Par exemple, le charbon était auparavant une huile ; l'huile était un vinaigre ou azoth ; ainsi le charbon doit redevenir huile par le moyen de l'huile, et l'huile doit redevenir vinaigre par le vinaigre, puisqu'elle était vinaigre. Nous avons prouvé ci-dessus que la chose était ainsi, en faisant voir que toutes les parties subtiles deviennent de plus en plus épaisses, coagulées et fixées par la digestion ; qu'au contraire toutes les choses épaisses, en les digérant dans une plus grande quantité de parties exténuées, s'exténuent et se subtilisent ; car si l'on mettait immédiatement les parties subtiles avec des parties grossières en même poids, nombre et mesure, l'un ne pourrait pas vaincre l'autre, et il en résulterait plutôt une chose tierce. C'est pourquoi si l'on veut changer une chose en une autre, il faut toujours y ajouter une quantité et qualité excédentes. Ainsi, si je veux volatiliser des choses fixes, il faut que j'y ajoute une plus grande quantité de volatil, sans quoi je ne saurais vaincre son contraire ; et de même, si je veux fixer des choses volatiles, il faut que j'y ajoute une plus grande quantité de fixe ; sans cela, je ne saurais jamais lier l'oiseau volatil.

De cette manière, si vous voulez de nouveau réduire le charbon en huile, suivant l'ordre et la règle de la Nature, prenez une partie de charbon pulvérisé fin ; broyez-le avec trois ou quatre parties de son huile propre, épaisse et fétide ; versez-y ensuite six parties de son propre acide ; mettez-les cuire au bain-marie, dans une cucurbite haute, avec son chapiteau et récipient ; l'huile résoudra le charbon, l'acide résoudra et exténuera l'huile ; ainsi tout deviendra liqueur, et tout montera ensemble par la retorte. Si vous voulez le rendre encore plus volatil, versez-y de son propre esprit volatil ; digérez-le au bain-marie ; remettez ensuite le tout dans une retorte ; il montera et passera de plus en plus vite par l'alambic, suivant que vous y aurez ajouté de l'esprit volatil en plus grande quantité. Vous voyez par là comment un principe coagule l'autre, le résout, l'épaissit, le subtilise, le fixe et le volatilise, comme nous l'avons dit ci-dessus.

C'est de cette manière qu'on peut faire les véritables quintessences, bien différentes de ces teintures faibles, extraites par l'esprit-de-vin.

Ce qui prouve que le charbon n'est pas *fèces*, mais la teinture la plus fixe de chaque chose, c'est qu'une partie de charbon étant résoute, elle en résout d'autres de plus en plus, jusqu'à ce que tout le corps du charbon soit réduit en liqueur ; car les parties volatiles qui ont passé les premières doivent aussi résoudre les parties les plus fixes qui sont restées en arrière, et les volatiliser.

Une autre preuve que le charbon n'est pas *fèces*, est que si l'on fait fondre du sel de tartre, et qu'on y mette de la poussière de quel charbon que ce soit, autant que le sel de tartre en peut prendre, on verra le sel de tartre prendre une couleur bleu foncé, noirâtre et verdâtre, à cause de l'abondante teinture. Versez ce sel fondu, pilez-le bien vite, versez-y de l'esprit-de-vin le plus rectifié ; il se teindra en peu d'heures et attirera à soi la teinture ; ensuite, prenez ce sel de tartre bleu, fondu ; cuisez-le bien avec de l'eau de fontaine ; filtrez-le et précipitez le soufre avec une eau-forte, un vinaigre, un esprit-de-vitriol, ou avec tout autre acide ; vous trouverez au fond un soufre qui ne le cédera pas en couleur à celui du soleil, de Mars, de Vénus et de l'antimoine, et qui se montrera dans l'eau-forte d'une couleur jaune aussi foncée que le soleil la puisse faire.

On voit par là les qualités qui sont cachées dans le charbon.

Les chimistes auraient bien dû s'en apercevoir : d'autant plus qu'ils attribuent à la teinture du sel de tartre de très grandes vertus ; mais ils veulent absolument que cette teinture, qu'ils croient si constante et si efficace, vienne du sel ; je vais leur prouver combien ils se trompent. Lorsque le sel de tartre est en fonte par le feu de charbon, chaque Artiste peut voir que le charbon fait des flammes de toutes sortes de couleurs, comme rouges, vertes et bleues ; or ces couleurs ne proviennent que du soufre de charbon qui, étant acide, s'attache volontiers au sel de tartre qui est un alcali, et qui l'attire à soi comme il en est réciproquement attiré. Les flammes étant dispersées en atomes très subtils, ce sel de tartre reste ainsi longtemps en fusion avant que d'être coloré ; mais si par l'inadvertance de celui qui travaille, il saute une parcelle de charbon sur le sel de tartre dans le creuset, ce sel devient bleu sur-le-champ. Si après cela il reste trop longtemps en fusion, il perd sa couleur et redevient comme il était auparavant ; par la raison qu'il consomme le charbon et le convertit en sa nature par une calcination très violente : ainsi ce trésor passe dans la forme du sel.

Je vais enseigner une méthode, par laquelle on pourra faire en grande quantité et à meilleur marché non seulement la teinture du sel de tartre, mais aussi celle du sel fixe d'un individu quelconque, animal, végétal ou minéral, auquel les chimistes ont attribué, sans beaucoup de raison, de si grandes vertus, et cela par leur propre sel, sans aucun sel étranger : c'est-à-dire la teinture du sel alcali extrait de chaque sujet, quel qu'il soit, comme par exemple du vin ; prenez de son tartre, six livres, ou bien des ceps de vignes : mettez-en quatre livres dans un pot non vernissé, sans le couvrir ; mettez les deux autres livres dans un autre pot que vous boucherez et luterez bien ; faites mettre ces deux pots dans un fourneau de potier ; faites-les bien rougir et calciner. En retirant les pots du feu, vous trouverez la matière du pot ouvert blanche, et celle du pot couvert noire ; lessivez la masse blanche dans l'eau ; filtrez, coagulez et faites-la fondre dans un creuset : prenez ensuite la matière noire ; pulvérisez-la et mêlez-la peu à peu avec ce sel de tartre en fonte jusqu'à ce qu'il flue très épais et de couleur bleue, noirâtre; versez-la alors bien vite dans un mortier de fonte pour la pulvériser : mettez la poudre dans un matras; versez dessus de l'esprit-de-vin le plus rectifié, mettez-le à une chaleur douce nuit et jour, et il en extraira la teinture; décantez-la doucement des résidus; vous aurez une teinture véritable du sel de tartre.

Prenez de même d'un animal ou d'un végétal, autant que vous voudrez : partagez-le, comme ci-dessus, et brûlez-les en même temps dans le même fourneau, un pot ouvert et l'autre fermé; lessivez-en l'un, et faites fondre la.

Matière; versez la masse noire jusqu'à ce qu'elle en soit teinte suffisamment; tirez ensuite la teinture avec l'esprit-de-vin, ou avec son propre volatil, et vous aurez la teinture véritable de chaque individu.

A l'égard des minéraux ou des métaux, il faut les faire rétrograder en vitriol, et les faire calciner dans un fourneau de potier, une partie à pot ouvert (il faut pourtant prendre garde que la chaleur ne soit pas assez forte pour les remettre dans la fusion en corps métallique, mais qu'ils y restent en corps spongieux, comme le *caput mortuum* du vitriol); tirez le sel alcali de la partie calcinée à pot ouvert, faites-le fondre et mettez-y de l'autre partie autant qu'il en peut prendre, de manière cependant que le sel reste en flux; le sel se colorera; versez-le ensuite, et pulvérisez-le; versez-y de l'esprit-de-vin, et vous aurez un extrait, ou une teinture semblable à celle ci-dessus.

Vous aurez donc fait toutes choses avec l'esprit-de-vin qui, sans mépriser les eaux des apothicaires, aura cent fois plus de vertu que les leurs, et si vous êtes curieux de savoir combien de teinture ou de soufre contient votre esprit-devin coloré, vous n'avez qu'à le distiller au bain-marie; vous ne trouverez qu'une très petite quantité de poudre qui est le soufre du charbon, lequel agit si puissamment. Considérez donc, messieurs les chimistes, qu'en jetant le *caput mortuum* ou le charbon, vous jetez une teinture qui, en si petite dose, fait de si grands effets qu'un certain auteur l'a vendue pour un or potable astral, et lui a attribué des vertus incroyables, s'étant imaginé qu'il avait tiré de l'air le soufre du soleil dans les jours chauds d'été. Cependant tout ne provenait que d'un peu de poussière de charbon, qui avait sauté dans le nitre fondu.

Si un tel soufre peut opérer de si grandes choses, en si petite quantité et dans le temps qu'il n'est pas encore rendu volatil et réduit en liqueur, mais seulement extrait et subtilisé dans la forme fixe par l'esprit-de-vin, qu'est-ce qu'il opérera lorsque, par ses propres principes, comme je l'ai enseigné ci-dessus, il sera réduit en une liqueur distillable ? L'auteur mentionné ci-dessus a appelé son extrait un or potable. Quel titre pourra-t-on donner à celui-ci, puisque le dissolvant et le dissous restent conjoints ensemble, et que le fixe et le volatil y sont inséparablement unis ? Lorsque les chimistes ont brûlé le charbon en cendres, et que de ces dernières ils ont tiré le sel par lexiviation, ils s'imaginent avoir opéré au mieux et avoir séparé le fixe ; mais qu'ils aillent dans une verrerie ; ils y verront que les cendres deviennent un corps solide, que le feu ne saurait vaincre ; un corps régénéré, glorieux, comme une pierre précieuse ; et ils en concluront, s'ils ont un peu de jugement, que ce qu'ils rejettent est la partie la plus fixe, *subjectum fixius, et corpus figeas fixissimum*.

Dites-moi, chimistes, votre but n'est-il pas que vos teintures prennent la nature du verre, des pierres précieuses et des rubis ? Sans cela vous n'en feriez aucun cas. Or, si vous jetez l'essence vitrifiante, comment prétendez-vous faire une teinture fixe et si constante dans tous les degrés de feu ? Ne voyez-vous pas que les sels se fondent au feu, à la vérité, mais aussi qu'ils s'y évaporent continuellement et y diminuent en quantité ? Que l'huile n'a aucune constance, et que l'acide est en soi-même volatil ? Voyez donc ce que vous oubliez à tout moment, et ce que vous méprisez. C'est pourquoi plusieurs Philosophes disent *qu'on prend l'écorce et qu'on jette le fruit*. Si vous voulez fixer, pourvoyez-vous auparavant d'un corps fixe comme la base de la fixité. Un architecte choisit les pierres les plus solides pour en faire les fondements de l'édifice qu'il veut élever. Prenez de même le fixe, et fixez après son propre volatil, suivant l'ordre et les lois de la Nature même ; alors vous obtiendrez une véritable médecine.

L'opinion commune est que les animaux et les végétaux ne contiennent en eux rien de fixe.

Tous les esprits sont tellement préoccupés des idées de *fèces*, ou de *terre damnée*, que l'on jette sans scrupule les parties les meilleures, les plus pures, les plus transparentes, les plus éclatantes, les plus fixes de tous les animaux et végétaux, et même quelquefois des minéraux. Aussi n'a-t-on pu rien fixer, à moins qu'on n'ait emprunté quelque chose du règne minéral; mais si l'on avait considéré le soufre hermaphrodite, animal et végétal du charbon qui est fixe et non fixe, et avec quelle promptitude on peut le fixer ou le volatiliser, on en aurait jugé tout autrement. Car qu'est-ce que les cendres? Elles ne sont autre chose que le soufre fixe et fixé végétal et animal, mêlé avec de la poussière, du sable et autres impuretés dans les foyers et dans les fourneaux; à cause de quoi il ne peut pas montrer sa blancheur d'ivoire; mais si l'on prenait du charbon et qu'on le laissât rougir dans un pot non vernissé, au feu de flamme ouvert et le plus violent, jusqu'à ce qu'il fût réduit en cendres, on verrait alors sa blancheur lunaire et sa constance à toute épreuve. Ces cendres, ou ce soufre fait de charbon, n'est pourtant pas si bon que lorsqu'il paraît en sa couleur de cannelle, comme nous l'avons démontré ci-dessus; laquelle couleur il acquiert par son propre alcali, ou par un autre; et celui-ci même n'a pas, à beaucoup près, autant de force que celui qui, avec son huile, passe en liqueur de couleur de rubis.

Par tout ce que nous venons de dire, chacun peut voir que l'acide se change en huile, l'huile en charbon et le charbon en sel et en cendres; que plus on fait fondre un sel ou un alcali, plus il devient terrestre, et plus il dépose dans sa calcination, solution et filtration, une terre vierge très pure, sulfureuse. Cette terre est très propre pour fixer les principes séparés auparavant, et pour les réduire avec elle en une pierre de la nature du verre, et cependant de solution facile.

C'est cela qui est la quintessence parfaite, ou le magistère parfait. On pourrait réduire promptement toute cendre saline en une terre très subtile et blanche comme la neige, en la jetant dans un alcali fondu. De cette manière, un Artiste n'aurait pas besoin de faire évaporer les sels par une longue et ennuyeuse fonte, et il pourrait, en une seule fois, se procurer assez de matière pour fixer son œuvre; mais cette opération n'est pas nécessaire, car le charbon est suffisant pour fixer, par degrés, toutes les parties volatiles d'un sujet.

Comme cette chose se trouve universellement et particulièrement dans tous les individus du monde entier, qu'on me prouve qu'il y ait aucunes fèces dans tout l'univers ; qu'on me les montre, et je m'avouerai vaincu.

Car si quelqu'un me soutenait qu'une terre est telle, je le renverrais aussitôt à la vitrification. Le verre prouve assez qu'il conserve, par-dessus toutes choses, la gloire de la constance perpétuelle. Mais il faut faire attention qu'on ne peut, sans sel, réduire aucune terre en verre, quelle qu'elle soit. Il faut qu'elle contienne déjà un sel né avec elle, ou qu'on y en ajoute un extérieurement. Si les terres contiennent du sel, elles deviennent fusibles, et, plus elles fluent au feu, plus l'humide superflu s'en évapore. Le verre n'en retient pas davantage qu'il n'en a besoin pour prendre une forme de verre, et il retient cet humide ou ce sel si fortement qu'aucun élément ne peut lui en ôter presque rien.

De là, un Artiste peut tirer une grande instruction. S'il ne sait pas réduire sa teinture saline en verre, qu'il y ajoute une terre subtile préparée en son poids proportionné ; qu'il les fasse fondre ensemble dans un creuset bien clos et luté, dans un fourneau de verrerie, pendant quelques jours et quelques nuits : elles flueront ensemble et acquerront un corps fusible de verre.

Mais il doit avoir soin de prendre, pour une teinture animale, une terre préparée animale ; pour une teinture végétale, une terre végétale ; et pour une teinture minérale, une terre homogène, telle que les corps métalliques en fournissent assez, après que le soufre en est séparé ; car lorsqu'il en est ôté, en tout ou en plus grande partie, le corps devient un électre ou un verre métallique.

L'on voit par là que l'on peut faire, des animaux et des végétaux, une teinture très fixe par elle-même, aussi bien que de tous les minéraux, et qu'encore que ceux-là ne soient pas aussi fixes que ceux-ci et qu'ils soient plus sujets à la corruption, il peuvent cependant, par l'habileté de l'Artiste, être amenés au même degré de fixité et montrer qu'il contiennent dans leur centre l'incorruptibilité, aussi bien que les minéraux.

Ce qui prouve encore la vérité de ce que j'ai dit ci-dessus, en plusieurs endroits de ce traité ; à savoir que les animaux, les végétaux et les minéraux ne sont différents qu'à raison de leur subtilité ou densité, de leur humidité ou siccité, de leur solution ou coagulation plus ou moins grande ; mais qu'eu égard à leur origine et à leur essence, ils sont une même chose ; que les animaux sont des végétaux volatils ou étendus, et qu'au contraire les minéraux sont des végétaux fixes ou concentrés, et les végétaux des animaux fixes.

Je crois avoir assez prouvé qu'il n'y a point de fèces dans la Nature, et que, par conséquent, je n'ai point dû en séparer dans l'opération de la quintessence de l'eau chaotique.

Si j'interromps la coagulation et que je tire le corps de l'alambic, si je le broie, l'humecte et le réverbère ; si je laisse éteindre le feu ; si je broie le corps de nouveau, etc., je suis encore en cela la Nature, et abrège par là mon œuvre ; car ce que la Nature dessèche et réverbère par la chaleur du soleil et par la chaleur centrale, elle l'humecte et l'imbibe de nouveau par la fraîcheur de la lune et de la nuit, ou par la pluie ; ensuite elle le dessèche, le coagule et le réverbère de nouveau, d'en haut, par la chaleur du soleil ; d'en bas, par celle du centre ; et continue ainsi alternativement et sans cesse.

Qu'un Artiste prenne bien garde que la Nature n'a pas en vain toutes ces vicissitudes et qu'il l'imite aussi en ce point. Il n'y a point d'avantage à faire des circuits bien longs lorsque, par des chemins plus courts, on peut parvenir plus promptement au but. Je sais que les Philosophes disent que leur œuvre ne se fait qu'en un seul vase. Je n'ai non plus qu'un seul alambic, et quelquefois je me sers d'une retorte pour abréger et pour faire monter les parties plus fixes ; parce qu'elles ne montent pas facilement si haut.

Au reste, si quelqu'un n'approuve pas ma méthode, qu'il suive celle que bon lui semblera ; mais cependant je lui conseille de faire aussi l'essai de la mienne : il verra qu'elle sera celle qui lui réussira le mieux. Je suis convenu que ma pratique avec l'eau chaotique est longue et ennuyeuse, et j'ai promis d'enseigner quelqu'autres voies plus abrégées et plus agréables.

Je vais m'acquitter de ma promesse et en indiquer trois. La première est suivant l'Art; la deuxième suivant la Nature elle-même, et la troisième suivant les Artistes partisans de la séparation des fèces. Que chaque Artiste choisisse celle qui lui plaira le plus, il en est le maître.

Première voie :
Sans séparation des fèces

Prenez de l'eau de pluie putréfiée : remuez-la ; agitez-la bien, et mettez-la dans un alambic : distillez-en les esprits subtils ; et vous aurez le volatil. Réservez-le à part : distillez ensuite ; et vous aurez un phlegme grossier. Continuez la distillation jusqu'à une liqueur assez humide : gardez ce phlegme distillé à part. Il est inutile pour cette opération de purifier et d'édulcorer toutes sortes de sels. Tirez la liqueur restante de l'alambic : mettez-la dans une retorte, et distillez encore, aux cendres ou au sable, le phlegme, l'acide ou l'huile ; le charbon ou la tête morte restera au fond de la retorte : tirez-la et la pulvérisez, et mettez-y toute l'huile en broyant ; mettez-la dans un alambic haut : digérez quatre ou cinq jours au bain-marie ; distillez tout ce qui peut passer : ensuite ajoutez son esprit volatil ci-dessus, que vous avez réservé ; digérez-les ensemble au bain-marie, du premier degré, deux jours et deux nuits : distillez lentement et par degrés ce qui peut passer ; et lorsque rien ne peut plus passer, mettez-le aux cendres coaguler et réverbérer par le deuxième ou troisième degré du feu de cendres, jusqu'à ce que la matière du fond prenne une couleur : tirez-la alors de l'alambic ; pulvérisez-la, et versez-y la liqueur que vous en aurez distillée au bain-marie et aux cendres : mettez-la au bain-marie deux jours et deux nuits ; ensuite distillez tout ce qui peut passer, et reversez-le comme auparavant, pour en faire des imbibitions ultérieures. Lorsque tout sera distillé au bain-marie, mettez-le aux cendres et distillez tout le reste de l'humidité, jusqu'à siccité : lentement pourtant et par degrés, afin de ne pas réveiller les esprits plus fixes. Lorsque tout sera bien sec, réverbérez-le de nouveau, comme auparavant ; retirez-le ensuite : broyez, imbibez, digérez, distillez, coagulez, réverbérez et réitérez jusqu'à ce que toute la matière ait une couleur uniforme; fixez-la par tous les degrés des cendres et du sable, comme je l'ai enseigné amplement dans la première partie : et vous aurez une quintessence et un magistère du macrocosme, qui est aussi bonne que celle qui suit.

Deuxième voie:
Voie de la Nature même

Prenez de l'eau de pluie putréfiée : distillez-en, dans un alambic de cuivre, toute l'humidité jusqu'à une liqueur épaisse que vous remettrez dans un autre alambic avec son récipient et son chapiteau ; distillez encore au bain-marie tout ce qui peut passer ; il ne restera au fond que la terre que vous mettrez aux cendres dans un alambic avec son chapiteau et son récipient : desséchez-la doucement, par degrés, afin de ne pas la brûler, et afin de ne point réveiller son vinaigre ou son huile ; mais distillez-en seulement son humidité superflue, et si vous vous apercevez qu'il passe par le bec du chapiteau quelques vapeurs aigres, il faut aussitôt laisser éteindre le feu ; car alors c'est son vinaigre qui monte ; ce qui ne doit pas être ; et celui-ci serait d'abord suivi de son huile, ce qui ferait une opération violente et ne serait pas conforme à la Nature qui procède en tout doucement et lentement, jusqu'à ce qu'elle fasse de l'eau une pierre ; car elle ne fait pas naturellement avec facilité, ou très rarement, du charbon d'aucune chose ; parce qu'elle n'en brûle aucune : et jamais elle ne le fait, tel qu'on le fait par Art, excepté par le tonnerre, lorsqu'il brûle les arbres ; et en cela il n'y a ni génération ni corruption naturelle, mais une violente destruction que fait le Vulcain supérieur.

Après que vous aurez distillé doucement, aux cendres, toute l'humidité, réverbérez la terre doucement, par le deuxième degré : retirez-la ensuite, et versez dessus de son phlegme, autant qu'il en faut pour la réduire en épaisseur de miel fondu ; mettez à dissoudre le mélange au bain-marie : distillez ensuite audit bain, et après cela aux cendres ; réitérez ces réverbérations, exsiccations, imbibitions, digestions, distillations, coagulations, jusqu'à ce que la terre soit d'une seule et même couleur dans toutes ses parties ; car de la couleur brune elle avancera toujours vers la couleur rouge, et lorsqu'elle aura passé plusieurs fois par ces couleurs, réverbérez-la fortement, et fixez-la aux cendres, ensuite au sable, comme nous l'avons dit ci-dessus, et vous aurez une quintessence.

Troisième voie :
Ou voie très courte pour la séparation des fèces

Prenez de l'eau de pluie putréfiée : distillez-en par l'alambic la partie volatile spiritueuse ; mettez-la à part, et marquez-la A. Distillez ensuite la partie phlegmatique jusqu'à une épaisseur de miel fondu : réservez-la aussi à part, et marquez-la d'un B. Tirez ce qui reste d'épaisseur mielleuse de l'alambic, et mettez-le dans une retorte au sable : distillez-en premièrement un phlegme grossier ; ensuite un vinaigre ; ensuite par degrés l'huile : au fond restera le *caput mortuum*.

Séparez le phlegme grossier et le vinaigre de l'huile, par décantation avec un entonnoir, et marquez-les d'un C. Réservez l'huile à part, et marquez-la D. Mettez le phlegme et l'acide dans un alambic bas, au bain-marie, avec son chapiteau et récipient : distillez ; le phlegme passera et l'acide restera au fond. Ajoutez cette eau à celle ci-dessus marquée B. De cette manière vous aurez toutes les parties séparées. Il faut actuellement les rectifier.

Rectifiez l'esprit volatil, marqué A, dans une cucurbite haute : rendez-le aussi subtil que vous le voudrez ; vous aurez l'esprit volatil A rectifié : prenez ensuite le vinaigre marqué C, et distillez par la retorte doucement aux cendres ; au moyen de quoi il sera aussi rectifié. Pour l'huile marquée D, il faut la rectifier de la manière qui suit.

Tirez le *caput mortuum* de la retorte : prenez-en deux parties, et trois parties de l'huile D ; broyez-les ensemble : mettez le mélange dans une retorte ; distillez aux cendres et au sable, et vous aurez aussi une huile rectifiée.

Prenez ensuite le *caput mortuum* et calcinez-le à feu de flamme ouvert, jusqu'à ce qu'il soit réduit en cendres, et lessivez-les avec leur phlegme B : filtrez, coagulez ; et vous aurez un sel brun ; faites rougir ce sel au feu : dissolvez-le encore dans son phlegme ; filtrez et coagulez de nouveau, et continuez à le faire rougir au feu, à le dissoudre, filtrer, coaguler, jusqu'à ce qu'il devienne blanc comme la neige ; de cette manière vous aurez toutes les parties rectifiées.

Conjonction

Prenez du sel, deux parties : du vinaigre, trois parties ; de l'esprit volatil, six parties : versez l'esprit volatil sur son sel, dans un alambic ; ajoutez-y ensuite le vinaigre : adaptez-y le récipient et le chapiteau, et distillez au bain-marie jusqu'à l'oléosité ; mettez l'huile à la cave ; elle formera des cristaux très beaux et très subtils : tirez-en ces cristaux ; faites-les sécher : distillez de nouveau le liquide au bain-marie, à moitié ou jusqu'à l'oléosité ; faites encore cristalliser, et réitérez jusqu'à ce qu'il ne s'y forme plus de cristaux. Prenez ensuite tous ces cristaux ; faites-les sécher doucement au soleil ou à une petite chaleur de fourneau, et vous aurez la quintessence du macrocosme ou du grand monde : servez-vous-en comme vous le jugerez à propos.

Si vous en voulez faire une pierre, prenez ces cristaux desséchés ; mettez-les en poudre, et enfermez-les dans un matras, après que vous les aurez pulvérisés : mettez-les au sable, et donnez, pendant trois heures, le feu par degrés ; ils se fondront comme du beurre, ou de la cire, en un pierre solide, sans donner aucune fumée.

Si dans cette pierre, vous voulez coaguler son huile D et la fixer, prenez de cette pierre trois parties, et de l'huile deux parties : broyez-les bien ensemble dans un plat de verre ; mettez-les dans un matras, à petite chaleur de cendres, par degrés, pendant quatre jours et quatre nuits ; et l'huile deviendra fixe : ajoutez-y encore deux parties d'huile, fixez de nouveau et réitérez cela jusqu'à ce que toute l'huile y soit fixée ; donnez ensuite de nouveau le feu par degrés, jusqu'à ce que tout se fonde ensemble en pierre, et votre œuvre sera achevé.

Cette dernière voie sera sûrement au gré du plus grand nombre des Artistes, à cause de la séparation des fèces; mais l'on ne manquera pas de faire, contre les deux autres, plusieurs objections, qu'il est à propos de prévenir, en rendant raison de quelques-unes de mes opérations. Je dirai donc, à l'égard de la première voie, que la raison pour laquelle je n'y ai pas fait de déphlegmation ou de rectification est que j'aime la brièveté, sachant que la terre plus fixe, telle qu'est le charbon, ne retient point de phlegme, mais seulement ses parties essentielles; et comme elles sont toutes homogènes, il ne me reste aucun doute qu'il puisse y avoir rien d'hétérogène. Je sais de même que, soit que je fasse les imbibitions peu à peu ou que j'y verse tout en une fois, la terre ne peut pas en retenir plus qu'il ne lui en faut, et qu'elle laisse volontiers détacher de soi le superflu. Enfin la raison pour laquelle je ne réduis pas le charbon en cendre est qu'il renferme le soufre essentiel embryonné et que je ne veux pas le perdre, non plus que les autres parties.

A l'égard de la seconde voie, on me demandera en quel endroit la Nature opère, comme je le fais ici. Je réponds que c'est partout.

La Nature ne procède-t-elle pas à la résolution des choses par leur putréfaction? On le voit clairement dans les végétaux, lorsqu'un végétal desséché et humecté de l'eau de pluie devient enfin glaire, pourriture et boue, comme les paysans et les jardiniers l'expérimentent sans cesse, avec les grand amas de fumiers qu'ils font de branches de sapin et d'autres arbres qui, étant humectées par la pluie, dans les forêts, deviennent enfin une terre ou une boue noire et grasse (c'est en quoi consiste la calcination naturelle). Dans cette terre ou dans cette boue, il reste caché un sel essentiel nitreux, une graisse ou une huile qui, par la calcination close, est brûlée en charbon; mais dans un feu ouvert, le sel essentiel devient un alcali, et cela arrive par la violence de notre feu.

Comme la Nature, principalement sur la superficie de la terre, n'entreprend jamais une calcination si violente, mais seulement une réverbération par la chaleur du soleil, elle ne brûle point le sel essentiel, elle ne fait que le réverbérer pour le rendre avide d'attirer à soi une humidité, c'est-à-dire la pluie et la rosée, dont le végétal tire son accroissement. Si cependant il est continuellement imbibé, comme les Artistes le pratiquent dans leurs vaisseaux où ils l'imbibent et en tirent l'humidité par la distillation; l'accroissement végétal en est empêché et descend en une nature minérale; c'est-à-dire que, par les continuelles imbibitions, abstractions et réverbérations, il devient toujours plus fixe, plus terrestre et plus pierreux, et c'est ce que nous demandons. Cette nature pierreuse n'est pourtant pas semblable à une pierre dont on a ôté entièrement l'humide radical salin. Mais nous demandons, pour notre médecine, une nature saline pierreuse, une salinité balsamique, qui seule peut restaurer nos corps, par sa fixité et ignéité, et le préserver de la corruption. Ainsi j'ai eu raison de dire que la seconde voie est celle de la Nature même. Que l'Artiste qui voudra suivre cette voie la prenne pour modèle ; il ne pourra pas s'égarer.

CHAPITRE VI

Des conclusions qu'on peut tirer du chapitre précédent.

J'ai traité, dans le chapitre précédent, de la destruction, de la séparation et de la régénération de toutes les choses naturelles en général, et en particulier de l'eau chaotique régénérée, de laquelle tout naît et prend son accroissement, afin que les Artistes aient, dans le travail de cette eau universelle, un modèle pour toutes les espèces et tous les individus. Ainsi, comme j'ai d'abord fait la séparation de l'eau chaotique, il faut séparer de la même manière les parties fixes et les parties volatiles de chaque individu animal, végétal ou minéral. Il faut ensuite les réunir dans le même ordre qu'elles ont été séparées, et en faire une quintessence.

La Nature nous indique elle-même toutes les opérations que nous devons faire, qui sont la putréfaction ou solution, la distillation ou rectification, la conjonction, la coagulation, la fixation, l'imbibition, l'incération, l'augmentation, la fermentation et l'application.

La Nature parcourt tous ces mêmes degrés, ainsi que nous avons expliqué en plusieurs endroits de cette deuxième partie et de la première.

Lorsque l'Artiste sépare, il doit toujours regarder les parties volatiles comme les plus élevées, c'est-à-dire comme le ciel et l'air, les fèces comme l'eau et la terre ; et il doit les distinguer suivant les termes de la chimie, en volatil, acide et alcali, en mercure, soufre et sel ; en âme, esprit et corps, ou les diviser en quatre éléments, comme les aristotéliciens, en feu, en air, en eau et en terre ; n'importe quels noms il donne à ces principes, pourvu qu'il ne les confonde pas et qu'il les réunisse dans l'ordre convenable pour la coagulation ; car sans cela, il en arriverait un effet contraire. Lorsqu'il aura séparé son sujet en quatre parties ou en trois par la distillation, il pourra entreprendre par la rectification une préparation plus subtile et séparer encore chacune d'elles en leurs degrés, comme je l'ai enseigné dans le chapitre précédent, avec l'eau de pluie, c'est-à-dire en *subtils*, *plus subtils* et *très subtils*. Il pourra ensuite procéder à la conjonction, à la coagulation et à la fixation qui ne demandent pas, à beaucoup près, autant de temps que la putréfaction et la solution ou la séparation ; car, si une fois il comprend leur utilité, il pourra abréger l'œuvre, par ses propres spéculations, plus que je ne saurais le lui décrire.

Il doit toujours regarder les parties volatiles comme une semence volatile, et le vinaigre ou l'acide, comme un *medium* ou comme une semence demi-fixe et demi volatile, ou comme la partie nitreuse, dans les universels ; et dans les espèces, comme le sel essentiel nitreux dissous. Il en est de même de l'huile ; car l'huile est un acide coagulé et concentré, et l'acide est une huile résoute. Quant au charbon, il doit le regarder comme la partie la plus fixe et comme une huile terrestre et coagulée : et s'il est changé en cendres ou en sel alcali, il doit le regarder comme un sel précipité, alcalisé et fixé ; car le charbon peut être réduit, par un feu de calcination violent et prompt, en cendres constantes au feu.

Si l'on broie ensemble l'huile et le charbon, et qu'on en distille l'humidité dans une haute cucurbite à feu de cendres, l'huile se change en charbon. Si on pousse fortement le feu, l'huile se change en liqueur acide, par la distillation ; et si on met le charbon dans un feu ouvert, il se change, avec diminution de sa quantité, en cendres et en sel. Il faut qu'un Artiste connaisse ces principes avant toutes choses ; car s'il travaille sans savoir ce que c'est que le volatil, l'acide ou le charbon, les cendres ou l'alcali, il opérera sans règne ni mesure.

On peut donc comprendre, par le chapitre précédent, le but général de toute séparation, coagulation et fixation. Que le lecteur médite longtemps avant que de mettre la main à l'œuvre, et qu'il imprime bien dans son esprit le procédé sur l'eau de pluie, comme son modèle. Je lui donne cet avis, afin que, s'il fait des fautes et qu'il ne réussisse pas, il n'ait point à me l'imputer. Avant que de passer à l'analyse et à la quintessence de chaque règne, j'ajouterai encore quelques préliminaires importants.

Chaque chose porte avec soi le principe de sa dissolution et de sa coagulation. Ce principe est l'esprit qui y est implanté, lequel, comme nous l'avons déjà dit, a besoin de l'eau pour être mis en action. Où il n'y a point d'eau, il n'y a point de putréfaction, et conséquemment point de séparation dans notre Art pour pouvoir séparer le subtil de l'épais. C'est pourquoi, lorsque nous voulons analyser un sujet quelconque, s'il ne contient pas assez d'humidité pour le détruire et le putréfier, nous avons recours à l'eau chaotique régénérée, qui sympathise avec toutes les choses de ce monde, comme étant leur mère, et par ce moyen nous réveillons l'esprit coagulé et assoupi, afin qu'après avoir souffert le tourment de la putréfaction et de la séparation, le sujet parvienne, par la coagulation et la fixation, à la gloire immortelle de la quintessence.

Comme l'eau chaotique régénérée, ou l'eau de pluie, est d'abord volatile, et qu'elle devient ensuite demi-fixe et fixe, c'est-à-dire nitre et sel, nous devons la prendre dans son état de volatilité pour aider la dissolution et la putréfaction des sujets volatils, tels que les animaux et les végétaux ; parce que c'est dans cet état qu'elle leur est homogène : mais les pierres, les métaux, les minéraux ne se laissent pas dompter par cette eau volatile. Il faut que nous prenions le nitre et le sel, et que nous les réduisions en une même Nature dont les minéraux ont pris naissance ; alors les portes de l'enfer se rompent, et les habitants se délient.

Dans la première partie, en traitant de la génération des minéraux, j'ai dit qu'ils prennent naissance d'un acide résous, salin et spiritueux, c'est-à-dire du nitre et du sel, qui, dans les entrailles de la terre, s'aigrissent par une forte fermentation et s'élèvent, par la chaleur centrale, en forme d'esprit et de vapeur spiritueuse, jusqu'aux viscères des montagnes, et y procréent toutes sortes de minéraux. Les esprits de nitre et de sel sont donc homogènes avec tous les minéraux. Par leur moyen les minéraux sont contraints de rétrograder ; et leur humidité propre acide, minérale coagulée et desséchée en est réveillée pour agir et pour détruire leur propre corps. Par là ils deviennent ce qu'ils étaient au commencement de leur coagulation, c'est-à-dire un sel spécifié minéral spiritueux, un esprit salin minéral métallique, ou un vitriol : celui-ci, par rétrogradation, devient un esprit, et cet esprit, par régénération, un corps glorifié, pénétrant, médicinal et balsamique, chacun suivant son espèce. Lorsqu'ils ont été une fois poussés jusque-là, alors seulement ils peuvent être exaltés par la semence universelle volatile, ou l'eau chaotique, ou bien par les animaux et par les végétaux, à une plus grande et plus agréable spiritualisation ; et on peut les faire fixes ou volatils, végétaux ou animaux, ou même universels, comme on voudra ; car chaque créature doit nécessairement se laisser changer en toutes les autres, puisqu'elles sont nées d'une même matière.

Après ce préambule, nous entreprendrons l'analyse des animaux et nous y chercherons la quintessence.

CHAPITRE VII

De l'analyse des animaux.

Sans la putréfaction on ne saurait, dans le règne animal ni dans le végétal, extraire par la séparation ou par la distillation, qu'une eau faible qui retient seulement l'odeur du végétal ou de l'animal dont elle a été tirée. Toutes leurs forces, au contraire, se développent lorsqu'on fait précéder la putréfaction. On peut alors tirer du règne animal son sel volatil urineux, et du règne végétal son esprit ardent volatil.

Nous devons donc commencer l'analyse d'un sujet quelconque, animal ou végétal, par la putréfaction; nous en ferons ensuite la distillation, la rectification, la conjonction, la coagulation, la copulation et la fixation. C'est par ces degrés de préparation, marqués par la Nature elle-même, que nous exalterons le sujet à la perfection de la quintessence. Mais comme on peut prendre, pour faire une médecine, chacun des individus de ce vaste univers, aussi bien qu'un sujet universel, de même on en fait une, non seulement du corps entier d'un individu, mais encore de chaque partie séparée comme du sang, de l'urine, de la fiente, des os, de la peau, des cheveux, des cornes. Nous enseignerons la manière d'analyser toutes ces parties conjointement ou séparément, de les rejoindre ensuite et d'en faire une quintessence. Nous commencerons par les liquides, et nous continuerons par les solides.

L'analyse du règne animal est la plus dégoûtante, à cause de la puanteur qu'il exhale dans sa putréfaction; mais sa vertu à opérer est d'autant plus forte et plus prompte, à cause de son sel pénétrant et volatil. Je conseille cependant à un chimiste de ne pas travailler avec le sang, surtout s'il est encore chaud et nouvellement tiré de l'animal; car il m'est arrivé qu'en voulant distiller les parties plus fixes par la retorte, il m'a apparu dans le récipient, tant avec le sang humain qu'avec celui des animaux, la figure monstrueuse, ou l'esprit représentant l'animal sur lequel je travaillais, et le sang humain a fait, dans la retorte, un bruit comme s'il y eût un fantôme, ce qui est fort effrayant ; cela n'arrive pourtant pas toujours. Si vous laissez putréfier le sang et la chair, ils donnent une puanteur insupportable. Il vaut bien mieux prendre les excréments si l'on peut les avoir, comme l'urine et la fiente, qui sont tout ce qu'il y a de meilleur et qui contiennent toute la force de l'animal ; après cela les ongles, les cheveux, les écailles, etc. Cependant nous n'omettrons aucune partie, afin que les Artistes n'aient rien à désirer.

Prenez, d'un animal, le suc ou l'urine et tout ce qui est liquide ; l'une de ces choses seule, ou toutes ensemble ; car, quoique l'une soit plus volatile ou plus fixe que l'autre, elles sont de la même nature, puisqu'elles proviennent d'un même sujet. Mettez-les dans un vase que vous couvrirez et placerez dans un endroit tiède ou tant soit peu chaud, pour qu'ils s'y putréfient. Si vous voulez en éviter la puanteur, vous pouvez les mettre dans un alambic, avec son chapiteau et récipient, bien lutés, que vous mettrez au bain-marie, au premier degré : laissez-les-y au moins quatorze jours et quatorze nuits ; ensuite distillez au bain-marie, par degrés, tout ce qui peut passer, et conservez-le. Si vous voulez le rectifier, vous pouvez le faire. Séparez-en le phlegme, vous aurez un esprit et un sel volatil urineux très pénétrant. L'acide ne monte pas au bain-marie par l'alambic : c'est pourquoi mettez la matière restante dans une retorte au sable, et distillez encore par degrés lents ; il passera au commencement un phlegme ; celui-ci sera suivi d'une liqueur très piquante sur la langue, qui est l'acide animal : après celui-ci, il montera une huile épaisse ; et à la fin il restera au fond une matière brûlée en charbon, qui est la partie alcaline.

Vous avez donc séparé le volatil, l'acide, l'huile et le charbon alcalin. Ce sont ces choses qui forment la substance intrinsèque de l'animal, et qui sont les parties dont il est composé. Si vous voulez de nouveau le réduire en un, il faut encore faire attention à l'axiome des Philosophes, qui dit : *Non transire posse de uno extremo ad alterum, absque medio.*

L'esprit volatil et le charbon sont les deux extrêmes, et ils ne s'uniront jamais ensemble sans leur nature moyenne ; et leur nature moyenne est l'eau ou le phlegme, l'acide et l'huile ; et ceux-ci encore ne s'uniront pas si on les y met dans un ordre renversé ; ou ils s'uniront si lentement que la peine et le travail vous ennuieront. Il faut les conjoindre dans le même ordre qu'ils ont été séparés ; alors ils s'uniront très facilement et se coaguleront promptement ensemble, par un degré de feu convenable.

Si vous rectifiez ces parties, vous les rendrez, à la vérité, plus subtiles, mais non pas meilleures, ni d'une plus facile conjonction. Ainsi voulez-vous travailler promptement ? Prenez le volatil avec son phlegme, ou séparez-en le phlegme, si vous voulez : versez-le sur l'acide, ou azoth, et tous les deux seront conjoints. Prenez ensuite l'huile : broyez-la avec le charbon ou avec la tête morte ; mettez-les dans un alambic, et versez dessus le vinaigre et le volatil : faites-les digérer doucement ensemble, au bain-marie, deux jours et deux nuits ; et distillez ensuite par degrés lents ; l'esprit volatil montera très faible avec le phlegme, et la plus grande partie du volatil et de l'acide restera au fond. Retirez-les du bain-marie : mettez-les aux cendres ; coagulez et réverbérez, comme il est dit dans le cinquième chapitre. Lorsque vous les aurez réverbérés, imbibez-les de nouveau avec leur volatil distillé : faites-les digérer encore au bain-marie ; distillez, coagulez et desséchez aux cendres, et fixez ensuite, de la même manière que nous l'avons enseigné, avec l'eau de pluie ; car il faut que les choses se fassent ici dans le même ordre : alors la quintessence sera parfaite.

Quelqu'un pourra me demander pourquoi je dis : laissez le phlegme avec le volatil, ou séparez-le. S'il n'est bon à rien, pourquoi le laisser : s'il est utile, pourquoi le séparer ? Je réponds qu'il est indifférent de laisser le phlegme avec le volatil, ou de l'en séparer par la rectification ; parce qu'encore qu'il y reste, la partie essentielle fixative ne le prend pourtant pas en soi ; elle le laisse toujours se détacher par la distillation ; mais il ne faut pas en conclure que le phlegme n'est bon à rien. Prenez bien garde, comme je l'ai dit ci-dessus, qu'il est une semence non encore mûre et point saline ; que par conséquent il est un véhicule et un instrument de l'esprit universel, tant actif que passif, par le moyen duquel cet esprit coagulé et assoupi forge tout dans un corps, ou l'a forgé, et le change tout, ou l'a changé ; car aussi longtemps que le phlegme y est joint, il excite toujours l'esprit à opérer et à faire de continuels changements.

Pour confirmer ceci, prenez la quintessence d'un animal sur lequel tout son sel volatil soit coagulé et concentré : mettez-la dans un alambic ; versez dessus son propre phlegme, et remplissez-en l'alambic jusqu'au haut : mettez-le dans un endroit chaud et (prenez-y garde) vous y verrez un jeu admirable ; car l'esprit représentera la figure de l'animal tel qu'il était lorsqu'il était encore vivant ; si vous mettez ce phlegme au froid, elle se dissipera aussitôt.

Il ne faut donc pas mépriser le phlegme ; car il est rempli et imprégné, partout, de l'esprit et de la force spiritueuse de son sujet, de la même manière que le sont toutes les eaux distillées des apothicaires. Lorsque je prends intérieurement la quintessence, je préfère ce phlegme, qui en a été séparé, à tout autre véhicule. Ce phlegme est aussi très bon pour mettre en putréfaction un sujet nouveau ; au lieu de se servir d'autres espèces étrangères comme de l'eau de pluie, de fontaine, ou du levain, etc., quoique cependant l'eau de fontaine ou de pluie soient également homogènes. En voilà assez pour les parties liquides des animaux. A présent nous opérerons sur les parties sèches et plus sèches.

Prenez de la chair, des os, des cornes, des cheveux, des ongles, la peau ; en un mot, les parties solides d'un animal, toutes ensemble ou seulement l'une d'elles : réduisez-les en parcelles aussi menues que vous pourrez ; mettez-les dans un alambic, et versez-y du sang ou de l'urine, ou des sucs pourris du même animal, et au défaut de ces parties liquides, de l'eau de pluie pourrie, ou bien de l'urine du microcosme, c'est-à-dire de l'homme, qui est le centre de tout le règne animal, et dans lequel toutes les vertus des autres animaux sont réunies, comme dans le vin sont réunies toutes les vertus des autres végétaux, et dans l'or et dans son guhr vitriolique toutes les vertus minérales ; versez, dis-je, une de ces choses sur votre sujet réduit en menues parties : mettez-le au bain-marie, ou de vapeur ou au fumier de cheval ; faites-le putréfier : séparez ensuite toutes les parties, au bain-marie, puis aux cendres, par l'alambic et par la retorte ; et vous rectifierez, si vous le voulez, chaque partie à part, suivant que je l'ai enseigné plus haut : ensuite joignez, coagulez, fixez et procédez en tout comme je l'ai déjà dit.

Comme les poils d'un animal sont d'une nature presque toute grasse et coagulée et une graisse oléagineuse, que la plupart des choses oléagineuses étant balsamiques, et entrent très difficilement et très lentement en putréfaction, de même que les os et les cornes, un amateur pourrait avoir peur d'entreprendre des opérations si ennuyeuses. Mais je lui enseignerai encore deux manipulations par lesquelles il pourra parvenir promptement à son but.

Après que vous aurez coupé, râpé et limé des poils, des os, des cornes, des ongles, etc., cuisez-les avec l'urine propre de l'animal dont vous les aurez tirés, ou avec de l'urine d'homme, ou avec de l'eau de pluie pourrie, ou avec de l'eau salée, jusqu'à ce qu'ils soient réduits en gelée : ce qui se fait en deux ou trois fois vingt-quatre heures plus ou moins, suivant que leur coagulation est dure ou molle. Ajoutez à cette gelée une suffisante quantité d'eau de pluie ou d'urine pourrie, pour qu'elle n'ait que la consistance de miel clair, fondu ; elle ne tardera pas à se putréfier. Quand elle sentira bien mauvais, il faut en faire la séparation et la conjonction, comme nous l'avons marqué ci-dessus, c'est-à-dire qu'il faut en distiller les parties volatiles par l'alambic, et les parties plus fixes par la retorte, au sable et aux cendres, les rectifier et ensuite les conjoindre et les fixer.

La deuxième manipulation ne donne pas autant de substance que par la putréfaction. Elle ne laisse pas néanmoins que d'être satisfaisante.

Prenez les cornes, les os, les cheveux et la peau réduisez-les en parties bien menues : mettez-les dans une retorte avec son récipient, et distillez lentement, par degrés, ce qui veut passer ; lorsque vous aurez fait la séparation de leurs principes, conjoignez-les dans le même ordre qu'ils ont été séparés : par ce moyen vous ne trouverez point de volatil, mais seulement un phlegme grossier, un acide et une huile, et le charbon ; car dans des parties si dures et si desséchées, une partie du volatil s'est envolée, et l'autre partie a été transmuée en acide ou en vinaigre animal.

C'est là en quoi consiste la séparation et la conjonction de l'Art, sans séparations de fèces, dans lesquelles toutes les parties, excepté l'eau recolacée ou le phlegme, ont été concentrées et fixées.

Il faut que j'avertisse ici le lecteur que, si je répète souvent une même chose, il ne doit pas s'imaginer que cela soit superflu. Je le fais afin que, par chaque mot en particulier, il ait occasion de pénétrer plus avant dans la Nature. Plusieurs diront que je veux toujours suivre la Nature, et que cependant j'indique plusieurs voies violentes qui lui sont contraires. Mais j'y ajoute toujours la voie de la Nature, qui ne détruit aucune chose, ou très rarement, au point de la brûler et de la réduire en charbon : or, il faut qu'un Artiste considère le but de la Nature et de l'Art. La Nature ne cherche pas à détruire un corps végétal ou animal au dernier point : parce qu'il lui suffit de le résoudre en un suc mucilagineux essentiel, n'ayant pas encore la puissance de faire un corps quintessencié, d'une consistance glorifiée et qui est incorruptible en soi, comme le peut faire l'Art, et comme le sont tous les corps de verre qui sont même plus durables que l'or et l'argent.

Car on n'entendra jamais dire, ou très rarement, que le verre et les pierres précieuses se soient corrompus, à moins que l'Artiste ne les ait détruites à dessein, et qu'il les ait réduites en leur première matière. Mais par les voies naturelles, cela n'arrivera pas facilement ; on voit au contraire, dans les mines, que l'or et l'argent ont été réveillés et détruits par les vapeurs arsenicales, jusqu'au point de ne laisser après eux qu'une fleur stérile, et une pierre en forme d'électre.

J'enseignerai encore ici deux voies, dont l'une est celle de la Nature même, et l'autre celle de l'Art, par où chacun pourra s'éclaircir soi-même et choisir celle qui lui plaira le mieux. La Nature opère comme il suit. Elle amollit les animaux morts et les plantes tendres, par la rosée et la pluie, ou par d'autres eaux et humidités, et les fait tomber en putréfaction. Ensuite elle distille les parties volatiles l'une après l'autre, en l'air, par la chaleur du soleil et par la chaleur centrale ; mais elle ne saurait élever, par cette chaleur faible, l'acide, l'huile, etc. Les résidus sont appelés aujourd'hui, dans les apothicaireries ordinaires, *sel essentiel* ou *végétal;* et moi je les appelle un *vitriol animal* ou *végétal*, puisqu'il se candit de même, et qu'il contient une terre qu'on peut précipiter. Ce sel ou ce vitriol donne, dans la distillation, un esprit un peu acide, dont l'aigreur est d'un goût minéral, c'est-à-dire d'une acidité vitriolique qui est suivi d'une huile épaisse : ensuite vient le charbon. La Nature ne sépare point ces trois choses dans le règne végétal et animal ; et dans le règne minéral. Elle les fixe encore plus et les concentre ; par où elles deviennent toujours plus mordicantes et plus corrosives, comme on le peut voir avec l'esprit et l'huile de vitriol.

Après que la Nature a réduit ainsi les animaux et les végétaux en sel essentiel ou en vitriol, elle l'imbibe toujours et continuellement avec les parties volatiles, c'est-à-dire avec la pluie, la rosée, etc. L'artiste peut faire une opération semblable, en faisant des animaux une substance de sel essentiel, ou une gelée ; et en les distillant ensuite avec l'esprit volatil du même animal, l'imbibant avec cet esprit, le coagulant et le fixant, par réitération, en quintessence. S'il n'avait point de volatil de cet animal, il n'aurait qu'à prendre l'esprit volatil d'urine humaine, ou celui de l'eau de pluie, de la rosée, etc. Lorsque la Nature imbibe souvent le sel essentiel, il croît en hauteur, dans l'air, et il s'en fait une plante ou un arbre, au lieu que l'Artiste en fait la quintessence ; à quoi la Nature ne tend point encore. Pour rendre la chose plus claire, je joindrai ici le procédé.

Prenez un animal (la même chose doit s'entendre des végétaux), réduisez-le en gelée, par sa propre urine, par celle de l'homme ou par l'eau de pluie putréfiée : laissez-les fermenter et putréfier ensemble ; versez ensuite ce qui est clair ; filtrez-le, et distillez-en tout le volatil au bain-marie, jusqu'à la troisième partie ou jusqu'à l'huile : mettez à part le volatil ; tirez l'huile ou la liqueur qui reste, et mettez-la à la cave pour qu'elle se cristallise ou qu'elle s'épaississe comme une gelée ; c'est cela qui est le sel essentiel animal, ou le vitriol animal. Prenez ensuite ces cristaux ou cette gelée, et mettez-les à un doux feu de cendres, pour les dessécher et coaguler, sans pourtant les brûler en charbon : c'est ici où finit la Nature et où l'Art commence.

Laissez refroidir et versez dessus son volatil jusqu'à ce qu'il surnage de deux ou trois, ou tout au plus, de quatre doigts : digérez de nouveau au bain-marie ; distillez et laissez monter ce qui voudra passer au bain-marie ; que rien ne se brûle en charbon ou en cendres ; et lorsqu'il ne voudra rien passer au bain-marie, remettez-le aux cendres : coagulez jusqu'à siccité, et réverbérez-le un peu fortement ; retirez-le ensuite : réduisez-le en poudre, et imbibez-le de nouveau avec son volatil. Distillez de nouveau au bain-marie : coagulez au feu de cendres, et réitérez ces imbibitions, coagulations, réverbérations et fixations, jusqu'à ce qu'il ait passé par toutes les couleurs, comme nous avons dit ci-dessus ; et vous en aurez la quintessence.

De cette manière le volatil se fixe, comme cela doit être ; et à la fin il ne montera plus qu'un phlegme insipide qui a laissé en arrière toutes les parties essentielles concentrées, qui ne sont qu'une nature animale fixe, puisqu'elles résistent à tout feu. C'est là la voie la plus simple et la plus conforme à celle de la Nature. La deuxième voie est de la dernière pureté, et ne souffre aucunes fèces (telles que les chimistes se les imaginent) ; mais elle est une quintessence purifiée. La voici.

Après que vous aurez séparé les parties volatiles, acides et oléagineuses d'un animal ou d'un végétal, rectifiez et séparez le volatil et l'acide de tout phlegme, le mieux que vous pourrez, et comme l'enseignent presque tous les auteurs ; prenez ensuite l'huile, broyez-la bien avec deux parties de charbon et distillez-la de même par la retorte aux cendres et au sable ; ou, si vous ne vous souciez pas de l'oléosité, broyez l'huile avec son charbon : mettez-les sur un fagot, au four d'un boulanger ou d'un pâtissier, le temps qu'on le chauffe afin que les flammes, qui réverbèrent d'en haut sur le charbon et sur l'huile, les réduisent en cendres ou en sel. Il faut pourtant avoir soin de mettre le fagot en un endroit où il ne puisse point tomber de bois ou de charbon dedans, et où cependant la flamme puisse jouer et réverbérer. Après qu'ils sont réduits en cendres, lessivez-les avec leur propre phlegme : filtrez et coagulez ; vous aurez le sel alcali ; mettez-le de nouveau sur un fagot, et faites-le encore réverbérer et rougir au même four ; ensuite résolvez-le encore dans son phlegme ou dans de l'eau de pluie : distillez, filtrez, coagulez ; réitérez ces réverbérations, ignitions, solutions, filtrations et coagulations, jusqu'à ce que le sel soit très beau, clair et blanc.

De cette manière les trois parties, c'est-à-dire le volatil, l'acide et l'alcali, seront purifiées au mieux; après cela il faut faire la conjonction.

La plupart des Artistes ont coutume de réverbérer sous la moufle avec le feu de charbon; mais je recommande la réverbération au feu de flamme, qui pénètre bien plus fortement et plus promptement que celui du charbon; parce que la flamme contient en elle un volatil très pur, très clair et très pénétrant: au lieu que le charbon renferme en soi un acide très fort et corrosif. Chacun est pourtant libre de se servir duquel de ces deux il voudra: pour moi j'estime le feu de flamme meilleur, parce que je l'ai appris par expérience.

Conjonction

Prenez de l'alcali rectifié, deux parties; mettez dans un alambic: versez dessus quatre parties de son volatil; ajoutez-y ensuite trois parties de son acide; ils s'uniront et se fixeront dans l'instant, et même ils flueront constamment ensemble au feu, comme une huile incombustible; et à l'air, ils se fixeront comme la glace. Il ne faut plus que les mettre avec le chapiteau et le récipient au bain-marie, et en tirer le phlegme jusqu'à l'oléosité. Mettez ce phlegme au froid; la quintessence se coagulera en cristaux. Retirez-les et tirez-en de nouveau le phlegme ou l'humidité jusqu'à l'huile, ou faites évaporer jusqu'à la pellicule: faites cristalliser de nouveau; continuez cette opération jusqu'à ce qu'il ne s'y forme plus de cristaux; c'est alors que vous aurez la quintessence. Faites-la sécher doucement: mettez-la dans un petit matras au sable; donnez le feu par quatre degrés; elle se fondra en pierre; ce que vous pourrez voir en faisant entrer par le bout du fourneau une bougie; car elle restera comme une huile; et lorsque le feu sera éteint, elle sera pierre. Cassez ensuite le matras: tirez-en la quintessence, et renfermez-la dans une boîte de buis, dans laquelle vous pourrez la porter sèche par toute la terre. Lorsque vous voudrez vous en servir, prenez-en quelques grains et faites venir de la première apothicairerie une eau appropriée, ou mettez-la dans du vin;

elle y fondra, comme le sucre ou de la glace ; faites-la avaler et considérez ses vertus.

Quoique vous ayez séparé avec un extrême soin le phlegme ou l'eau recolacée de toutes les parties, il se trouvera pourtant dans sa coagulation plus de phlegme que de quintessence. Vous verrez aussi dans cette opération avec quelle vitesse les parties homogènes s'unissent ensemble, se coagulent, s'embrassent, et qu'elles tiennent si fortement ensemble qu'elles perceront plutôt le creuset ou le verre par le fond, que de se séparer l'une de l'autre, tant elles se fixent avec promptitude. Et quand même, par addition, on les ferait passer volatiles par la retorte, elles participent toujours des qualités l'une de l'autre, et l'on ne saurait les distinguer.

J'ai enseigné à un Artiste toutes sortes de pratiques et de méthodes, pour concentrer la substance entière de chaque chose (à l'exception seulement de l'eau recolacée ou du phlegme), la réduire en forme sèche, fixe et fusible. Il peut la porter avec soi par toute la terre. Un seul grain opère plus puissamment que beaucoup de pintes d'eau distillée ordinaire.

Mais on pourra me demander pourquoi je brûle l'huile, qui cependant est une partie essentielle. Je l'ai fait à dessein, afin d'accélérer mon opération, et afin qu'un Artiste connaisse que l'Art réduit l'huile en sel, et que le sel ou l'alcali est une huile fixe renversée ; ce qui se voit aussi par sa teinture, lorsque l'on verse dessus son acide et son volatil ; puisqu'il prend alors, ou une rougeur de rubis, ou une couleur jaune comme l'or, ou quelque autre teinture de différentes couleurs. Mais si l'on veut conserver l'huile et prendre seulement le fixe du charbon réduit en cendres, on peut le faire : et lorsque la quintessence est fondue en pierre, on peut alors y ajouter l'huile, la mêler avec la pierre, verser ensuite dessus les phlegmes qui en ont été distillés, les faire cuire ensemble au bain-marie, les distiller par degrés lents jusqu'à siccité ; ensuite les coaguler et fixer aux cendres et au sable, et les fondre en pierre, comme j'en ai enseigné la méthode ci-dessus, en traitant de l'eau de pluie.

Quelqu'un pourra encore se plaindre et dire : oui, cette méthode serait bonne si on en pouvait faire en quantité ; et elle serait encore meilleure si les pauvres, aussi bien que les riches, pouvaient s'en servir et que les apothicaires pussent la donner à bon marché.

Cela est facile. Qu'un apothicaire prenne trois corbeilles pleines d'une herbe comme, par exemple, de la mêlée : ou bien qu'il prenne d'un animal le sang, l'urine ou la chair ; qu'il les mette putréfier dans un grand alambic : qu'il prenne ensuite du même animal les os, les cornes, les ongles, le poil, etc., et qu'il mette, pendant le temps que les parties liquides ou molles se putréfient, la moitié de ces parties sèches, réduites en parcelles bien menues, dans une retorte, et qu'il en distille l'acide et l'huile jusqu'au charbon. Par ce moyen, il aura de l'acide, de l'huile et du charbon en quantité.

Qu'il mette l'autre moitié des parties sèches dans un fourneau de potier, au feu ouvert, dans un pot ; et qu'il tire ensuite de leurs cendres, par lexiviation, tout le sel fixe qu'il pourra. Qu'il distille, des parties liquides mentionnées ci-dessus, qui étaient en putréfaction, un volatil en quantité. Il peut aussi calciner les résidus, et en tirer le sel, par lexiviation ; ce qui augmente encore la quantité de sel. Après cette opération, il aura les principes en quantité, et il n'aura plus autre chose à faire que de les conjoindre et de les coaguler, pour avoir beaucoup de quintessence, qu'il pourra vendre à très bon marché.

Je dois pourtant faire observer ici que les animaux ne donnent pas beaucoup de sel fixe, mais beaucoup de terre vide de sel. Comment s'y prendra-t-on pour avoir du sel fixe en quantité, afin de fixer les parties volatiles ? Il faut recourir aux endroits où la Nature fabrique d'elle-même beaucoup d'alcali universel. Cet alcali universel est homogène à toutes les créatures. Ne trouve-t-on pas des montagnes toutes entières de sel ? Et ce sel commun de cuisine n'est-il pas le meilleur baume pour tous les animaux, et principalement pour l'homme ? Il est très facile de le spécifier sur chaque sujet qu'on veut quintessencier, en prenant les parties sèches de l'animal qu'on veut faire calciner au four d'un potier, et en y ajoutant, après qu'on les aura réduites en menues parties, la quatrième ou la troisième partie de sel commun. De cette manière le sel se brûle et se spécifie avec elles, et il devient un alcali animal spécifique. Ainsi, un

Artiste n'aura pas à se plaindre qu'il ne peut point séparer la quintessence en quantité de toutes choses. Un apothicaire pourrait remplir sa boutique de quintessences qui, lorsqu'il en aurait une fois beaucoup, ne deviendraient pas rances et ne se gâteraient pas comme ses eaux, ses huiles et ses onguents; et il pourrait les vendre à très bas prix.

Car il ne les vendrait pas par livres, par onces ou par demi onces; mais par grains et par scrupules; parce qu'elles opéreraient en petites doses. Il pourrait les faire en beaucoup moins de temps qu'il n'en emploie pour faire ses eaux et ses huiles, et il en retirerait autant de profit et même davantage.

Avec les herbes il trouvera encore plus de facilité, comme nous l'enseignerons dans le chapitre suivant. Il prendra d'une herbe en quantité, comme par exemple trois corbeilles pleines: il en fera fermenter et putréfier une; et les deux autres il les fera dessécher doucement à l'ombre. Lorsqu'elles seront bien sèches, il fera brûler en cendres l'une des deux dans le four d'un boulanger ou d'un potier. De l'autre, il en distillera le vinaigre et l'huile; et de celle qui est putréfiée, il en distillera le volatil; des cendres il tirera le sel, et après la rectification, il les conjoindra ensemble; et il aura de cette manière la quintessence en quantité.

Par ce que, nous avons dit, un Artiste verra, pour peu qu'il y fasse attention, que la Nature se laisse unir et séparer par des milieux, dans un très bel ordre. Elle manifeste elle-même ces milieux, et met le vinaigre entre le volatil et l'alcali. Ce vinaigre peut se trouver dans tous les sujets; et sans lui, on ne saurait faire aucune conjonction durable. Car il n'est ni fixe ni volatil; mais un moyen, un véritable hermaphrodite, et un Janus qui a la vue en avant et en arrière. S'il est joint au volatil, il lui est agréable; il l'est pareillement à l'alcali. Avec le volatil, il devient volatil; et avec le fixe, il devient fixe. Aucun auteur n'a expliqué ce point. C'est un très grand secret; et j'espère que plus d'un lecteur me remerciera de l'avoir publié.

Après avoir achevé l'analyse des animaux, nous nous tournerons, suivant l'ordre, vers le règne hermaphrodite des végétaux, dont la tête touche le règne animal, et la racine le règne minéral, pour manifester leurs parties les plus intérieures, commençons.

CHAPITRE VIII

De l'analyse des végétaux.

Ce règne, eu égard à la séparation et à la coagulation, est semblable au règne animal ; et il n'en diffère un peu que par la quantité de ses principes. Car le règne animal a son sel fétide urineux ; et le règne végétal a son esprit fétide ardent, quoique bien des buveurs d'eau-de-vie le trouvent aussi agréable que l'ambre. Les sujets de ce règne diffèrent aussi entre eux, comme ceux du règne animal. Car il y a des sujets mous et succulents tels que des feuilles, des tiges, des racines, du fruit, du suc, de la gomme, de la résine, de l'huile, de la semence ; et des sujets durs et secs tels que des tiges, des racines, du bois et de la semence. Nous enseignerons la manière de procéder avec les uns et les autres.

Prenez tout ce qui est succulent et vert : pilez et écrasez du mieux que vous pourrez. Si par sa propre nature, il n'y avait pas suffisamment de suc, versez-y de l'eau de pluie putréfiée, du vin et de l'eau salée autant qu'il en faut pour le réduire à la consistance d'un bouillon clair ; ou, si vous aimez mieux, pressez-en le suc et laissez-le fermenter comme le vin, ou comme le cidre et le poiré que font les paysans ; car chaque sujet mou et succulent peut être traité ainsi ; de même que les parties dures, lorsqu'elles sont coupées menues et qu'on y joint une quantité suffisante d'humidité. Si vous voulez laisser ensemble les herbes réduites en bouillon, mettez-les dans un vase de bois en un endroit tiède et laissez-les macérer ainsi, environ quinze jours ou trois semaines, jusqu'à ce qu'elles aient une odeur un peu aigre ou pourrie ; alors mettez-les dans un alambic et distillez-en doucement le volatil avec son phlegme subtil : tirez-en les résidus ; faites-les bien sécher : mettez-les dans une retorte au sable, et distillez par degrés ; vous aurez seulement alors un phlegme grossier, ensuite un vinaigre, après cela l'huile épaisse, et au fond il restera une masse brûlée en charbon.

De cette manière le végétal sera séparé. Il faut pourtant prendre garde que, comme les végétaux ne se ressemblent point les uns les autres, ils contiennent aussi plus ou moins de différents principes ; car les uns contiennent beaucoup de volatil, et les autres plus de vinaigre, suivant qu'ils ont spécifié en eux plus de semence universelle, et qu'ils l'ont coagulée et fixée. Leur vertu et leur force sont aussi réparties suivant ces principes, et il faut les estimer et les appliquer à proportion.

Une herbe odorante qui a beaucoup de volatil a la force de restaurer et de guérir l'esprit naturel volatil ou animal, et même le métal ; quoique cependant cela ne dépende pas toujours de la bonne odeur extérieure, mais beaucoup plus de l'intérieure, laquelle distillée par l'archée, restaure et guérit très promptement les membres affligés. Si une herbe a beaucoup d'acide, elle est spécifiée pour guérir les parties plus solides, tels que sont les muscles, les tendons, les os, les cartilages, etc. Il en est de même de l'huile ; plus les parties essentielles sont épaisses, plus elles confortent les parties plus épaisses et plus coagulées du corps, ou les détruisent, suivant qu'elles sont appliquées.

Chaque médecin sait qu'une chose volatile ne peut jamais servir de nourriture aux os fixes, ni y pénétrer ; car lorsqu'une substance si volatile entre dans le corps, elle est poussée immédiatement par la chaleur interne dans tous les membres, et finalement elle sort par les pores de la peau en forme de vapeur ou de sueur. Un acide ne se dissipe pas si facilement ; il agit par les urines ou par les selles, ou procure le plus souvent une sueur grossière. Ne voit-on pas que, lorsque l'on fait respirer une bonne odeur à une personne extrêmement mélancolique, elle ressent, dans le moment même, un soulagement et une restauration dans son cœur affligé, quoique, par cette odeur passagère, ce soulagement ne soit pas de longue durée, surtout si son affliction provient de quelques crimes énormes qu'elle pourrait avoir commis, ou si elle est tourmentée par le nombre de ses dettes ou par une méchante fortune. Elle avouera pourtant que cette odeur était agréable à son cœur et à son esprit. Si au contraire, on lui donne à sentir, par malice, quelque chose de mauvaise odeur, elle deviendra dans le moment plus triste, plus affligée, plus malade et plus en colère. De même aussi, un esprit chaud d'une herbe ou d'un animal réchauffe un froid mélancolique ; et un esprit froid narcotique ou anodin, rafraîchit un bilieux.

Lorsque le végétal est ainsi séparé, la conjonction s'en fait dans le même ordre et de la même manière que nous l'avons enseigné, en traitant de l'eau de pluie et du règne animal. On peut opérer de même sur toutes choses, suivant les voies, procédés et méthodes que nous avons indiqués ci-dessus. Pour éviter la prolixité, nous ne les répéterons point ici.

Il faut pourtant que je régale encore d'une manipulation les amateurs de la chimie. Nombre de chimistes se sont tourmentés pour trouver le sel volatil d'un végétal, sans y pouvoir réussir, quoique la chose soit très facile. Car si vous laissez macérer et putréfier une herbe jusqu'à ce qu'il s'y forme des vers, ce qui arrivera bientôt, lorsque vous voyez ce signe, vous n'avez qu'à distiller dans un alambic haut, au bain-marie ; il montera un esprit animal urineux, et le sel volatil s'attachera au chapiteau, ce qui est une preuve évidente que le végétal est devenu animal et que le règne animal est tout plein de sel volatil. Que le lecteur note bien ceci ; il trouvera, par ses spéculations, bien d'autres choses, qu'il se serait tourmenté l'esprit longtemps et inutilement à chercher et à trouver.

Pour ce qui regarde les végétaux plus durs tels que sont les herbes et les racines ligneuses, les bois, etc., on les traite comme les parties osseuses des animaux ; on les râpe, lime, scie, pile et écrase en menues parties, le mieux qu'on peut : on verse par dessus de l'eau de pluie pourrie, du vin, de l'eau salée ou nitreuse, et on les fait macérer ou cuire jusqu'à ce qu'elles deviennent molles et comme cuites ; ensuite on les fait putréfier ou bien, après les avoir coupées en petits morceaux, on les distille dans une retorte, comme nous l'avons enseigné au sujet des animaux ; et lorsqu'elles sont séparées, on les conjoint, comme nous l'avons dit. Lorsque le bois est distillé sans avoir été putréfié, il ne donne point de volatil, non plus que les animaux, etc.

Au risque d'ennuyer le lecteur, je lui dirai encore que l'eau de pluie ou de neige, etc., est un volatil homogène avec tous les individus du monde entier, et que l'on peut s'en servir pour toutes les choses qui n'en ont point. De même, s'il travaille sur un sujet qui n'ait point assez d'acide ou d'alcali, il n'a qu'à prendre le salpêtre ou son esprit; l'alcali le remplace par le sel et par son esprit alcalin. Mais s'il pense que le nitre ou le sel soit trop fort ou trop corrosif, il n'a qu'à séparer de l'eau de pluie, par la distillation, tout son volatil et son phlegme, et distiller les résidus; après la réverbération, il trouvera l'alcali. De cette manière il se procurera tout ce dont il peut avoir besoin.

Un Artiste doit bien noter qu'un sujet universel se spécifie en tous les individus. Par exemple, supposé que je n'eusse point de volatil mais seulement un vinaigre, une huile et un alcali; je n'ai qu'à ajouter le volatil de l'eau de pluie, comme un universel; il se spécifiera avec les autres principes et prendra la même qualité et spécification de l'acide auquel il a été ajouté; car l'axiome dit: *A potiori fit denominatio*. Or l'acide, l'huile et l'alcali sont en plus grande quantité; par conséquent ils peuvent dompter facilement le volatil, et le transmuer en leur nature.

De même, si dans la nature des choses il existait un sujet purement volatil, et que vous ne trouvassiez point, dans le même règne, un vinaigre ou un alcali homogène pour fixer ce volatil et le concentrer en une pierre, vous n'avez qu'à vous tourner vers les universels, c'est-à-dire vers l'eau de pluie ou de neige, ou vers le nitre et le sel; ils prendront facilement la spécification du volatil auquel vous les ajouterez, et ils opéreront suivant sa qualité et sa destination.

Chacun peut voir qu'à peine les sujets universels, comme la rosée, la pluie, la neige, etc., sont nés, qu'ils se spécifient dans le moment: qu'en tombant, ils s'attachent aux créatures animales, végétales et minérales, et se changent en elles. On n'a qu'à faire cuire un végétal, un animal ou un minéral avec du salpêtre et du sel, soit en liquide ou en sec; on verra d'abord le nitre et le sel participer de leur qualité.

Il n'est pourtant pas nécessaire de recourir aux universels; puisque Dieu a donné à chaque règne un sujet principal, qui renferme en soi généralement tous les sujets ou individus du même règne et dont les principes peuvent remplacer ceux qui leur manquent, ou tenir lieu de leur propre volatil, acide et alcali. Tels sont, dans le règne animal, l'homme et la femme, avec toutes leurs parties, l'urine, la fiente, la chair, la peau, les os, etc. Dans le règne végétal, le vin, le blé, le froment. Dans le règne minéral, le salpêtre et le sel.

Quelqu'un pourra avoir encore un petit scrupule dans la séparation du règne animal et du végétal, de ce que, dans la distillation des animaux et des végétaux, il passe au bain-marie, par l'alambic, une huile subtile avec l'esprit volatil, et que je n'en ai pas fait mention.

Mais j'ai dit ci-dessus que plus une chose est ouverte et subtilisée, plus elle devient volatile.

Qu'est-ce qu'un esprit ardent, sinon une huile extrêmement étendue, ou un salpêtre extrêmement volatilisé, et résous en une semence de nitre ardent ? N'ai-je pas prouvé, jusqu'à ennuyer, que le volatil et le fixe, l'acide et l'alcali ne sont aucunement distincts, à raison de leur essence, mais seulement par accident, suivant que l'un ou l'autre a été rendu plus volatil ou plus fixe ? C'est par rapport à ces formes accidentelles qu'on leur donne une dénomination distincte, et non relativement à leur matière, à raison de laquelle ils sont tous une même chose et universels.

On ne doit sur cela se faire aucun scrupule.

Quand même l'huile volatile monterait dès le commencement, il n'y a qu'à la jeter de nouveau dans la conjonction, sur la partie fixe, pour la rectifier par son moyen et pour la coaguler. Des scrupules de cette nature ont empêché plus d'un Artiste de pénétrer jusqu'au centre ; parce qu'ils se sont imaginés qu'il fallait nécessairement que ce fût un hétérogène, ou une partie rejetée par la Nature même. De cette manière ils ont rejeté le meilleur et ont gardé dans leur main la boue, comme font les distillateurs d'eau-de-vie, qui retiennent l'esprit-de-vin et qui donnent les parties restantes, qui sont les meilleures et en plus grande quantité, à manger aux cochons.

Mais moi je vous dis que tout ce que la Nature a composé, poison ou thériaque, est bon ; car l'Artiste peut toujours faire du poison une thériaque ; il ne s'agit que de le mûrir et de le fixer. Tout le monde sait que les poisons minéraux, végétaux ou animaux sont, presque tous, volatils, crus et non mûrs, et que, lorsqu'ils sont fixés, ils ne sont plus poisons mais un antidote et un préservatif contre le poison. Par conséquent, si la Nature a commencé quelque chose et qu'elle l'ait laissée imparfaite, il faut que l'homme achève de la perfectionner, pour avoir occasion de contempler et d'admirer les ouvrages de Dieu qui sont si divers et si merveilleux, et pour le remercier de lui avoir donné la faculté de les connaître et de s'élever par eux jusqu'à leur auteur. Finissons par là ce chapitre, et tournons-nous vers le règne minéral, qui est le principal objet des recherches des chimistes.

CHAPITRE IX

De l'analyse des minéraux.

Ce règne, suivant l'apparence extérieure, est tout différent du règne animal et du végétal, quoique, intérieurement, ils soient la même chose. Toute leur différence ne consiste qu'en ce que les minéraux sont fermentés, digérés, coagulés et fixés plus fortement et plus longtemps, et qu'ayant chassé hors d'eux, par un degré de chaleur plus fort, l'eau recolacée ou l'humidité superflue, avec la semence volatile et les esprits volatils, ils sont d'une nature plus sèche et plus pierreuse.

Les végétaux et les animaux sont nés de la semence volatile universelle, comme je l'ai dit ci-dessus. Par cette même semence volatile, ils sont réduits et régénérés en leur première matière ; mais les minéraux ont pris leur origine des parties plus fixes du sperme universel, c'est-à-dire du salpêtre et du sel, et spécialement des vapeurs spiritueuses corrosives de ces deux, fortement fermentés ; en un mot, de l'esprit-de-nitre et de celui du sel, mêlés ensemble, qui attaquent avec violence la terre changée en pierre, la corrodent, la résolvent, et en font un guhr vitriolique ou alumineux.

Ainsi, comme les minéraux sont nés du sperme universel plus fixe et plus spiritueux, il faut aussi que, par la semence ou par l'esprit-de-nitre ou du sel, chacun se résolve et se réduise, suivant son degré, en un sel essentiel ou vitriol, et celui-ci en vapeurs ou en une eau corrosive, suivant l'axiome : *Ex quo aliquid fit, in illud rursus resolvitur ; et per quod aliquid fit, per illud ipsum resolvi necesse est.*

Ce règne a aussi, comme les autres, des sujets plus ou moins fixes, c'est-à-dire un vitriol, un alun, un soufre volatil et fixe, un arsenic, une marcassite et la pierre métallique, etc. Par cette raison, il faut aussi conformer le degré de résolution au degré de fixation, et afin de ne pas s'y tromper, il faut prendre les sujets tels que la Nature les donne, et qui n'aient pas encore été travaillés par l'Art ; car ceux qui ont passé par la main des hommes sont beaucoup altérés par le feu, par toutes sortes d'additions, et par la diminution de la chose qu'on emploie pour faire rétrograder ces sujets à leur première origine.

La règle fondamentale de cette analyse, est que le salpêtre ou ses esprits n'attaquent pas aussi fortement les minéraux alcalisés ou fixés, que ceux qui sont encore remplis d'acides ; au contraire, tous les acides abhorrent le sel et ses esprits. En voici la raison. Si l'acide est joint à un sujet alcalisé, ou il s'y tue et ne l'attaque point du tout, ou il s'y fixe au lieu de le résoudre. De même, si l'on joint un sujet ou un menstrue alcalin à un acide, il s'y tue également et ne l'attaque point non plus, ou s'y fixe, au lieu de le résoudre. Au contraire, un semblable résout son semblable, c'est-à-dire un acide résout un acide, et un alcali résout l'autre ; mais ce que la Nature a conjoint et uni ensemble d'une manière hermaphrodite (c'est-à-dire où la Nature n'a pas encore assez travaillé, fixé, alcalisé, et où l'alcali est commencé mais où il est comme en équilibre avec l'acide), l'acide, aussi bien que l'alcali s'y rassasient tous deux, comme nous le montrerons dans la suite.

Or, j'ai dit que l'esprit de nitre et de sel sont des menstrues universels, ou les semences du monde les plus fixes, qui ne s'unissent pas seulement aux minéraux, mais aussi aux animaux fixes et aux végétaux. Si on considère bien ce point et qu'on y fasse réflexion, on approchera plus près du but, pour opérer bien des choses, sans cela très longues et très ennuyeuses.

J'ai dit encore que lorsque l'esprit spécifié, individué, n'a pas par lui-même d'humidité superflue, pour être réduit en sa première matière, il doit être réveillé par addition de l'esprit universel, pour pouvoir agir sur son propre sujet ; surtout les minéraux qui, presque tous, sont des corps plus secs et qui ont chassé hors d'eux en plus grande partie leur humidité superflue. De tels et de semblables corps secs doivent (à cause qu'ils manquent de suffisante quantité de leur propre humidité, ou de l'acide vitriolique ou alumineux) être aidés par l'acide ou par l'alcali universel, par le moyen desquels l'esprit vitriolique ou alumineux, qui y est implanté, puisse être réveillé et excité à agir sur son propre corps, et le réduire en sa première matière.

Tous les physiciens connaissent très bien que, dans la nature minérale, on trouve véritablement toutes sortes de sucs, de liqueurs et d'eaux, qui sont propres à résoudre divers sujets, comme par exemple le pétrole, le naphte, les eaux alumineuses, salines et nitreuses, l'eau de vitriol, les bains sulfureux, etc. Mais comme toutes ces choses, dans l'état où elles sont, sont beaucoup trop faibles pour attaquer un métal ou une pierre fixée véritablement, et qu'elles sont encore bien moins capables de les réduire en leur première matière, il faut que nous fassions attention à la véritable origine et aux principes de tous les métaux et minéraux, et comment ils se spécifient par diverses digestions, c'est-à-dire comment le sperme universel, qui est l'esprit du nitre et du sel, se change dans les entrailles des montagnes en y résolvant la terre en un guhr vitriolique et alumineux, dont ensuite, par un degré de chaleur interne varié, il naît différents sujets.

Ainsi, puisque la première matière des minéraux est un acide vitriolique ou alumineux, il faut aussi que nous nous en servions comme d'un moyen principal, pour faire rétrograder les minéraux et les métaux à leur premier principe, en les réduisant d'abord en une semblable substance vitriolique et alumineuse, qui ensuite, par une réduction ultérieure, doit devenir une vapeur corrosive minérale. Alors seulement elle touche, avec sa racine, à la nature minérale, avec sa tête, à la nature végétale, et elle peut être changée avec les végétaux, et par les végétaux, en végétal, et finalement par l'animal en animal, ou bien avec les minéraux et par les minéraux, en minéral ou en un métal régénéré. Un amateur verra encore par là que la Nature ou l'Art passent toujours *per media mediata homogenea*, d'un principe à l'autre ; ce qu'il doit considérer avec soin.

Quelqu'un pourra me dire : si vous n'avez point d'autre menstrue à nous indiquer que l'esprit de nitre et de sel, l'esprit ou l'huile de vitriol, de soufre et d'alun, il n'était pas nécessaire de barbouiller du papier pour cela.

Tout le monde les connaît ; et on les a abandonnés depuis longtemps, comme étant des corrosifs très pernicieux.

Je réponds qu'on ne les a abandonnés que parce que l'on n'a pas su en faire usage. Il ne s'agit cependant que de faire rétrograder les minéraux, de la même manière qu'ils ont avancé dans leur formation, ou de réduire le fixe en volatil, par les milieux convenables.

Considérez donc (je ne saurais trop vous le répéter) de quoi et comment la Nature engendre les minéraux. Vous verrez qu'elle fixe, par la terre, les vapeurs corrosives spiritueuses du nitre et du sel ; qu'elle dessèche leur humidité et que, plus il s'en dissipe, plus les minéraux se coagulent et se fixent ; qu'ainsi, puisqu'ils sont arides et desséchés, il faut leur donner une humidité homogène et surabondante, afin de réveiller de nouveau le sperme fixé et spiritueux qui y est renfermé et lié, et de les réduire en ce qu'ils étaient dans leur origine, c'est-à-dire en un guhr vitriolique et alumineux.

Que vous dirai-je donc maintenant, à vous qui abhorrez les menstrues corrosifs que je recommande et que je conseille ? Vous cherchez *l'alkaest*, et vous voulez qu'il soit doux et sans aucun corrosif ? Vous savez cependant qu'il est appelé vinaigre très aigre, *acetum acerrimum*.

Vous savez aussi que les Philosophes, lorsqu'ils veulent résoudre quelque sujet par *l'alkaest*, y ajoutent de l'esprit-de-vin ; et vous dites vous-même que c'est parce que l'esprit-de-vin adoucit les corrosifs. Raisonnez donc plus conséquemment : apprenez la manière d'appliquer les corrosifs, et sachez qu'en les rejetant, vous rejetez la clef principale de toute forteresse.

En traitant de l'analyse des animaux et des végétaux, nous avons dit qu'il fallait prendre, pour les résoudre, leur propre suc, lorsqu'ils en contenaient suffisamment, ou bien à son défaut, l'eau chaotique ou l'eau de pluie putréfiée. L'on doit en faire de même à l'égard des minéraux.

Lorsque l'humide minéral manque, ou qu'on ne peut l'avoir en suffisante quantité, il faut avoir recours à l'humide universel, afin de fortifier, de réveiller par lui l'humide universel vitriolique ou alumineux coagulé, et de l'exciter à agir et à rompre ses liens.

Mais comme les minéraux sont des corps fixes très coagulés et très desséchés, ils demandent aussi un menstrue plus actif et plus pénétrant que les animaux et les végétaux ; et par cette raison, nous prenons la semence universelle plus fixe, c'est-à-dire l'esprit-de-nitre et de sel.

Ce que le salpêtre ne peut pas opérer, le sel le fait, ou tous les deux ensemble.

Quoique l'on ne doive employer ces spermes universels que dans le cas où l'humide minéral serait en trop petite quantité, ou trop faible, il faut toujours avoir la précaution de faire une bonne quantité d'esprit-de-vitriol et d'alun ; parce qu'ils sont un humide minéral, propre pour tous les astres rouges et blancs. Les Anciens ont, sagement et avec raison, placé le salpêtre à côté du vitriol, pour acuer le vitriol par le salpêtre, afin de pénétrer mieux les sujets minéraux ; et ils ont tiré du salpêtre et du vitriol, par la distillation, un menstrue universel pour le règne minéral.

Mais comme depuis, par une longue ignorance, on n'a pas su la bien appliquer, on s'en est servi seulement comme d'une eau à séparer, sans savoir l'employer à d'autres usages ; quoique les métaux, par une longue digestion, y deviennent toujours plus volatils et qu'enfin leur teinture passe, en bonne partie, par la distillation ; c'est à quoi on n'a fait nulle attention. On l'a rejeté comme inutile, par la seule raison qu'il est un corrosif. Ce qui a induit en erreur, c'est que dans les corrosifs il se précipite toujours quelque chose du métal, en une poudre terrestre. En second lieu, que les métaux dissous dans les corrosifs, reprennent facilement leur première forme par le moyen des précipitants. On en a conclu que les corrosifs n'étaient point homogènes au règne minéral, et cela a empêché de comprendre que ce règne fût corrosif dans son origine. Mais la raison de ces effets est que les métaux, quoique résous et disposés à la volatilisation par les corrosifs, cherchent toujours à devenir terrestres ; et si l'on savait quelle est la chose qui peut conserver les métaux toujours volatils et doux dans le liquide, nonobstant tous les précipitants qu'on y verse, on verrait que les métaux ne produiraient jamais une forme métallique, mais qu'ils s'uniraient plutôt avec le précipitant, et formeraient un tiers-être.

On devait bien s'apercevoir que cette chose ne se trouve pas dans le règne minéral ; qu'il faut la chercher ailleurs et observer que, par cette chose, les minéraux parviennent à une altération plus noble et convenable non seulement à la nature minérale, mais à celle des végétaux et des animaux ; en sorte qu'ils peuvent s'en servir sans aucun dommage. Ne voit-on pas que les esprits des végétaux, leurs eaux, leurs huiles et leurs vinaigres restent plus longtemps et plus constamment volatils que ceux des minéraux ; et que ceux des animaux aiment encore plus la volatilité, quoique toutes choses aient une tendance naturelle à devenir terrestres, comme étant le lieu de leur repos, hors lequel elles sont toujours en mouvement. Car on voit que tous les vinaigres se dessèchent et deviennent terre ; toutes les huiles se changent en nature de gomme épaisse, et toutes les eaux déposent une terre.

Pourvu que l'esprit-de-vin rectifié trouve seulement un sujet auquel il puisse s'attacher, il devient terrestre aussi bien que les autres. Le but unique de tout l'Art de la chimie médicinale, dans le règne minéral, est que le minéral soit réduit par ses propres humidités ; qu'ensuite, comme il conserve, par cette réduction, une nature corrosive, hétérogène à la nature végétale et animale, cette nature corrosive soit corrigée, dulcifiée et transmuée en une nature végétale, et de là en une nature animale.

On a décrit une infinité de menstrues et de dissolvants radicaux. Chacun a cru le sien le meilleur ; cependant tous en ont obtenu très peu d'effets. Au lieu que, s'ils eussent bien examiné la nature des choses, ils auraient eu beaucoup moins de chemin à faire ; puisque non seulement ils ont fait souvent eux-mêmes de tels menstrues radicaux, mais encore qu'ils ont trouvé à les acheter tout faits : il ne s'agissait que de savoir les employer.

On fait ordinairement un menstrue qu'on appelle vulgairement *eau-forte* ou *eau régale*, de deux parties de vitriol et d'une ou de deux parties de salpêtre. Après qu'on a calciné le vitriol, on le mêle avec le salpêtre cru, et on en distille une eau-forte qui fait le même effet, de quelque manière qu'on la compose ; mais ce n'est pas là la bonne méthode ; en voici la raison. Lorsque le salpêtre est joint au vitriol, dans la chaleur, le vitriol qui a un soufre brûlant, est contraire au salpêtre, et il en chasse promptement son esprit avant qu'il ait pu bien attaquer et résoudre le vitriol. De cette manière l'esprit-de-nitre passe dans le récipient et emporte avec lui une petite partie de soufre vitriolique le plus volatil, dont même l'eau-forte retient l'odeur fétide (comme on le voit en comparant l'odeur de l'eau-forte avec celle de l'esprit-de-nitre, distillé avec la terre grasse), et ce qui reste est du vitriol fixé, autant que le salpêtre et le feu l'ont pu faire ; parce que le nitre tourmenté et fluant au feu a été plutôt fixé que résous.

La véritable méthode est celle-ci. Faites une eau-forte distillée, à la manière ordinaire, ou un esprit-de-nitre distillé avec de la terre grasse.

Prenez-en une livre : versez-la sur une livre de vitriol pur, et calciné à blancheur ; mettez-les dans une retorte et distillez-en l'eau-forte au sable, par degrés lents, et seulement jusqu'au troisième degré, afin que le vitriol ne s'y calcine point. Car si vous distillez l'eau-forte violemment sur du vitriol, vous fixerez plutôt le vitriol que de le résoudre. Lorsque l'eau-forte sera passée, ajoutez-y encore une livre de nouvelle eau-forte, et versez le tout sur le vitriol resté dans la retorte : faites-le dissoudre et digérer ensemble, un jour et une nuit ; distillez ensuite lentement et seulement jusqu'à la troisième partie ; le vitriol sera au fond, comme du beurre, et gras comme une huile. Il est alors un guhr minéral régénéré et spiritualisé, qu'il faut réduire en une vapeur liquoreuse si l'on veut qu'il puisse résoudre les choses de sa nature.

Reprenez l'eau-forte qui est passée : ajoutez-y encore une livre de nouvelle eau-forte, de manière qu'il y ait en tout trois livres d'eau-forte jointe à une livre de vitriol; reversez-la encore sur le vitriol: faites-le résoudre et digérer de nouveau, un jour et une nuit; distillez ensuite de même lentement par degrés, et vous verrez passer avec l'eau-forte la plus grande partie du vitriol très spiritualisé; il faut recohober jusqu'à ce qu'il passe entièrement et qu'il ne reste plus rien au fond de la retorte: alors on le fera encore passer, sans addition, une, deux ou trois fois; et par ce moyen l'on aura le véritable menstrue radical, propre pour réduire tous les astres rouges en leur première matière et pour les rendre semblables à lui. Vous pourrez faire le même procédé si vous voulez, avec l'esprit-de-sel; mais il n'est pas nécessaire, puisque le précédent résout tous les sujets acides et alcalins, comme vous le verrez encore par l'expérience.

Si l'on veut faire une différence entre les astres rouge et les astres blancs, quoique cela ne soit nullement nécessaire, il faut prendre le menstrue de vitriol pour les astres rouges, et le menstrue d'alun pour les astres blancs. Le menstrue d'alun se fait de la même manière que celui de vitriol, avec de l'eau-forte ou de l'esprit-de-nitre. Voici une manipulation que je publie, que la plupart ont passé sous silence et dont ils n'ont eu aucune connaissance: je ne la donne qu'en petit, mais un Artiste instruit et intelligent saura bien tirer des inductions du petit au grand; je ne saurais l'aider davantage. Je lui donne une règle pour volatiliser les choses fixes. S'il comprend bien mes raisons, qu'il en garde le secret; car beaucoup de ceux qui liront ceci y trouveront de grandes difficultés qu'ils ne sauront point surmonter, quoique la chose soit très manifeste et que la porte soit ouverte pour entrer: *aperta jam porta, infra in conclave, amice*. Faites attention que je viens de vous donner la clef pour ouvrir toutes les serrures; mais une serrure n'est pas faite comme l'autre, et quoiqu'il faille les ouvrir par une même méthode, on ne laissera pas d'être souvent arrêté et obligé de faire plusieurs essais; en sorte que plus d'un pensera que cette clef n'est pas faite véritablement pour toutes les serrures. C'est pourquoi je veux bien encore enseigner la manière de faire usage de cette clef, et pour mieux me faire entendre, j'expliquerai d'abord quels sont les sujets alcalisés, les sujets acides, et ceux qui tiennent le milieu entre les uns et les autres.

Parmi les sujets alcalisés, je comprends tous les soufres minéraux embryonnés et les soufres métalliques fixes au suprême degré, tels que sont les minières du soleil, de Mars, de Jupiter, le talc, l'émeri, l'hématite et beaucoup d'autres choses pareilles, mais qui ne sont pas si connues, et dans lesquelles la Nature a réverbéré fortement l'acide, ou l'a coagulé, fixé et alcalisé. Ainsi, toutes ces choses, sans un être alcalin, rétrogradent difficilement en leur première Nature.

Parmi les sujets acides, je comprends tous ceux dans lesquels l'acide domine et qu'il résout facilement, parce qu'ils ne sont pas encore assez fixés pour être alcalisés. Tels sont le Saturne, la Lune, le bismuth et autres soufres blancs et arsenicaux, qui font connaître d'eux-mêmes, dans les dissolvants, de quelle qualité ils sont, comme je l'ai enseigné dans le chapitre de la génération des minéraux. Tenez donc pour acide tout ce que l'acide peut attaquer, et pour alcalin tout ce que l'alcali peut attaquer ; et tout ce qui attaque indifféremment l'un et l'autre, regardez-le comme tenant de la nature de tous les deux.

Parmi le nombre de ces choses hermaphrodites, vous pouvez compter toutes les minières et tous les métaux dans lesquels l'acide a commencé se fixer et qui, par une digestion trop faible, est resté dans un état mitoyen. Tels sont la Vénus, le Mars, le Mercure, etc., car on peut résoudre de tels sujets aussi bien par un esprit acide que par un esprit alcalin, soit séparés, soit unis.

Il ne faut pourtant pas prendre cette distinction si fort à la lettre, par rapport au menstrue mentionné ci-dessus ; car si on veut traiter de tels sujets, par les menstrues universels seulement, comme par l'eau-forte ou par l'esprit-de-nitre ou de sel, ils peuvent souffrir, dans l'un ou dans l'autre sujet, quelque retardement à cause de la subtile ubiquité desdits esprits. Mais si on les spécifie avec leur propre acide minéral vitriolique ou alumineux, alors on est dispensé de faire cette attention.

Nous diviserons donc les sujets suivant le menstrue rouge ou blanc, c'est-à-dire de vitriol ou d'alun, en minières métalliques rouges et blanches, de Saturne, de Jupiter, de Mars, de Soleil, de Vénus, de Lune ; et ensuite en minières marcassitiques, de mercure, d'antimoine, de bismuth, de zinc, et en toutes sortes d'autres marcassites de Soleil, de Lune, de Vénus, de Saturne et de Mercure; et ensuite en soufres fixes embryonnés, à savoir l'hématite, l'émeri, le bolus, la sanguine, l'aimant, l'alun de plume, la calamine, la tutie, etc., puis encore en soufres volatils embryonnés qui sont dans l'antimoine, dans le bismuth, dans l'arsenic, dans le vitriol, dans les rivières de soufre et dans toutes sortes de marcassites volatiles et autres minières.

Nous enseignerons en général la manière de résoudre ces quatre espèces, et de les exalter en quintessence.

Prenez donc une minière, laquelle vous voudrez; et après l'avoir pulvérisée, faites-la rougir dans un creuset par un feu plus ou moins fort, suivant sa fixité. Lorsqu'elle est rougie, aspergez-la avec une quantité de soufre commun; remuez bien le tout ensemble avec un fil de fer, jusqu'à ce que le soufre soit tout à fait brûlé; alors la minière est préparée à pouvoir être dissoute dans le menstrue.

Si vous voulez la préparer encore mieux, après l'avoir bien pulvérisée et avant que de la faire rougir, vous la laverez sur le drap pour séparer la pierre de la partie métallique.

Prenez ensuite de cette minière ainsi préparée une partie; mettez-la dans un alambic; versez dessus trois parties du menstrue susdit, fait de vitriol pour les rouges, et d'alun pour les blancs; digérez au feu de cendres; versez doucement, par inclination, ce qui est clair et résous; et sur ce qui ne l'est pas, versez-y encore le triple de son poids de menstrue, et faites digérer jusqu'à ce que tout soit résous et devenu en liqueur claire. Alors la minière est dans son premier état; car si vous distillez cette liqueur au sable par la retorte ou par l'alambic, jusqu'à la troisième partie, que vous laissiez refroidir le résidu et que vous le mettiez à la cave afin qu'il se cristallise, vous aurez un vitriol *et materiam primam illius mineræ renatam*. Si vous résolvez encore ce vitriol dans trois parties de menstrue nouveau, que vous le distilliez et cohobiez par la retorte jusqu'à ce que tout soit passé, vous aurez une liqueur vaporeuse et primordiale qui ne peut être rétrogradée sans altération; car dès que vous voudrez la faire rétrograder davantage, il arrive une transmutation et une spécification en une autre chose, soit en un végétal, soit en un animal, soit en un universel ; mais tant qu'elle reste vapeur corrosive, elle est dans l'état primordial des minéraux ; elle touche avec la racine au règne minéral, et avec la tête au règne végétal ; et dans cette situation, elle peut très facilement être transmuée par le végétal en animal. Vous avez ici le minéral entier avec tous ses principes ; car il n'a perdu ni son soufre, ni son arsenic, ni sa marcassite, comme les métaux affinés les ont perdus dans la fonte ; et tous ses esprits vitaux et nutritifs ont été conservés.

Si vous voulez coaguler et fixer cette liqueur ou huile minérale, il faut la cuire et digérer au bain-marie pendant trois jours et trois nuits, dans une cucurbite basse, avec son chapiteau et récipient, et en distiller l'humidité superflue.

Lorsque rien ne veut plus monter, remettez au cendres ; distillez doucement tout le phlegme ou l'esprit faible : mettez le résidu dans une fiole et faites-le coaguler aux cendres ; il en proviendra une pierre saline plus fluide au feu que l'huile, et qui à l'air se congèlera comme la glace. Il n'est pas besoin de boucher votre fiole, car rien ne monte. De cette manière, vous aurez la quintessence minérale, mais toute corrosive et nuisible à la nature humaine ; car dans cet état, elle est encore minérale. Pour la rendre utile aux hommes, il faut la transmuer en végétal ou en animal, par les végétaux et les animaux ; car les végétaux et les animaux sont la nourriture de l'homme, et non les minéraux. Pour ce qui regarde les minéraux, qui ont passé par le feu, comme le soufre commun, l'antimoine fondu, le bismuth, l'or fin, le cuivre, l'étain, le plomb, il faut que nous les fassions rétrograder par des principes homogènes et que nous ajoutions ce que nous avons ôté par le feu. Or on a ôté à l'antimoine cru sa matrice pierreuse et son esprit acide sulfureux et arsenical, par le moyen duquel l'antimoine aurait pu être réduit plus facilement en sa première nature, en l'aidant avec l'acide universel ou minéral vitriolique. Le soufre commun, fait de la minière de soufre, est privé de son esprit, de son huile sulfureuse et de son essence cuivreuse, dont, par la lexiviation, on tire le vitriol. L'or et l'argent et tous les autres métaux sont privés de parties semblables.

Voici la manière de préparer chaque métal et chaque minéral et de lui rendre ses principes qui lui ont été ôtés. L'or se calcine avec le soufre, l'arsenic et l'antimoine ; et la chaux, qui en est faite, se résout facilement avec ledit menstrue.

L'argent, le cuivre, le plomb et le fer, de même que la minière d'étain se calcinent avec le soufre et se résolvent avec le même menstrue, comme aussi le mercure sublimé avec du soufre et du sel commun. Le vitriol s'y résout également.

L'antimoine, bien mêlé avec le soufre au feu jusqu'à ce que le soufre soit brûlé, se résout aussi dans le même menstrue.

Quant au soufre, comme il contient une huile sèche et qu'aucune huile ne s'unit facilement avec un sel ou un menstrue salin, la Nature nous a montré un menstrue propre et homogène, à savoir le pétrole, qui est un soufre résous fluant avec lequel il faut le cuire en un foie odorant, qui ne sent pas si mauvais que celui qui est fait avec l'huile de navette, de lin ou d'olive ; ensuite ce foie se résout en un sel ou en une liqueur vitriolique.

Après que le lecteur aura de la manière susdite réduit tous les métaux et minéraux en un vitriol, et celui-ci en liqueur, et qu'il aura coagulé cette liqueur en sel ou en une pierre saline, tout est préparé et rendu propre à la transmutation végétale et animale, comme nous le dirons ci-après.

J'ai bien dit, à la vérité, que la qualité corrosive est attachée naturellement au règne minéral, et qu'elle est contraire et hétérogène au règne végétal, quoique moins cependant qu'au règne animal. J'ai aussi dit qu'un corrosif ne saurait être utile à l'homme, mais qu'il lui est plutôt un poison. L'artiste doit savoir changer ce poison en antidote ou contrepoison ; et cela ne se peut faire que par la dulcification.

Cette dulcification est un grand secret dont il n'est fait mention nulle part. Les chimistes vulgaires tempèrent bien les corrosifs avec l'esprit-de-vin, mais c'est sans les changer de nature ; au lieu que les vrais chimistes savent les rendre, par une véritable transmutation, parfaitement homogènes à la nature végétale et à la nature animale. Nous allons en découvrir sincèrement le procédé et, pour le faire mieux comprendre, nous mettrons ici sous les yeux du lecteur un arbre de dulcification et d'harmonie, qui indiquera l'ordre dans lequel l'animal doit être uni au végétal, et celui-ci, ou tous les deux, au minéral.

CHAPITRE X

Arbre de dulcification.

Le volatil

Animal	Végétal
Esprit-d'urine	Esprit-de-vin

L'acide

Animal	Végétal
Esprit-d'urine	Esprit-de-vin

L'acide
Minéral corrosif, l'esprit ou l'huile ou leur sel corrosif.

Afin que le lecteur soit persuadé que, dans tout ce que je fais, je cherche à me conformer aux lois fondamentales de la Nature, et que je l'imite scrupuleusement dans ses procédés, il n'a qu'à considérer comment elle dulcifie elle-même les minéraux et les rend homogènes à la nature humaine et à la végétale. D'abord les vapeurs minérales corrosives, qui s'élèvent du centre de la terre, déposent dans ses entrailles leur plus fort corrosif qui y attaque les pierres et la terre, les corrode, les résout et les coagule ; car il n'y a point de distillateurs qui ne sachent que les esprits minéraux corrosifs ne montent jamais si haut que les vapeurs douces, végétales et animales ; puisqu'on est obligé, pour les faire passer, de se servir d'un vase plus bas tel que la retorte, et d'un plus grand degré de feu.

Lorsque le corrosif le plus fort a été déposé dans la terre, les vapeurs poussées par la chaleur centrale montent plus haut, jusqu'aux végétaux ; et ce qu'elles ont encore de mordicant est pris, sucé, attiré par leurs racines, et est transmué en leur nature. Ce que le règne végétal n'a point retenu avec moi, monte encore plus haut dans la région inférieure de l'air, jusqu'au règne animal où les animaux attirent à eux, par la respiration, ces vapeurs alors adoucies, les transmuent en leur nourriture, et finalement en leur nature animale spécifiée. C'est en quoi consiste l'arbre de dulcification.

Ainsi la Nature ne saute pas tout d'un coup du règne minéral au règne animal ; mais elle passe par le règne végétal, et il faut qu'un minéral soit changé en végétal pour que les animaux puissent s'en servir pour leur nourriture.

La Nature descend de même par degrés du règne animal au minéral. Elle pourrit d'abord les animaux à la superficie de la terre, et les réduit en un sel essentiel nitreux, dont elle se sert pour donner l'accroissement aux végétaux ; mais l'eau entraîne une partie de ce sel par les fentes et crevasses de la terre jusqu'à son centre, où, trouvant une plus grande quantité de sels déjà fermentés et minéralisés, il est transmué en leur nature. Car, comme nous l'avons déjà dit, il ne peut point se faire de changements d'une nature en une autre, à moins que celle-ci n'excède en quantité. Si deux ennemis, d'égale force, luttent l'un contre l'autre, aucun d'eux ne remporte la victoire ; mais si l'un est supérieur à l'autre, il faut que le plus faible succombe. Il en est de même des différentes natures ; et nous devons consulter cette règle pour la dulcification. Je n'entends pas que, pour adoucir un corrosif, il faille le noyer dans une grande quantité de quelque liqueur végétale ; la Nature a ses poids et mesures, auxquels l'Artiste doit se conformer, et il n'aura pas de peine à les connaître. Car si une chose a trop de dulcifiant, elle en laisse séparer le superflu par la distillation, et si elle en a trop peu, il est facile d'en juger par le goût.

Je dis donc : si vous voulez parvenir à une véritable dulcification des minéraux, c'est-à-dire les rendre homogènes au règne végétal et au règne animal, procédez comme la Nature ; n'allez point d'un extrême à l'autre sans passer par le milieu; mais faites avancer les minéraux vers l'animalité, par les végétaux.

 Si vous mettez ensemble les trois volatils ou les trois acides des trois règnes, ils combattront, comme deux feux; au lieu que si, en suivant l'ordre de la Nature, vous mettez d'abord le volatil animal avec le volatil végétal, la conjonction s'en fera sans répugnance. Après cela, joignez-y le volatil minéral; alors, si vous les distillez, ils monteront inséparablement ensemble, où ils resteront tous trois en arrière.

 Prenez de l'esprit volatil d'urine et de l'esprit-de-vin, parties égales: versez-les l'un dans l'autre; ajoutez-y ensuite le phlegme acide de vitriol; ils s'uniront sans répugnance. Prenez même de l'acide animal et de l'acide végétal, de chacun une partie: mêlez-les ensemble; ajoutez-y une partie de l'esprit-de-vitriol; ils s'uniront encore très facilement; car le végétal est le copulateur qui s'associe et s'assimile aussi bien au règne animal qu'au règne minéral. Mais pour ne vous rien laisser à désirer, je vais vous apprendre à extraire ces différents principes.

 Prenez de l'urine putréfiée: distillez au bain-marie son esprit volatil; rectifiez-le dans une fiole: séparez-en le phlegme le plus grossier, jusqu'à ce qu'il devienne très clair et cristallin; et gardez-le à part; vous aurez le volatil d'urine préparé.

 Distillez encore les résidus au bain-marie jusqu'à une liqueur de l'épaisseur du miel; le phlegme plus grossier en sera séparé: ôtez ce phlegme; mêlez ce qui reste avec des cendres lessivées, jusqu'à rendre la masse presque sèche, et que vous puissiez la mettre en boulettes: mettez-la ensuite dans une retorte, et distillez-en au sable tout ce qui peut passer; vous aurez l'acide animal avec une huile fétide: séparez l'huile *per tritorium* ou par un entonnoir de verre; filtrez l'acide et le sel volatil qui est monté avec lui: distillez-le encore une fois très doucement par la retorte, et il sera aussi préparé.

 Prenez d'un bon vin vieux: tirez-en l'esprit-de-vin à l'épreuve de la poudre, et il sera aussi préparé comme il est enseigné dans plusieurs livres. Après que vous aurez distillé, par l'alambic, votre esprit-de-vin, prenez ce qui reste, et faites-le évaporer dans un vase de cuivre jusqu'à consistance mielleuse ou jusqu'à ce qu'il monte au nez une vapeur aigre. Prenez cette liqueur acide : mêlez-la avec de la poussière de charbon, ou avec des cendres lessivées, et distillez par la retorte ; il passera au commencement un phlegme assez grossier, ensuite l'acide du vin et enfin, une huile fétide : séparez l'huile de l'acide *per tritorium* ou par un entonnoir ; rectifiez l'acide du phlegme, deux ou trois fois, et il sera aussi préparé.

De cette manière, vous aurez préparé tout ce qui est nécessaire pour la dulcification de tous les corrosifs, et vous expérimenterez que cette façon de dulcifier est aussi éloignée de celle dont on use ordinairement que le ciel l'est de la terre. Je ne veux pas en faire l'éloge ; la pratique le fera assez.

Méthode pour dulcifier

Prenez donc de l'esprit-de-vin et de l'esprit volatil d'urine, parties égales : mettez-les ensemble dans une cucurbite haute ; distillez au bain-marie et aux cendres, jusqu'à ce qu'il ne reste plus en arrière qu'un phlegme assez grossier et sans esprit ; et il sera séparé. Prenez ensuite l'acide d'urine et l'acide de vin : versez-les ensemble dans une retorte, et distillez-les ; ils seront aussi séparés.

Prenez ensuite un corrosif quelconque, soit liquide, soit sec, une partie, et versez-la sur trois parties de l'acide préparé : mettez-les au bain-marie et distillez-en, dans un alambic bas, le phlegme jusqu'à la consistance d'huile. Goûtez cette huile ; si elle n'a plus de corrosif, cela suffit. Si elle en a encore, versez-y de nouveau trois parties d'acide, et distillez comme la première fois. Vous répéterez la même opération jusqu'à ce que l'huile restante n'ait plus que de l'acidité ; alors versez sur cette huile trois parties d'esprit-de-vin préparé : distillez au bain-marie jusqu'à l'oléosité ; elle s'adoucira et deviendra plus homogène à la nature humaine. Versez encore dessus trois parties de nouvel esprit-devin, en distillant toujours de même. Plus vous réitérerez cette opération, plus l'huile deviendra douce et agréable. Il faut remarquer que l'esprit-de-vin passe, aussi bien que l'acide, presque toujours faible ou en phlegme ; car le sel volatil reste avec le corrosif, en le dulcifiant ; et cela doit être ainsi ; sans cela le corrosif ne se transmuerait point.

Après que vous aurez dulcifié de cette manière votre corrosif, mettez-le dans une retorte : distillez-en l'huile douce et très agréable dont tous les animaux et végétaux pourront prendre sans le moindre danger. Elle est alors la quintessence et le magistère du minéral dont vous l'avez tiré.

Si vous voulez coaguler cette huile en une pierre saline et fusible comme du beurre, mettez-la dans un petit alambic haut, avec son chapiteau et récipient, au bain-marie distillez-en l'humidité superflue, par degrés ; car la quintessence ne monte pas facilement au bain-marie : mettez-la ensuite aux cendres, et distillez encore par degrés lents l'humidité qui n'a pas voulu monter ni passer au bain-marie. Elle s'épaissira de plus en plus, jusqu'à ce qu'elle flue dans le feu comme une huile, et qu'elle se condense à l'air comme la glace. Vous l'aurez donc, de cette manière, en liquide et en sec ; remerciez-en Dieu.

Observez encore que, plus votre acide et votre esprit-de-vin sont forts, plus la dulcification se fait promptement. Or, leur force consiste en ce que leur eau recolacée, ou leur phlegme, en a été séparé, et qu'ils ont été concentrés le plus qu'il a été possible.

Vous observerez de plus que, si vous voulez appliquer le minéral, ou l'essence corrosive minérale seulement à l'œuvre végétale et non aux animaux, la dulcification avec l'esprit-de-vin n'est pas nécessaire (quoiqu'il soit bon de conjoindre l'esprit et l'acide d'urine avec l'esprit-de-vin et l'acide végétal) et si vous voulez l'appliquer à la nature minérale, vous n'avez point du tout besoin de dulcification, à moins que vous ne le vouliez bien. La dulcification, telle que je viens de l'enseigner, sert à rendre les minéraux convenables à la nature humaine, et propres pour la guérison des maladies.

Il se présentera des objections en foule.

Quelques-uns diront que ce procédé est contraire à ceux de tous les vrais Philosophes, qui commandent expressément de séparer de chaque minéral son soufre, son mercure et son sel, comme leurs principes propres. Au lieu, diront-ils, que je fais, de chaque minéral, un sel ou un vitriol : de celui-ci une huile corrosive, et que je fixe de nouveau celle-ci en sel. Où restera donc, diront-ils, le soufre et le mercure en forme sèche et constante ? Mon cher Lecteur, qui que vous soyez, si vous cherchez à suivre la voie qui est décrite dans tous les livres, je vous avouerai franchement que vous n'avez pas encore bien approfondi la nature des minéraux, et qu'encore moins avez-vous entendu les Philosophes.

N'avez-vous pas lu dans leurs écrits (quoiqu'il ne soit pas besoin ici d'une si haute intelligence, car leur voie est une voie plus élevée) que *sal metallorum est lapis philosophorum et magisterium totius artis*. Or, ce sel renferme et cache en soi le mercure et le soufre. Lorsqu'on en fait une huile, il s'appelle soufre, et son esprit intérieur actif est le mercure.

De cette manière le soufre, le sel et le mercure sont joints ensemble. Lorsque cette huile est de nouveau coagulée et fixée en sel (comme en effet elle se coagule d'abord par la lente abstraction de l'humidité), qu'elle flue constamment dans la chaleur, comme une huile ; que dans le froid elle se condense comme la glace ; et qu'elle se fond dans toutes sortes de liqueurs, comme le sucre se fond dans l'eau, sans aucune précipitation : alors elle est une médecine, qui guérit toutes les maladies quelconques.

On pourra encore m'objecter et dire que cette opération est non seulement faite avec des corrosifs, mais même que j'y laisse les corrosifs sans les séparer.

Pour y répondre, je suis obligé d'entrer dans une longue discussion, et de remonter à l'origine de toutes choses. Considérez donc qu'au commencement Dieu a créé deux choses, desquelles tout a tiré son origine ; à savoir l'esprit ou la semence ; et l'eau chaotique universelle, comme corps, réceptacle et instrument de l'esprit ou de la semence. L'eau est visible et palpable, mais l'esprit qui y est renfermé est toujours invisible, jusqu'à ce que, par les degrés de putréfaction, de séparation, de conjonction, de coagulation et de fixation, qui se suivent les uns les autres, il soit devenu visible, palpable et corporel, comme nous l'avons indiqué suffisamment ci-dessus.

Or, l'eau est un *recolaceum*, et il ne s'en coagule avec la semence qu'autant que celle-ci en a besoin indispensablement pour prendre un corps. La Nature chasse dehors tout le superflu, par la violence du feu et de la chaleur. Faites-y bien attention : l'eau recolacée est un instrument et un réceptacle de l'esprit universel ou de la semence, par le moyen duquel l'esprit doit faire ses opérations, se fixer et se volatiliser soi-même et devenir fixe et volatil, céleste ou terrestre.

Sans cette eau l'esprit serait sec et resterait sans action, comme endormi ou mort. Tant que cette eau recolacée est avec l'esprit ou l'esprit avec l'eau, il n'a jamais aucun repos, et il est toujours excité à agir. C'est ce qu'on voit clairement dans les animaux et les végétaux, surtout dans ceux qui abondent en humidité, et dans lesquels l'eau recolacée n'est point séparée. Tant que l'animal vit et que le végétal verdit, l'esprit se répand avec l'eau dans toutes leurs parties, digère, putréfie, sépare, coagule et répartit ainsi la nourriture pour l'accroissement et pour la conservation du sujet.

Lorsque ce sujet meurt, l'esprit agit au contraire ; et au lieu qu'auparavant il avait aidé et nourri le végétal ou l'animal, il commence dans l'instant même que l'animal ou le végétal a perdu son esprit vivifiant balsamique, à le réduire en pourriture ; il le dissout et le régénère en quelqu'autre chose. Or, il opère tout cela par l'eau, sans laquelle il ne saurait agir, comme il est facile de le prouver.

Lorsque l'on essencifie un sujet et qu'on le coagule jusqu'à son entière siccité, l'esprit est alors comme s'il était mort ou endormi ; parce que l'eau recolacée, qui est son moyen et son instrument, lui a été ôtée. Mais s'il en retrouve une, soit des universels comme de l'air, de la rosée, de l'eau de pluie, ou des espèces, ce qui arrive lorsqu'on le donne aux sujets végétaux ou animaux et qu'on le leur fait prendre comme une médecine, il acquiert alors de nouveau une humidité superflue, ou un instrument aqueux spécifié, qui l'excite de nouveau à agir ; et dans cet état il guérit ou détruit l'animal ou le végétal, suivant qu'il est appliqué ou préparé.

Je dis encore que plus l'esprit universel est séparé de son eau recolacée, plus il devient fixe et concentré ; que lorsque cet esprit fixe et concentré est rendu spiritueux par une chaleur excessive, il devient un feu et un dragon dévorant, qui détruit tout ; que par cette raison, l'esprit-de-nitre, l'eau-forte et l'esprit-de-sel ne sont rien qu'un feu corrosif et que, dans cet état, ils sont contraires à tous les individus, principalement aux animaux et aux végétaux : mais comme nous avons indiqué des moyens pour apaiser leur cruauté furieuse, et pour les réduire à une agréable douceur, un amateur ne doit pas craindre de les employer. Il doit savoir que, si l'esprit ou la semence n'a pas une telle mordacité, il lui sera impossible de résoudre des pierres et des métaux. Au reste, si cette voie ne lui plaît pas, qu'il essaie de résoudre des corps aussi durs avec de l'esprit-de-vin ou d'urine, avec un acide végétal ou animal, il verra lui-même la différence qu'il y aura, et il apprendra bien, à la fin, à devenir sage par la pratique.

Je répondrai à présent à l'objection qu'on peut me faire, de ce que je laisse la semence universelle, ou l'esprit avec l'esprit-de-nitre, ou l'eau-forte, etc., c'est-à-dire le dissolvant avec ce qui est dissous. En voici la raison. Lorsque la semence universelle est conjointe à la semence spécifiée, et qu'ainsi elle prend la même spécification, la mère est jointe à l'enfant, et l'enfant tire sa nourriture de la mère, de la substance et du sang de laquelle il a été formé : rien n'est plus conforme à la Nature.

Tous les universels se rendent homogènes aux espèces, et en prennent la qualité ; de manière que, lorsque l'on concentre l'esprit universel dans les espèces, leur vertu en est augmentée et exaltée ; et plus il est concentré et acué, plus il opère puissamment, et plus on le donne en petite dose.

Je n'ai pourtant pas enseigné de donner cet esprit aigu aux animaux et aux végétaux, avant qu'il ait été dulcifié. Mais prouvez-moi mon erreur, à le donner après la dulcification. Qui ne veut pas en croire ma théorie, l'apprendra par la pratique, qui le lui démontrera clair comme le jour.

J'ajouterai seulement un exemple des plus simples, par lequel chaque Artiste comprendra dans l'instant le prompt changement de l'esprit ou de la semence aiguë et corrosive, en une douce.

Prenez de l'esprit-de-vitriol déphlegmé, ou de l'huile de vitriol, une partie ; versez dessus du vinaigre distillé simplement, six parties : distillez-le aux cendres jusqu'à l'oléosité ; il passera, dans une cucurbite pas trop basse, au premier ou au deuxième degré de feu, un phlegme clair ou une eau recolacée : versez-y encore d'autre vinaigre distillé, six parties ; distillez de nouveau jusqu'à l'oléosité, et répétez cette opération jusqu'à trois fois : goûtez alors l'huile de vitriol sur la langue, et vous verrez si la mordacité n'a pas été en plus grande partie changée en douceur. Pour la dulcifier encore davantage, versez dessus de l'esprit-de-vin, six parties : distillez au bain-marie dans un alambic, jusqu'à l'huile, de même que vous l'avez fait avec le vinaigre, à l'exception qu'il faut faire la distillation de l'esprit-de-vin au bain-marie ; réitérez de même trois fois cette opération : l'huile de vitriol, surtout si l'acide et l'esprit-devin ont été bien forts, deviendra aussi douce que le sucre, et si douce que tout ce que vous boirez et mangerez vous paraîtra doux, tant cette huile remplit les pores de la langue. Ainsi, puisqu'avec l'azoth et l'esprit-de-vin seuls, les corrosifs se dulcifient jusqu'à ce point, que sera-ce lorsque le règne animal y aura été ajouté ? Voici encore une objection qu'on formera contre moi, en disant que je n'établis que deux principes ; à savoir l'eau recolacée et l'esprit ou la semence qui y est cachée ; que par conséquent, il n'y a autre chose à séparer que l'eau recolacée : il suit de là que tout le globe entier de la terre, toutes les montagnes, toutes les pierres, les rochers, les prairies, les champs et la terre ne sont qu'un esprit, une semence, un sperme coagulé.

Si quelqu'un ne voulait pas croire que la masse de la terre soit toute entière un sperme, qu'il prenne de la terre, en quel endroit et de laquelle il voudra, la première est la meilleure : qu'il en lessive le sel, afin que la semence spiritueuse corrosive ne s'y tue point ; qu'il la dessèche et qu'il la fasse rougir un peu au feu ; qu'il observe son poids et qu'il verse dessus de l'esprit-de-nitre ou de l'eau-forte ; et au cas qu'ils ne l'attaquent point, qu'il y verse de l'esprit-de-sel, jusqu'à ce qu'elle soit entièrement dissoute : qu'il en distille l'esprit ; et il trouvera au fond une terre saline, blanche et corrosive, laquelle terre a rétrogradé par son premier principe ou par son esprit primordial, à sa première nature, c'est-à-dire en sel. Considérez à présent cette terre, si elle est une terre damnée, ou des fèces.

Il faut encore expliquer un point par rapport auquel un grand nombre de chimistes sont dans l'erreur. Lorsqu'ils emploient l'eau-forte, l'eau régale, l'esprit-de-sel, etc., pour résoudre les minéraux, et qu'ils voient que ces dissolvants, surtout l'eau régale, n'agissent pas sur eux ou n'agissent que très peu, ils disent qu'ils ne valent rien et qu'ils sont gâtés, pendant qu'ils les gâtent très souvent eux-mêmes. Car s'ils veulent dissoudre le soleil, ils mettent avec l'eau-forte une quatrième partie de sel ammoniac ou d'esprit-de-sel. Si l'eau-forte est bien faite, et qu'elle contienne très peu d'eau, elle résout le soleil ; mais si elle contient peu d'eau-forte, et trop d'eau, elle laisse le soleil en son état, ou elle en dissout très peu. C'est de là que résulte le dommage.

Si vous voulez résoudre une minière sulfureuse solaire, comme la marcassite solaire, une minière aurifique ou du soufre solaire, avec une eau régale que vous aurez beaucoup fortifiée, elle en résoudra à peine la huitième partie, quoique auparavant elle ait résous le soleil entièrement. Quelle peut en être la cause ? C'est celle-ci. L'eau-forte est un acide ; et l'esprit-de-sel ou le sel ammoniac est un alcali. Tout le monde sait que, lorsque l'acide et l'alcali sont joints ensemble, ils se tuent l'un l'autre, se précipitent, se dulcifient et se fixent ; et qu'ainsi il en résulte un tiers sel corrosif, qui, dans le liquide, n'a pas la puissance d'attaquer un corps si dur : et lorsqu'il est coagulé, il fixe plutôt qu'il ne résout. Lors donc qu'une livre d'eau-forte est faible et qu'il y a beaucoup d'eau, elle se tue, se précipite et se fixe avec les quatre onces de sel ammoniac ou d'esprit-de-sel, et elle ne les attaque presque point ; si elle est forte, elle attaque bien ; mais cependant l'alcali est en trop grande quantité ; on en voit la preuve lorsque, avec elle, on veut dissoudre une marcassite pierreuse. Elle attaque plus volontiers le soleil, qui est un corps affiné, séparé de toutes les pierres, de toutes les sulfuréités et de toutes les gangues ; mais non la marcassite ni le gravier, encore qu'on les lave, et qu'on les sépare de la terre sur le drap avec le plus grand soin ; car elles conservent toujours, dans leurs plus petites parties, un mélange de leurs matrices pierreuses, sur lequel l'acide se fixe et se tue, aussi bien que sur le soufre des marcassites. Il ne l'attaque quelquefois point du tout ; de manière que dans les extractions et dans les solutions, on n'en a aucune satisfaction ; car plus un corps est desséché et séparé de toute humidité, moins une humidité y peut agir, à moins qu'il ne soit réveillé par un humide du même degré, comme par son *medium*, ainsi que la pratique le fait connaître.

Prenez une livre d'eau-forte, et quatre onces d'esprit-de-sel : mêlez-les ensemble ; distillez doucement par la retorte, aux cendres, jusqu'à une assez forte oléosité : mettez-les ensuite à la fraîcheur ; il s'y formera des cristaux. Ceux-ci sont un nitre régénéré ; car l'eau-forte est un acide nitreux, et l'esprit-de-sel un alcali. C'est ainsi que la pointe de l'acide est rompue, au point de ne pouvoir plus attaquer avec la même force.

Il en est de même du sel ammoniac ou du sel commun. Distillez une livre d'eau-forte, sur quatre onces de sel ammoniac ou de sel commun, par la retorte, au feu de cendres : tirez-en le *caput mortuum* ; comparez-le avec de nouveau le sel ammoniac, en les essayant sur la langue ; et vous trouverez que le sel ammoniac a retenu en lui une grande acidité de l'eau-forte. Or, autant celle-ci a perdu d'acidité sur le sel ammoniac, autant s'est-elle affaiblie et débilitée, de sorte qu'elle ne peut plus agir -si vivement.

Pour prouver que l'eau-forte se tue avec la marcassite, vous n'avez qu'à faire dissoudre la marcassite dans l'eau régale ; et lorsqu'elle n'en dissoudra plus, vous décanterez tout le liquide, jusqu'à la siccité. Versez sur les résidus de l'eau de fontaine : mettez-la dans un endroit chaud, et faites-la un peu cuire ; versez ensuite cette eau : filtrez-la et coagulez-la jusqu'à une siccité raisonnable ; vous trouverez une terre saline ou un vitriol, qui s'est fait de l'eau régale et de la marcassite. On voit par là que l'eau régale s'est tuée avec la marcassite, et qu'elle en a résous très peu.

Afin que l'eau régale, et d'autres pareils menstrues en dissolvent une plus grande quantité qu'ils ne font ordinairement, il faut y ajouter, à la vérité, des sujets alcalisés et les acuer avec un alcali : mais non pas de manière que l'acide s'y puisse tuer tout à fait. Ainsi, par exemple, pour une livre d'eau-forte, je prends seulement deux onces de sel ammoniac, et je les fais digérer doucement au sable ou aux cendres pendant un jour et une nuit, à petite chaleur : je la distille ensuite et je m'en sers sur-le-champ. De cette manière, je dissous deux, trois, et même quatre fois autant qu'un autre avec son dissolvant affaibli.

Mais quelqu'un pourra me demander pour quelle raison il faut ajouter à l'eau-forte du sel ammoniac ou de l'esprit-de-sel, puisque, sans cela, elle est déjà très forte. Le voici : j'ai dit que tous les minéraux sont formés par l'acide universel, et cet acide fait plus facilement les moindres métaux que les parfaits ; car dans les imparfaits, il n'est pas encore fixé et alcalisé si fortement, ni rendu si terrestre que dans le soleil et dans les sujets solaires, et par conséquent il y domine encore plus ou moins, suivant que le minéral ou le métal est plus éloigné ou plus près de la perfection. C'est pour cela que l'eau-forte le dissout, tandis qu'elle ne peut pas dissoudre les sujets solaires ; parce qu'un acide attaque facilement l'autre ; au lieu que, dans les minéraux fixés fortement et alcalisés, il s'émousse et se tue tout à fait. Ainsi, lorsque l'on veut qu'ils soient également attaqués et dissous, il faut ajouter à l'eau-forte un alcali, pour y réveiller, par son moyen, son semblable. L'alcali fixe, une fois réveillé, délie lui-même ses liens par l'aide de l'acide, et se prête facilement à rétrograder en un acide ; car tout ce qui est volatil demande à devenir acide, et tout ce qui est acide demande à devenir alcali ou fixe. Au contraire, tout ce qui est alcalin cherche de nouveau à devenir volatil, afin que le supérieur devienne l'inférieur, et l'inférieur le supérieur, par une circulation perpétuelle.

L'alcali qui dissout ses sujets alcalins semblables, ne dissout point les sujets acides. La raison en est que l'alcali n'est pas si pénétrant ni si subtil, et qu'il retient toujours en soi une terrestréité grasse, qui l'empêche de pénétrer dans leurs pores : et quand même il les attaque, il les corrode seulement et les réduit en poussière, ou les fait gonfler comme une éponge. Et notez que, par le terme alcali, je n'entends pas seulement les sels alcalins volatilisés et les fixes, tels que sont tous les alcalis volatilisés des animaux, le sel ammoniac, le sel commun et d'autres alcalis fixes : mais aussi la terre alcaline volatilisée et la fixe.

Vous prétendez, me dira-t-on encore, réveiller l'alcali par d'autres alcalis, tels que le sel, le précipité de vitriol, ou le sublimé de sel ammoniac, ou de sel commun. Mais l'alcali n'en sera-t-il pas, au contraire, plus fortifié, et ne se tuera-t-il pas avec l'acide, d'une manière comme de l'autre ? Je réponds qu'à la vérité, lorsque l'eau-forte contient beaucoup d'alcali volatil ou fixe, elle se tue plutôt que de se dissoudre, comme je l'ai dit ci-dessus. Mais lorsqu'elle n'en contient que très peu, cela ne peut l'empêcher de dissoudre.

Autant de pores que la trop grande quantité de sel alcali occuperait, autant en occupe l'alcali fixe ou volatil, réveillé et résous. Car la solution consiste uniquement dans la saturation du menstrue, dont il faut, par conséquent, que les pores soient vides.

C'est pourquoi, lorsque la trop grande quantité de sel ammoniac ou de précipité de sel remplit les pores de l'eau-forte, avec leur terre subtile alcaline, cette eau ne peut dissoudre une marcassite. Mais autant il y a de pores vides, autant prend-elle de marcassite en soi. On voit par là pourquoi nombre de praticiens ne peuvent venir à bout de dissoudre leurs sujets.

Observez encore que la Nature fait facilement, dans le règne inférieur, d'un volatil un acide, et de l'acide un alcali. Lors même qu'un sujet paraît tout à fait volatil, il renferme cependant en soi une partie d'acide et d'alcali, encore que le volatil ait la supériorité qui empêche l'acide et l'alcali de dominer. Mais si l'acide a la supériorité, il s'associe à son semblable et prend volontiers en soi un autre acide. De même, si l'alcali a la supériorité, encore qu'il soit mêlé avec le volatil et avec l'acide, il aime pourtant son semblable. C'est à quoi un Artiste doit bien faire attention, s'il veut éviter un nombre de fautes.

J'établis toujours les principes, afin que s'il m'arrivait de me tromper dans les conséquences, l'on puisse en tirer de plus exactes, et ne pas être induit en erreur.

Les Philosophes disent : notre dissolvant et ce qui est dissous doivent être ensemble, ou tous les deux volatils, ou tous les deux fixes. En second lieu, le dissolvant doit être homogène à ce qui est dissous. En troisième lieu, le menstrue doit être mercuriel *ubiquotique*, et s'assimiler à toutes choses. Or, on doute que l'eau-forte et l'esprit-de-vitriol aient cette qualité.

Mais j'ai enseigné ci-dessus que le dissolvant reste avec ce qui est dissous. J'ai aussi prouvé que le nitre et le sel et leurs esprits sont homogènes à tous les sujets ; car j'ai démontré qu'ils sont universels, et personne n'ignore que tous les universels sont homogènes aux sujets spécifiés, et les sujets spécifiés aux universels.

Leur universalité prouve également qu'ils sont mercuriels *ubiquotiques.*

Quelqu'un dira : je veux bien accorder que le nitre et le sel soient *ubiquotiques* et universels, par rapport à tous les êtres spécifiés ; mais le vitriol est sûrement un acide et un mixte, qui paraît être contraire au menstrue universel et mercuriel, parce que le vitriol contient plus de soufre que de mercure.

Nous avons prouvé ci-dessus que le vitriol est un *primum Ens* des minéraux, et tous les Artistes savent qu'il contient du mercure, du soufre et du sel. Il n'importe pas qu'il soit plus sulfureux que mercuriel ; puisque nous avons fait voir plus haut que le mercure et tous les sujets arsenicaux mercuriels tirent leurs essences du soufre. Plusieurs auteurs posent en fait que le vitriol est la première matière des métaux, aussi bien que le mercure. Il y en a qui l'ont recommandé pour être *materia lapidis*, suivant cette sentence : *Visita Interiora Terrae, Rectificando Invenies Occultum Lapidera.* Or, si le vitriol est la première matière des métaux, il faut nécessairement qu'il ait la puissance, après sa résolution, de réduire les métaux en leur première matière et qu'il soit homogène à tous les minéraux ; s'il est *materia lapidis*, il faut par conséquent qu'il soit un extrait ou une quintessence de tous les minéraux.

Il est également convenu que le nitre et le sel sont des sujets universels : qu'un grand nombre d'auteurs recommandent de les chercher dans tous les amas de fumier, et ils les appellent *tout en toutes choses*, parce que l'on peut les trouver partout. Puisqu'ils sont universels, ils sont un sujet propre à recevoir toute forme et toute spécification. Avec le vitriol ils se spécifient, s'unissent ensemble et restent avec lui, aussi bien volatils que fixes. Tout ce qu'ils résolvent, ils le font de nouveau volatil, et de nouveau fixe ; ils restent avec lui liés inséparablement, et si l'on entreprend de les séparer, on n'en séparera que la partie volatile : la partie fixe restera en arrière ; car une semence reste volontiers avec une autre semence, surtout la spécifiée avec l'universelle; et elles laissent détacher d'elles l'eau recolacée.

C'est donc une erreur qui participe de la folie, que celle de plusieurs Artistes qui s'imaginent qu'ils séparent les menstrues par abstraction ou par réverbération, ou en digérant et brûlant dessus de l'esprit-de-vin, etc. Belle découverte! S'ils goûtaient seulement le menstrue qu'ils en ont distillé, ils expérimenteraient bientôt que la force est diminuée presque de moitié, et ils le verraient encore mieux si, avec ce menstrue, ils voulaient dissoudre quelques nouveaux sujets pour lesquels il serait trop faible.

Qu'on considère seulement les corps dissous, et qu'on les pèse avant et après leur résolution; on verra la différence de leurs poids; car tout ce qui doit devenir fixe, c'est-à-dire l'acide, s'attache à la terre; et tout ce qui doit devenir volatil, s'élève en haut. Que l'on se vante tant qu'on voudra d'être habile dans la théorie et dans la pratique; c'est un fait dont il faut convenir.

Je vous assure positivement que si quelqu'un dit ou écrit qu'il a un menstrue de rosée ou d'eau de pluie ou d'autres eaux menstruelles, insipides, etc., ce sont de purs mensonges, et qui sont bien condamnables puisqu'ils engagent des Artistes dans de folles dépenses qui n'aboutissent qu'à les faire périr de chagrin et de misère.

Qu'on examine les menstrues, et qu'on les sépare en quatre parties, c'est-à-dire en volatil, en acide, en alcali et en mixte composé des trois. Il est bien certain que tous les volatils, comme la rosée, la pluie, l'esprit-de-vin, l'esprit-d'urine, etc., n'attaquent aucunement un corps coagulé; et même quand il contiendrait aussi de l'acide, ils peuvent si peu s'en teindre et s'en rassasier qu'il en faudrait employer cinq ou six seaux pour en dissoudre seulement une livre; et lorsque la solution est faite, ce n'est pas encore une véritable solution mais seulement une extraction; car l'esprit-de-vin s'envole par la distillation et le corps dissous reste au fond, sec et étendu en atomes. Il ne vaut pas mieux qu'auparavant; il est seulement plus subtil et réduit en plus petites parties.

Si l'on se sert de *l'azoth*, ou de l'acide végétal ou animal, ils attaqueront, à la vérité, avec plus de force que l'esprit-de-vin et d'urine ou qu'un volatil extrême. Mais quelle sorte de sujets attaqueront-ils ? Ce ne sera pas une pierre ni un minéral alcalisé ; ils ne résoudront facilement que les sujets qui, par eux-mêmes, sont acides, ou qui sont remplis de beaucoup d'acide. Avec dix livres d'acide de vin distillé, on ne pourra pas dissoudre une livre de Vénus ou de Mars, qui sont si ouverts ; au lieu qu'avec deux ou trois livres d'esprit-de-nitre ou de sel, d'esprit ou d'huile de vitriol ou d'huile de soufre, je ferai dissoudre une livre de Mars, plus encore de Vénus ; et je réduirai cette dissolution, d'abord après la distillation, en première matière, c'est-à-dire en vitriol. Si j'en tire l'acide, par la distillation, il me restera un vert-de-gris ou un crocus martial, et même en petite quantité. Avec un alcali spiritualisé, on en dissout davantage à la vérité, mais sans acide, toute dissolution est presque comme un coup d'épée dans l'eau.

Voulez-vous composer, fortifier et mêler les menstrues ci-dessus, pour voir s'ils ne dissoudront pas davantage qu'auparavant, et mieux que les corrosifs aigus tout seuls ? Mêlez l'esprit-de-vin avec le vinaigre, ou un volatil avec l'acide, ou l'esprit-d'urine avec son acide, ou bien tous ces quatre ensemble : versez-les alors sur une pierre calcinée, suivant l'usage, ou sur un autre minéral lié fortement, en suffisante quantité. Vous verrez combien ils opéreront, c'est-à-dire rien. Cependant, si vous les versez sur un sujet ouvert, ou qui n'est pas si fortement lié, comme le vitriol, l'alun, le Vénus, le Mars, la Lune, le Saturne, etc., ils l'attaqueront d'abord et en feront un vitriol doux comme du sucre. Mais en quelle quantité ? D'une livre, sur laquelle vous aurez versé six livres de menstrue. Il ne dissoudra de Vénus ou de Mars qu'à peine quatre gros, jusqu'à une once. Je ne parle pas du vitriol et de l'alun ; car ils sont purement des sels de très facile solution. Voilà votre menstrue si puissant et non corrosif.

Si vous versez un acide minéral, comme l'eau-forte, l'esprit-de-vitriol, etc., sur le vinaigre ou sur l'esprit-de-vin, vous acuez, à la vérité, le vinaigre, etc., mais vous dulcifiez le corrosif, et le tuez de manière qu'il ne pourra plus attaquer avec autant de force qu'auparavant. Ce menstrue pourtant dissoudra plus que le vinaigre et l'esprit-de-vin seul.

Si vous versez de l'eau-forte sur du vitriol sublimé, etc., ou sur un corrosif, un esprit-d'urine ou un *azoth* d'urine, vous tuez tout à fait le corrosif et en faites un tiers sel, qui ne dissout que très peu ou point du tout. Or, quelle en peut être la cause ? C'est celle-ci. Plus les corrosifs sont étendus, plus ils deviennent faibles, et moins ils dissolvent. Au contraire, plus les corrosifs sont concentrés, plus ils sont mordicants et plus ils attaquent avec violence. L'esprit-de-vin et *l'azoth* sont des corrosifs étendus et dilatés : ils sont entièrement remplis d'eau recolacée ; et quand même, par la rectification, on les rendrait très ignés, une livre n'en opère pas tant que deux onces, ou une once d'eau-forte déphlegmée.

Vous l'éprouverez dans la pratique.

Car si vous prenez un esprit-de-vin très igné, et un vinaigre très rectifié igné, trois livres d'esprit-de-vin, une livre d'acide de vinaigre et une demi-livre de sel de tartre ; que vous versiez l'esprit-de-vin sur le sel de tartre, ensuite le vinaigre, que vous les mettiez digérer au bainmarie ou aux cendres et que vous les distilliez doucement, il passera un phlegme insipide très clair, presque dans la même quantité et dans le même poids que l'esprit-de-vin et le vinaigre que vous y avez ajouté. Pesez aussi les résidus du sel de tartre, qui a retenu à soi l'aigu ou l'esprit volatil de l'esprit-de-vin et du vinaigre ; vous comprendrez par là qu'une si grande quantité d'esprit-de-vin et de vinaigre ne renfermait qu'environ une demi once d'aigu ou de sel volatil. Versez, au contraire, une livre d'eau-forte ou d'esprit-de-nitre déphlegmé, sur une demi-livre de sel de tartre ; vous trouverez, après en avoir distillé le phlegme, que le sel de tartre a augmenté en quantité de la moitié, ou du moins, d'un quart. Considérez à présent la différence des dissolvants.

Si quelqu'un affirme qu'il a un dissolvant insipide, ce ne peut être qu'un esprit salin, résous et fortifié par son propre acide, et un volatil étranger ; comme si je faisais fondre ensemble du sel et du salpêtre dans la rosée ou dans l'eau de pluie distillée, et que je la filtrasse. Or, si on distille un tel menstrue au bain-marie, ou aux cendres, on y trouvera un beau sel *medium*, ou un acide mortifié, pareil au nitre : et quand on le distillerait cent fois, sans le concentrer en petit volume pour y faire dominer l'acide, il est toujours impuissant pour dissoudre les métaux. Il en prendra bien la teinture, mais il extrait si peu de leur soufre, par la distillation, que l'on regrette la peine et le temps qu'on y emploie. On appelle cet extrait *un soufre du Soleil et de la Lune*. Mais quel soufre est-ce ? On prétend d'abord qu'il doit être le plus grand cordial et avoir la vertu de rajeunir, comme un vrai or potable. Avec cela, quelques Philosophes disent, peut-être dans le dessein de tromper, que c'est un soufre, mais qu'on doit extraire des résidus le sel et le mercure. Or, je prie un chimiste, honnête homme, savant et compatissant, de me dire combien il faut de temps, de dépenses, d'embarras et de soin ; quel déchet il y a de toutes sortes de matières et d'eaux précieuses, et combien il faut brûler de charbon avant qu'on en puisse seulement séparer le soufre et le sel (car pour le mercure coulant, je n'en veux point du tout entendre parler) et les réduire en liquide. Tout cet ouvrage n'est qu'une sottise imaginée à plaisir, pour tromper les disciples de l'Art et leur faire prendre le change.

Je ne dirai cependant pas qu'il est impossible de faire un mercure coulant des métaux : mais c'est un travail tout à fait inutile, très long et très coûteux, et je ne sais comment cela est venu dans l'idée, ni pourquoi on cherche le mercure avec tant d'empressement dans les minières et dans les métaux, attendu que dans aucune minière (excepté la propre mine du mercure) on ne trouve jamais aucun mercure coulant, mais bien des acides vitrioliques, de l'alun, du soufre, de l'orpiment, de la marcassite, etc., desquels naissent par degrés et se forment les métaux et non du mercure coulant, comme nous avons dit ci-dessus.

Je vous dis, à vous chimistes, ne vous étudiez pas à extraire le soufre : vous vous abuseriez très fort en cela ; car il n'est qu'une certaine partie du métal subtilisé, et rien de plus. Il faut que le corps entier du métal soit dissous et réduit en liquide, qu'il puisse monter dans la distillation et qu'il soit une huile douce, spiritueuse, ou un sel spiritualisé, qui, approprié à la nature humaine, ne soit pas fixe mais volatil, afin que, par l'archée de l'estomac, il puisse être réduit aussitôt en fumée et en vapeur et que, sous cette forme, il puisse pénétrer dans le sang et avec lui dans toutes les veines, jusque dans la moelle et dans les os. C'est cela qui fait une véritable médecine ; car si la médecine est fixe, il faut, pour qu'elle produise son effet, que l'archée la rende volatile. Faites-la donc vous-même volatile et homogène, si vous voulez rappeler des mourants à la vie. Quoique j'aie dit presque partout dans ce traité qu'il faut fixer les médecines, je ne l'ai fait que parce que tel est le préjugé général, dont on serait bientôt revenu si l'on considérait que l'animal lui-même rend toutes choses volatiles pour sa nourriture et pour son accroissement.

Il ne faut pourtant pas vous imaginer que je veuille avoir une médecine très volatile, comme l'esprit-de-vin : étant excitée par la chaleur, elle percerait trop vite par toutes les veines, et sortirait par les pores de la peau, ou s'évacuerait par les selles, et ne ferait que très peu d'effet. Je veux qu'elle ne soit ni trop volatile, ni trop fixe, mais demi-fixe et demi-volatile, comme le sont tous les acides. Dans cet état moyen, elle s'attache au sang, s'unit avec lui, circule avec lui dans toutes les veines, et expulse les maladies par les urines et par les sueurs. Elle doit donc être un acide, eu égard au degré de fixité. Mais quant à sa qualité, elle doit être douce comme du sucre ; parce que la Nature attire avidement à elle tout ce qui est doux.

Si vous ne préparez pas ainsi votre médecine et que vous restiez attaché à votre extrait de soufre, vous prenez l'ombre pour le corps. Quand même les meilleurs Philosophes parleraient autrement, je ne les écouterais point. Je partirai toujours de ce principe : que la Nature ne joint jamais ensemble des hétérogènes, et par conséquent qu'il n'y a point de fèces dans quelque sujet que ce soit ; quoique plusieurs se soient imaginés le contraire, d'après cette sentence : *animam extrahe ; relinque corpus.*

Mais moi je vous dis : prenez l'âme ensemble avec le corps, si vous voulez guérir l'esprit et le corps humain. Ces sortes de gens ne se contrarient-ils pas eux-mêmes en disant que, lorsque la maladie est dans le sang ou dans les parties liquides, l'âme les guérit ; et que de même le corps doit guérir le corps, un esprit l'autre, et un corps l'autre ? De pareilles gens sont bien condamnables d'avoir introduit dans l'Art de telles erreurs, qui sont cause de la ruine d'une infinité de personnes : et malheureusement ces faux Philosophes ne sont que trop communs.

Quelqu'un, après des années de travail, n'a qu'à trouver, par hasard, quelque manipulation qu'il aurait pu apprendre dans un quart d'heure, si le destin ne lui eût pas été contraire ; il en fait autant d'éloges que s'il avait concentré le ciel et la terre ; il s'écrie qu'il n'y a de vraie méthode que celle qu'il a pratiquée et que, quand un ange descendrait du ciel pour en enseigner une autre, ce ne serait que mensonge, comme si Dieu n'avait pas mille voies pour nous aider ; il donne la torture aux écrits des Philosophes pour les faire accorder avec son travail et, charmé de sa rare découverte, il se hâte de la mettre au jour, pour l'amour du prochain. Ainsi, d'une seule chose à laquelle ils ont appliqué la physique toute entière, plus d'un auteur de cette trempe a eu l'Art de barbouiller de gros *in-folio*. Ils communiquent, tous le voile des hiéroglyphes, des énigmes et des paraboles, les plus grands secrets, dont le monde n'est pas digne, aux âmes privilégiées ; et cependant pour le monde, ils y ajouteront une couple de vieilles recettes très obscures de la teinture universelle ou de la pierre philosophale. Pour les approfondir, plusieurs sacrifient leur santé et leur fortune ; et lorsqu'on regarde la chose de plus près, on trouve souvent ce secret dans quelque vieux bouquin exposé en vente publique : alors le secret est éventé, et l'on n'en fait plus de cas.

Pour moi je me suis proposé d'écrire clairement en peu de mots et sans détours, afin que tout le monde puisse m'entendre et que chacun soit animé à faire des expériences qui tournent à l'avantage du public.

A quoi sert de parler par paraboles et par énigmes ? J'aimerais mieux me taire que de faire perdre aux hommes leur temps et leur argent, et de les priver par là de leur nécessaire, qu'ils ont déjà tant de peine à se procurer. Chaque auteur qui écrit des livres devrait y faire attention, et plutôt ne pas écrire que d'induire les hommes en erreur, comme cela arrive lorsqu'il n'est pas clair. Car je puis entendre mes propres énigmes ; mais un autre ne peut pas pénétrer dans mon esprit, pour savoir de quelle manière je les ai entendues : c'est pourquoi chacun les explique, suivant ses idées ; et par le nombre de ces différentes explications, il arrive une confusion et des erreurs qui occasionnent la perte et la ruine de ceux qui travaillent. Je n'aurai point de reproche à me faire. Les diverses manières de procéder dans les trois règnes, je les ai décrites sincèrement et sans obscurité, et je dirai avec la même sincérité, touchant la médecine universelle ou la pierre philosophale, que tout le secret consiste à réduire les métaux et les minéraux en leur première matière, par quel menstrue l'on voudra, corrosif ou non, mercuriel, sulfureux, salin ou autre, n'importe, pourvu qu'il opère promptement et que par un tel menstrue l'on fasse rétrograder le minéral et le métal en sa première matière saline ; c'est-à-dire que le métal soit changé en une nature saline, vitriolique ou alumineuse, ou en un sel minéral qui se résolve ensuite dans le vinaigre ou dans l'eau de pluie, et qui ne dépose point de terre non dissoute.

Lorsqu'il en reste, c'est une preuve qu'il n'y a pas eu assez de menstrue. Résolvez donc cette terre avec de nouveau un menstrue, et réduisez de même en sel, en vitriol ou en alun, etc. Dissolvez encore ce vitriol, ce sel ou cet alun dans l'acide dulcifiant que j'ai enseigné et dans l'esprit-devin.

Procédez en tout comme je l'ai dit. Plus souvent vous le dissoudrez avec du nouveau vinaigre et de nouvel esprit-de-vin, en le coagulant chaque fois jusqu'à l'oléosité, plus il deviendra doux et volatil et plus il passera dans la distillation comme une huile, et par petites veines comme un esprit-de-vin ou un autre esprit ; et après que vous l'aurez déphlegmé, il se coagulera, se fixera dans une petite chaleur de cendres, sera dans la chaleur fluide comme de la cire, et dans le froid condensé comme de la glace ; il se fondra dans toutes les liqueurs comme du sucre, sans se laisser précipiter ; il sera agréable et doux au goût, et il pénétrera dans tous les corps, comme une fumée.

On trouve partout et en quantité des descriptions de menstrues simples et composés ; mais je déclare au lecteur qu'il commence par où il voudra, qu'il ne fera jamais, sans corrosifs, ou très difficilement, une vraie et bonne solution minérale. *L'alkaest* et les autres menstrues radicaux mercuriels sont tous et doivent être tirés de la racine des corrosifs. On a beau dire qu'ils sont dulcifiés par l'esprit-de-vin, etc., le corrosif est la pièce principale de la chose, et il le sera tant que le monde durera. *Cape, si capere potes.*

CHAPITRE XI ET DERNIER

De l'Alkaest

Afin que le lecteur ait une connaissance du fameux alkaest et du vinaigre très aigu, circulé, je lui en ferai la description et finirai par là mon livre. Pour ne pas m'étendre en de trop longs discours, je dirai seulement que les Philosophes, après avoir vu que les corrosifs, tels que je les ai dépeints ci-dessus, ne pouvaient pas opérer un grand effet, ont cherché et trouvé un moyen pour y réussir. Si un corrosif résout les métaux acides, il ne dissout point ceux qui sont alcalins : et le corrosif, qui résout les sujets alcalins, ne dissout point ceux qui sont acides ; parce que l'acide et l'alcali, lorsqu'ils sont joints ensemble, se mangent l'un l'autre, et qu'il en résulte une chose tierce. Ils ont donc cherché dans la Nature s'ils ne pourraient point trouver un sujet qui pût dissoudre indifféremment l'un aussi bien que l'autre, tant les sujets acides que les sujets alcalins, et qui fît le même effet dans la solution.

Après avoir tout examiné, ils ont vu qu'il fallait que ce sujet fût hermaphrodite, et qu'il pût embrasser les deux natures. Ils l'ont trouvé, entre autres, dans les sujets mercuriels tels que sont les sujets arsenicaux, les marcassites, les réalgars, après la séparation de leurs soufres combustibles, et dans tous les mercures coulants et coagulés : ils ont pris de tels mercures et en ont fait un choix chacun suivant son caprice ; mais la plupart ont pris un mercure qui se spécifie, le plus près de la substance métallique, qui, dans la conjonction, s'y attache jusque dans la moelle, qui reste sans altération même après la séparation et qui, dans la coagulation et fixation, ne se transmue en aucun métal qu'en or et en argent.

Comme ils ont vu que ce mercure était trop épais et trop peu aigu pour réduire les métaux en leur première essence et pour les rendre liquides ; qu'ils savaient que les métaux, pour être rendus homogènes à toutes les créatures, devaient prendre une nature saline, oléagineuse ou aqueuse, et que le mercure, dans sa simple nature, ne pouvait pas donner cette nature saline aux métaux ; qu'ils voyaient aussi qu'aucune eau ni aucune terre simples ne pouvaient résoudre le mercure ni les métaux, ni les réduire en une nature saline ; qu'enfin ils s'apercevaient bien que, s'ils voulaient réduire les métaux en sel, en huile ou en eau, il fallait auparavant réduire le mercure en sel ou en eau salée, afin que le semblable pût produire son semblable ; ils prirent, par cette raison, un tel mercure et le réduisirent en partie et en différentes manières en sel et en eau, suivant la voie qui leur réussit dans leur expérience. Plus ils acuaient le mercure, mieux il dissolvait ; moins il était acué, moins, et plus lentement il dissolvait ; et ils virent bien que, sans cette nature, le mercure ne pénétrait que très peu ou point du tout. Ils furent donc forcés, pour réduire le mercure en sel et ensuite en eau, d'avoir recours à tous les acides, à tous les alcalis, et d'employer malgré eux les corrosifs, sans lesquels le mercure ne voulait pas agir. Mais les uns eurent une meilleure méthode que les autres ; quelques-uns, pour acuer le mercure, prirent des sels animaux, végétaux et minéraux, suivant qu'ils réussirent le mieux.

Alors, ils recommandèrent cette méthode avec autant de chaleur que s'il n'y en avait point d'autres dans la Nature, et comme s'ils étaient les seuls qui eussent tout ; ce qui fait l'inversion de la Nature. Après avoir réduit le mercure en sel, ils sentirent bien que la Nature se servait de l'eau dans toute génération et corruption, et dans toutes les mixtions ; et qu'elle ne faisait presque aucun composé sel, pour lequel elle n'eût besoin d'eau.

Pour cette raison, ils réduisirent ce mercure salin en eau par l'eau, afin que, par ce moyen, il pût mieux pénétrer les métaux et les minéraux, et les attaquer jusque dans leur centre. Ils prirent donc ce mercure, et le réduisirent en eau par l'eau.

Plus cette eau était pénétrante, plus le mercure attaquait promptement les métaux ; plus cette eau était faible, plus la solution du mercure était lente. A cause de cela, les uns le mêlèrent avec des eaux minérales, d'autres avec des eaux végétales, ou animales, ou universelles ; ou ils firent de toutes ces eaux un composé qui poussait le mercure d'un côté et d'autre, jusqu'à ce qu'elles l'eussent réduit avec elles en eau. S'ils faisaient cette eau aigue et spiritueuse, elle faisait un effet d'autant plus prompt; si au contraire ils laissaient cette eau grossière, crue ou tout à fait corporelle, en sorte que le mercure ne fût pas devenu esprit avec elle, leur opération était imparfaite. Enfin, lorsqu'ils ont eu parfaitement réduit le mercure en une telle eau spiritualisée, ils l'ont appelée, suivant son acuité : *acetum acerrimum; acidum metallicum Philosophorum; acherontem infernalem; alkaest; alias etiam circulatum majus.*

Il y en a aussi quelques-uns qui ont réduit le mercure en eau, sans sel, seulement par le moyen du feu; et comme cette eau ne voulait pas pénétrer, ils ont encore été contraints d'avoir recours à des eaux salées, pénétrantes et aigues; et ils les ont acuées avec des eaux minérales, animales et végétales ou universelles; mais quelques-uns étaient très timides et scrupuleux, et craignaient que, s'ils y employaient des eaux minérales aigues, le mercure ne devînt par là corrosif. Ainsi ils ne l'acuaient qu'avec des eaux animales et végétales, avec lesquelles ils faisaient leurs opérations suivant qu'elles leur réussissaient.

Si vous cherchez à composer un menstrue, choisissez entre tous ceux-ci celui qui vous plaira le mieux. Vous en trouverez les procédés dans divers auteurs avec toutes leurs manipulations.

Usez-les pour votre plus grand secours; ces menstrues sont seulement cachés sous différents noms; vous pouvez y exercer votre esprit.

La plus forte raison pour laquelle les chimistes réussissent si peu, c'est qu'ils abhorrent les corrosifs. Lorsqu'ils en entendent parler, ils les décrient comme s'ils étaient des poisons.

Mais le poison le plus violent pour ces amateurs est le mépris même qu'ils ont pour les corrosifs, puisqu'il les égare et les engage dans de vains travaux qui abrègent leurs jours et les font mourir dans l'indigence et le désespoir. Si quelqu'un veut me suivre, qu'il ouvre premièrement les serrures minérales avec une clef minérale de même nature, et qu'il attaque les minéraux avec les plus forts corrosifs; qu'ensuite il monte par l'échelle de la Nature d'un degré à l'autre, c'est-à-dire des minéraux aux végétaux, de là aux animaux; qu'il en fasse un homogène animal, végétal et minéral, par les animaux, végétaux et minéraux. En s'y prenant de cette manière, il en apprendra plus dans une heure qu'il n'en apprendrait dans toute sa vie, en travaillant sans règle et à l'aventure, comme font presque tous ceux qui s'adonnent à la Chimie.

TABLE DES CHAPITRES

Préface IX

PREMIÈRE PARTIE
*Où il est traité de la génération
de toutes les choses naturelles.*

Chap. I	Ce que c'est que la Nature	13
Chap. II	De l'origine de la Nature, ou de quoi ont pris naissance toutes les choses naturelles	13
Chap. III	Comment toutes choses ont pris naissance	16
Chap. IV	De la génération de la semence universelle, et comment elle se fait.	18
Chap. V	Du ciel, et de ses influences.	23
Chap. VI	De l'air, et de ses influences.	27
Chap. VII	De l'eau, et de ses émanations.	29
Chap. VIII	De la terre, et de ses émanations	31
Chap. IX	Dans lequel on découvre la véritable semence universelle, le chaos régénéré, l'âme du monde ou l'esprit universel.	39
Chap. X	Preuve indubitable que le nitre et le sel sont contenus dans l'air et dans toutes les choses du monde	50
Chap. XI	Que le nitre et le sel se trouvent dans toutes les eaux et dans toutes les terres	55
Chap. XII	Que les animaux contiennent aussi le nitre et le sel ; qu'ils en sont faits, et se résolvent finalement en eux.	56
Chap. XIII	Que les végétaux contiennent le nitre et le sel, qu'ils en sont faits et qu'ils doivent aussi s'y résoudre	58

Chap. XIV	Que les minéraux contiennent le nitre et le sel ; qu'ils en sont faits et qu'ils s'y résolvent.	60
Chap. XV	De la principale porte ou clef de la Nature, comme auteur de toute génération et destruction des choses naturelles, appelée putréfaction	66
Chap. XVI	Ce que c'est proprement que la putréfaction	68
Chap. XVII	Ce que la putréfaction opère, et ce qu'elle produit	71
Chap. XVIII	De quelle manière un volatil devient acide, et un acide alcali, et au contraire comment un alcali devient acide, et celui-ci volatil	74
Chap. XIX	Ce que c'est que le volatil, l'acide et l'alcali, tant en général qu'en particulier	89
Chap. XX	Comment naissent les animaux, de quels principes ils sont composés, et en quoi ils se résolvent	92
Chap. XXI	Comment naissent les végétaux ; de quels principes ils sont composés, et en quoi ils se résolvent	97
Chap. XXII	Comment naissent les minéraux ; de quels principes ils sont composés, et en quoi ils se résolvent	121

SECONDE PARTIE
*Où il est traité de la destruction
et analyse des choses naturelles.*

Avant-propos		157
Arbre de l'analyse universelle		159
Chap. I	De quelle manière la Nature détruit les choses naturelles, les réduit en leur première matière, à savoir en nitre et en sel, et les fait redevenir vapeurs	161
Chap. II	De quelle manière la Nature détruit les animaux	162
Chap. III	De quelle manière la Nature détruit les végétaux	163
Chap. IV	De quelle manière la Nature détruit, corrompt et altère les minéraux	166

Chap. V	De l'analyse ou de la séparation, conjonction et régénération de l'eau chaotique, et quintessence...	173
	Analyse du chaos régénéré, ou de l'eau de pluie	173
	Première séparation du chaos	174
	Deuxième séparation	174
	Troisième séparation	174
	Première rectification des parties du ciel	175
	Deuxième rectification	176
	Troisième rectification	176
	Rectification de l'air	176
	Rectification de l'eau	177
	Rectification de la terre	177
	La coagulation, fixation et régénération de l'eau	178
	chaotique en quintessence, magistère ou arcane	178
	Première voie : Sans séparation des fèces	210
	Deuxième voie : Voie de la Nature même	211
	Troisième voie : Ou voie très courte pour la séparation des fèces	212
	Conjonction	213
Chap. VI	Des conclusions qu'on peut tirer du chapitre précédent	215
Chap. VII	De l'analyse des animaux	219
	Conjonction	227
Chap. VIII	De l'analyse des végétaux	231
Chap. IX	De l'analyse des minéraux	236
Chap. X	Arbre de dulcification	248
	Méthode pour dulcifier	251
Chap. XI	De l'Alkaest et ce que c'est	269

www.ingramcontent.com/pod-product-compliance
Lightning Source LLC
Chambersburg PA
CBHW020352170426
43200CB00005B/137